听出这一堂语文

黄华伟 著

浙江文艺出版社
Zhejiang Literature & Art Publishing House

听出门道（代序）

因为统编高中语文教材的编写、试教、使用，我和黄华伟老师的接触便多了起来。那一天，是高中选修教材启动后的第二次会议吧，华伟老师悄悄对我说，自己从教30余年，听课若干，积累了较多听课心得，受某出版社之邀拟编辑成册，能不能帮忙写个序。想想自己编写教材之余也听了不少课，评了不少课，但听课评课大多是凭一些感性，正好可以借此机会看看一个教研人员是如何听课的，我便满口应承下来。

于是我有幸看到了这部书的初稿。一看目录，"琳琅满目"四个字立刻跳了出来；再细品分类，大类的"听""看""想"，小类的学生与教师互为参照，活动、任务的设计与现场助学，从内容创生、思维品质的把握，到对语文内涵的领悟，无一不可以看出撰写者的缜密思考，确可当得起"美不胜收"这个成语。于是又看了文稿的"绪论"和"后记"，看了每一个简短凝练的"导语"，再根据目录中自己一看就眼前一亮的题目而走到正文中细细揣摩，我深信这些思考不是凭空而来，而是来源于对实际课堂的认真观察，来源于对课程观念的理解，来源于对教材设计思想的把握。语文教育从传统走来，经过现代语文教育的洗礼，再到今日今时，课程观念已经得到了极大的发展。核心素养、学习任务群、学业水平检测如何通过教材的有效使用在课堂教学中落地，任务、情境、活动等的设计如何引领学生学会解决真实生活中的语文问题，等等，这是每一个语文教育工作者都应认真思考的问题。黄华伟老师正是通过对一节节精彩课堂的展示，通过对这些课堂的认真观察与思考，回答了课程层面需要解答、教学层面需要落实的基本问题。由此可见，听课也是一门大学问。

要说教学是一门学问，谁都不会惊讶；要说听别人教学也是一门学问，那就不见得人人赞同了。搬把椅子，进入课堂，听听有经验的老师如何导入、如何展开、如何引入高潮、如何收束；听听年轻教师有哪些出人意料之处可以让人思考，有哪些稍显稚嫩之处可以让人借鉴：听课不过如此而已。但是，相信你看了黄华伟老师的听课思考，就不会仅作如是观了。俗话说"外行看热闹，内行看门道"，不管是年轻教师听课，还是负责教研的同志或专家听课（这一类听课后大部分还要评课），只要是语文学界中人，恐怕都要听出个门道才行。专以年轻教师而论，大家一定都想把课上好，上漂亮，要是能够让学生们如醉如痴地喜欢，最好！因为上课是老师的看家本领呀！我要说的是，你要想上好课，听课是提高你的看家本领的必要一环，而只有渐渐地听出门道，你才能更快地得到提高！

有人撰文说："一般来说，我国学校规定教师一学期的听课节数在10～20节之间。'最牛'的一所学校规定，每个教师一学期必须听38节课，并递交听课笔记以备检查。"我没有做过具体调查，仅就这个数据而论，如果只是听个热闹，恐怕浪费太大，得不偿失。那么，怎么来听出门道呢？有人说听课主要看教师表现，看他怎么起承转合，驾驭自如；有人说听课主要看学生反应，看他们是否积极应对，欣赏陶醉；有人说听课主要看环节设置是否合理，技巧运用是否恰当，时间分配是否适宜；有人说听课主要看理念体现是否充分，内容选择是否准确，任务活动布置是否恰切；等等。其实，每一种说法都有自己的道理，但又都有缺憾之处。现在有"课堂观察"一词，约略可以等同为"听课"，但我以为"观察"可能更多一分理性，因为细致的观察才可能产生有效的思考。所以，教师的行为、学生的反馈，教学的内容、环节的安排，理念的落实、活动的设计，都可以成为观察的抓手，都可以成为思考的出发点。有专家以"学生学习（Learning）"为核心、以"教师教学（Instruction）""课程性质（Curriculum）""课堂文化（Culture）"为依托，建构出"LICC"的课堂观察范式，也是一种很好的听出"门道"的办法。

当然，你也可以认真读一读黄华伟老师的这本《听出这一堂语文》。这本书向你诉说的不只是我听出了什么，我有怎样的思考，教学应该是怎样的，课程对我们有怎样的召唤；更重要的，它其实直接在讲述着一个教师如何才能听好一堂课，如何才能在听课中获得讲课的真本领，如何才能提升掌控语文课堂的真正素养！

感谢黄华伟老师请我作序，让我有机会说出上述一番话，与读者们共勉！

王本华
2020 年 12 月 25 日

卷二　看活动，理解课堂特点 121
课堂"规矩"与学习"变化"的冲突，带来教学的艰难与美好

第二章 难就难在现场助学 /159

卷三　想教学，领悟语文内涵　　　　　　　　　207
语文是从课堂教学"大数据"中提炼出来的

绪 论
听出这一堂语文

听课能给一线教师旁观的、客观的、事实的视角，有利于我们摆脱身在其中、主观、理想等带来的"迷雾"，"听"到更清晰的教学、课堂、语文。听课是老师们最常见最持久的教研活动，说它是新教师"学习教学"的必经之门，是"老教师"不断成长的重要路径，恐怕并不为过。但是，听课应该"听"什么、怎么"听"；听课除了"听"师生表现外，还可以或者说还应该"听"什么，还能"听"到什么，却未必已有深入研究。笔者听课多年，也只能试着从感受角度、经验层面，较局限地谈谈听课在帮助提升教学素养、理解课堂特点、领悟语文内涵方面的教研意义。

一、从"旁观"提升教学素养

一边听同伴、同行的课，一边反思、改进自己的课，比起专靠自己钻研，别有重要意义。听课到底该"听"什么，到底为什么要听课，应该怎样去听课，决定了我们听课的效果。

1.关键是"听"学生收获

这个道理不难懂，但它的难处在于，"学生收获了什么"又怎么"听"得出来呢？且从三个重要、相对确切、较能把握的角度说说。

(1)"听"学生在课堂学习中的"参与面"

学生是学习主体，而且"每一位学生"都应是学习主体：40分钟里，有多少学生在"参与学习"？就这点说，听课者坐在教室前头而不是在后头，会更合理。不过，这种判断的麻烦在于它还有另一个"参与面"，即40分钟里，每位学生又学习了多少分钟。这只能通过一些课堂表现来把握。比如，在

"师生问答"式课堂上，即使教师与30个学生乃至全班学生都进行了一对一的问答式对话，看起来"参与面"100%了，但我们却要留心，当一师一生问答时，其他39个学生在干什么，其关注度又如何。再比如，分小组讨论，一般说来，每个学生都应在"同时参与"学习。当然，它又取决于教师提供讨论的问题有没有吸引力，有没有更好的机制让每位学生都"有任务"地积极参与。

（2）"听"学生在课堂学习中的"思维含量"

有些课堂非常热闹，学生举手此起彼伏，发言踊跃热烈；但仔细听过去，学生却并没有展开思维过程。学生要么思考的时间很短暂，要么发言的内容没有新意；甚至一堂课下来，学生的见识、看法依然基于课前的认知、平时的经验，而不是这堂课上新学到的。有思维含量的教学常常会有一些标志性现象，比如师生、学生之间有辩驳，课堂进程中学生的认知有"反正"，有明显的"推进"，解决了一个或几个课前疑难的问题，学生有一些真实的"发现"，有"恍然大悟""柳暗花明"，等等。它常有一个质疑、探讨的过程，且最后的结论未必统一，而趋向开放、多元。要引起注意的是，课堂上一旦得出一个统一的"标准答案"，往往就意味着学习个体多样化的思考结束了；有"标准答案"的学习活动，常常思维含量偏低，因为它多指向"知识性"的内容，而不是"探讨性""开创性"的。

（3）"听"学生收获的"效率"

"效率"的基础是学习内容的正确，即一堂课上学生确实是在进行与"语言建构与运用""思维发展与提升""审美鉴赏与创造""文化传承与理解"相关联的语言文字实践。但只是"正确的"对课堂教学来说还不够，还应是"准确的"，学生这堂课学习的内容正是他们的疑难所在，正是他们必须掌握的重点。此外，学生课堂上最好能有可见可测的学习成果的呈现，比如完成了一段文字、一篇文章，建构了一个内容结构图，完成了一次朗诵比赛，梳理出这个单元的"重点字词"……它们最好是思考、探讨的成果，是"创生"的，而不是教师"给的"，而不是哪里"抄的"。如果因为一堂课的容量偏小而没有出当堂成果，那也应该有可以预测的几堂课、几周甚至更长的时间后，学生将有一个物化的学习成果的依据。

参与面、思维含量、收获效率等，侧重于从"课堂表现"来"听"；除此之外，还可接着从学生收获的"内容"层面继续"听"，做出专业判断：这些收获是课堂上的学习成果还是课前已有的"旧认知"？这些新收获是需要教学才能获得的，还是非教学也能得到的？这些通过教学才能得到的新收获是不是核心素养"四方面十二点"的相关内容？——从中我们可以"听"出，课堂教学非常复杂，保证学生有收获很不简单，在影响教学的众多环节、因素中，只要有一个走向了负面，那么学生的收获就大打折扣。大致如下图所示。

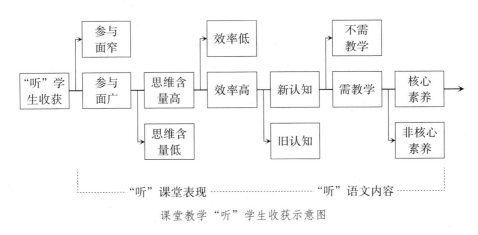

课堂教学"听"学生收获示意图

2. 听课是为了"评课"

"学生的收获"程度是评判课堂教学优劣的关键指标，却并非我们听课的目的；我们听课是为了评析在"学生的收获"中，教师发挥了怎样的"助学"作用，并探讨怎样能"助学"得更好。

（1）学习内容"针对性"强吗？

这堂课的学习内容，是不是为这个班的孩子量身定做，解决学生学习中的困难，贴合学生能力水平，即正处于所谓"最近发展区"的内容？——这里还有容易被忽视的一点，就是要了解与这堂课学习内容相关的，学生之前学习过什么，已学习到什么程度。比如学习《寡人之于国也》时，教师有没有了解到学生初中时已经学过《天时不如地利》等孟子的文章；比如学习论述文写作时，教师了不了解初中生已经把议论文学习到什么程度了。这点之所以非常重要，是因为评析时我们可以判断：学生这堂课的学习是"从旧知中长出新知"，还是"从教师手中接过新知"。前者是"生长"，后者乃"接受"，二者的学习价值相差较远。后者多有一个突出的表征，即课堂上出现了一个乃至多个学生没有认知基础的"新名词"。

（2）学习方式有利于学生"自主学习"吗？

教师有没有采用有效手段，让更多乃至全班的学生较长时间专注地投入学习？"设置真实情境"无疑是其中重要的一点。教师应努力让高中生脱离那种"模拟的""虚拟的"甚至是"虚伪的"情境，给他们的学习任务应该是在学生社会生活中真实存在的，或者在将来的生活中必然会遇到的。简言之，高中语文学习应该更趋向"实战"，让学生用语言文字解决学习或生活中的现实问题。另一点就是"提供典型任务"，教师给学生的学习任务，有没有比较开阔的自主空间，适不适合有"多种答案""不同层次的答案"。这种"自主学习"必须有较强的内驱力，吸引着学生较乐意地去学习。它有一个课堂表征，即学生的思维是活跃的，趋向多样的，又以冒出"意外的""新鲜的"想法为标志。但"自主学习"绝非"自由学习"，要坚决把那种美其名曰"自由阅读""自由写作"，但实为"放羊"的教学行为剔除出去。

（3）教师有发挥答疑和评价作用吗？

答疑好理解，即当学生有困难、有疑难时，教师有没有及时提供包括"教学设计方面的帮助"，比如让"小组讨论、交流""让另外的学生来解析疑难"等。直接给学生答案，因为缺乏"启发"过程，其学习价值并不高。"评价"不能只是做对或错的判断，更重要的是引导、激励、夸赞。一堂课上，如果教师只有批评没有表扬，就很不正常。越优秀的教师，就越懂得"夸"学生；即使在纠正学生的错误后，也能让学生感受到老师的鼓励、爱护，而不是奚落、挖苦。

3.听课是重要专业技能

不少老师的听课数量与收获难成正比，这与听课重点有偏差、准备不充分、没有较科学的评价标准等很有关系。

（1）听课的常见偏差

一言以蔽之就是没有紧紧抓住"学生的收获"这个重点，往往被其他内容带偏。比如只"听"老师不"听"学生，把听课的重点偏向教师的水平、修养乃至"表现""表演"，像"功底深厚""见解深刻""设计环环相扣"等，却唯独"听"不到学生的表现、收获。比如听课过于"功利"，只想着怎么"为我所用"，听课时过于关注乃至只关注设计的精巧程度、材料的运用、课件的制作等，而忽视更重要的内容；或者只想着怎么直接"用"在自己的课堂上。比如过于重视听课的评价指标，对课堂进行过于细致的"解剖"，甚至是条分缕析，却忽视语文课"人文"的柔性特点，结果可能得到一堆数据，但少有"人"也少有"语文"，更不用说语文课堂的情味、内涵。

（2）听课的必要准备

最需要做的就是"备听课"，了解即将听的课程内容、开课班级学生特点、上课老师特点等。最好在听课之前心中已经有一定的评价角度，做到有备而来，才能听得入耳、入心、入脑。其次，要有相当水平的学科专业能力，尤其是教育教学理念方面，要跟得上时代发展的步伐，套用一句话说就是"你有怎样的耳朵，你才能听到怎样的课"。当然，就像上课能力一样，听评课更多地也是在实践中慢慢提升。听课之后多写"听课感想"，就是特别扎实、有用的学习方式。课听得多了，就能慢慢悟出听课的门道，听到更有价值的内容了。

（3）听课要有标准

这里以浙江省高中语文"指向核心素养课堂教学"的评审意见为基础，说说《普通高中语文课程标准（2017年版）》（以下简称"2017年版课标"）理念下的听课标准。以这堂课学生的收获为评课角度，即根据学生收获的大小、效率、教师在其中的作用，给课堂打分。具体从如下五维度追问。

①学生学得什么？即这堂课学生在核心素养"四方面十二点"上有怎样的发展，从结果追问学生课前、课后间"多"了什么内容？发生了什么变化？

②学生怎么学得？学生是不是在"真实情境（真实、真诚）""典型任务（多样、开放）"中学习，在学习过程中表现怎样？比如课堂学习中有没有与

核心素养培育无关的环节、内容？课堂中的学习方式是最佳的吗？有没有其他更好的方式？

③教师怎样助力？教师能否为学生提供"真实情境""典型任务"的学习内容？助力程度怎样？比如教师在课堂上怎样组织活动？有没有引导、帮助、答疑、激励、点燃？没有教师参与可以吗？

④减分项：出现明显的多处科学性错误或发生重大教学事故。学生没有获得思维的提升，整堂课没有有效思考，全课"在平面滑行"。教师讲解过多，比如讲解超过30分钟；学生自主学习的时间很短，比如读书、讨论等加起来不超过10分钟。完全没能体现"真实情境""典型任务"的基本要求。

⑤加分项。学生在核心素养"四方面十二点"的发展，表现得特别明显、充分。学生思维活跃且思考有深入，学生明显有"新发现"，获得了"新增长"。学生获得充分且有效的自主学习时间、表现机会。能为学生提供优良的"真实情境""典型任务"的学习内容。教师体现出出色的课程研发能力，专题设计整体感强，"任务"理念突出。

以上内容也可作表格（见表绪-1）。

表绪-1 2017年版课标理念下的高中语文课堂教学评价简表

序号	评分项	简评/说明	分数增减
1	学生学得什么？		
2	学生怎么学得？		
3	教师怎样助力？		
4	减分项		
5	加分项		
6	其他说明		
合计			

二、就"客观"理解课堂特点

相比其他学科，语文学科仿佛更具"主观"的一面，语文教师对课堂的"完美""艺术"方面的想法也会比较多，更容易忽视课堂"客观"的一面。

课堂是非常独特的学习时空，把教学顺利"装进"课堂这个"筐"，是不少语文教师在课堂教学成长过程中习得的另一重要能力。有一定听课经验的老师，不难回想起比较典型的"教师控制型"课堂中的诸多"教学法"，它们就是为在课堂这个有限的学习时空里较好地完成既定教学内容服务的。现在的课堂难就难在，它不能再是"一言堂"，而是"生本课堂"，教师不仅要面对而且要重视，要让学生变得生动活泼，总是在"发展"。"预设"之外，"生成"更有教学价值，但掌控起来就更不容易。"你不知道课堂上下一秒会发生什么"就是听课、上课的苦恼或喜悦。

1. 课堂毕竟是有限的

"课上得太满""课没上完"可能是听课者的常有感慨，尤其在2017年版课标理念下，研究性、实践性、自主性等学习方式被更多地提倡，但也更多地受限于传统的班级授课制。于是课堂出现了这样那样的问题：

(1) 持续时间有限，学习纵深不足

有时候学生还处于学习"热身"阶段、"渐入佳境"阶段，但下课铃响了……从整个学习进程来说，40分钟一节课的学习也呈现出一定程度的"碎片化"特点。而研究性学习往往需要较长时间、较深思考。这可能就是研究性学习目前在一定程度上仍流于粗疏、浅薄的"课堂制度性"的原因。于是碎问碎答、快速阅读、一句话写作等就比较常见。这就需要每天都学习，让每天的学习形成一根前后相连的链条，或可弥补课堂的局限。

课堂教学时间非常珍贵，没有思维含量的内容不应该过多占用课堂时间。教师要把学生学习过程中最需要"研究"的那一块精准地提炼出来，放到课堂上，让学生即使在40分钟里也能产生"研究性"的思维深度。

(2) 组织方式有限，学习交流不多

主要是师生之间的交流不多，一个教师面对40个学生，所谓的师生互动、对话、交流，其广度、深度就受到很大的限制。师生之间的交流，较多时候只能依赖于"师讲生听"或者"'师问—A学生答'＋'师问—B学生答'＋'师问—C学生答'……"等样式。"生生交流"当然有意义，但学生之间要有互补性或差距性；如果学生之间的学习水平趋同，他们的交流就没

有多少价值。如果用一个比喻来说，就是"萝卜开会，结果还是萝卜"。

从追求"实践性"的高中语文学习来说，其"语言运用"的"真实情境"就较难营造，或者说就不大可能是"真实"的，只能是"近于真实的"。相比研究生教育中的"做项目"式、"写论文"式学习，班级授课制课堂，由于受限于教师资源的稀缺，受限于学习同伴的"趋同"，受限于学习情境的"模拟"，其"实践性"学习的成色无疑大打折扣。

(3) 认知理念有限，自主学习不够

班级授课制由来已久，老师们对学校教育模式已经形成了固定认知，这种认知与班级授课制的特点相符合：以传授知识为主，以大面积、高效率地提高为主，以教师为主体……就这点看，"课堂教学"与"自主学习"仿佛"八字难合"。

虽然我们经常讲"教师主导，学生主体"，但实践中乃至理论上仿佛都可以打个问号：难能"主导"的学习者到底能做到哪个程度的"主体"？不是"主体"的教育者到底如何才能做到"主导"？"教师是学生学习的陪伴者、促进者、指导者"，但在1∶40的师生比中，"陪伴"的效果可想而知；"促进"如果不是"面向全班讲"，估计也难；"个别指导"的效果肯定要比无差异的"全班指导"好得多，但难能落实。这些都使我们课堂教学上的自主学习，往往显得不很"纯正"，呈现出一定的"虚假"。而如果没有自主学习做基础，那么看起来似乎较适合班级授课制课堂的"合作"，可能也会失去切实内容。

以上无非是说，随着课程改革不断深入，随着2017年版课标理念逐步深入课堂，我们可能会发现它在课堂教学这个筐筐里，受到诸多束缚。在听课、上课中的诸多遗憾中，我们对课堂的思考会逐渐走向深刻：如何突破班级授课制课堂的局限，更大程度地实行"生本"学习？或者，是时候彻底反思诞生于17世纪、盛行于工业革命时期的班级授课制课堂教学，寻求更合宜的教学组织形式了。当下受到大力提倡的"走班"制度，也许是"有限课堂"扬长避短的一个发展方向，值得关注。

2. 课堂有自身的优势

课堂固然有局限的一面，但同时也有自身的优点、特点，我们应充分利用、发挥。

（1）是教师在场的学习

我们提倡的"自主学习"是教师在场的自主学习——班级授课制的"班级"由年龄相近、水平相近的学习者组成，这能够最大程度地发挥"教师在场"引导、组织、解疑的效果。

但无论如何，教师在课堂上"讲授知识"的功能应该减弱，"引导""组织"的作用应该加强。所谓"引导"，一是要保证学生学习的内容是正确的、准确的：从教育角度来说，要把握好思想方向；从学科教学层面来说，要把握好内容方向。二是要组织好学习：基础要求如维持教学秩序，较高要求如学习次序、进度、方式的安排，这实际上是"教学设计"与"课堂现实"之间的协调，非常考验教师的临场能力。

（2）是"生生共学"的学习

如果引导、组织到位，"生生共学"就能成为当下比较受推崇的所谓"学习共同体"式学习，课堂上会形成良好的学习氛围，学生彼此间会形成你追我赶的积极局面。听课的一种强烈感受是，全班同学一起朗读、分组讨论或小组间"比赛"时，"生生共学"的谐振感就出来了，课堂教学的美好感就出来了。

从教育意义上说，这样的学习意义更为重大，同学间的友谊、交往会促进孩子们共同成长。这种交流是孩子一个人待在家里，或者只与亲戚间的小伙伴交流所不能比拟的，它的交往内容无疑更宽广、更有"实践的""社会的"意义。从学科学习上说，"生生共学"既可以相互学习、促进，又可以看到彼此的不同，找到差异化发展的道路。这在提倡个性化发展、差异化发展的当下，更不应被忽视。换句话说，良好的"生生共学"，应该是一定共同基础上的差异化学习，应该是以同伴为"镜"，发现自己的不同，逐渐找到那个在成长中变化发展的"我"的学习过程。

（3）是有保障的学习

班级授课制课堂教学发展到今，已经形成相当完整的制度，有纪律的保障。一个组织良好的班级，内部各种关系比如各学科课程安排、各任课教师之间、师生之间、学生之间、学校管理与教学之间等，虽然复杂但基本上都有一定的规律。课堂看起来只是教学的地方，但背后却是一个完整的助学系统。

教师可以根据这些保障机制来制订长远的、科学的教学计划，保证学生学习的稳定性、高质量。这种"规律性"还能比较好地把学生的课外学习也纳入整个学习之中，比如布置并检查作业、按时检测和反馈等。我们日常教学中的"每一堂"，都应该是整体中的局部；要特别注重教学的"规划性""整体性""有序性"等。听一课堂，更要听它背后的"系列课""系统课"。

3. 课堂需合理"掌控"

"听"出课堂的局限与优势，有利于我们在实践中扬长避短，做好课前"预设"，科学处理课中"状况"，使课堂"内外"协调，取得更好的教学效果。

(1) 精心"设点"，确定框架

教师是课堂教学的"导演"，从全课的实施流程看，教师能主导、该主导的环节还有不少，能在全课中设置重要的"固定点"，发挥较好的引导、拓展、总结作用。

比如"入题"。常常具有创设情境、统领全课、指明重点等重要作用。好的"入题"，能使"文气"与"生气"在课堂上"初见"时，产生内容上的共同"关注点"、情感上的"共鸣点"，于是就可以导出准确、深刻的教学内容。

比如导语。有老师在执教《西地平线上》，开始时说："一个大男人，看落日居然'流下泪来'……他肯定是看到了我们平常看不到的能'令人落泪'的内容……"于是学生就把目光"看"向第二次、第三次落日的"生命""历史"。再比如引用，它不止于背景知识和拓展，而是"突破"，是"豁然开朗"，是"境界大开"。有老师执教《斑纹》时，遇到学生理解困难的状况，则引用作者的话："但愿我能获得能量和勇气，越过自恋、唯美和抒情的重重障碍，迫近生存真相。"原来，作者希望达到的是"迫近生存真相"，颇有语点醒的作用。

再比如结语。引导学生回顾刚刚发生的40分钟内容，加深印象，重申重点，发挥画龙点睛的作用。有老师执教《始得西山宴游记》，结束时说："始得西山宴游，这里的'宴游'指的是他终于在苦难中寻找到了新的自我，这是寻找到新天地、生命全新意义的由衷喜悦。"这句话总括全课内容，强调"始得"之乐正是作者在山水中发现"另一个自我"之乐。当然，结语还有一个非常重要的形式——板书，它是流动的课堂最终留下的直观的总结，比如有老师教《听听那冷雨》时，配合课堂进程"分行渐增式"板书给人留下深刻印象："听雨/听冷雨/听那冷雨/听听那冷雨。"

（2）期待生成，帮助出彩

课堂的困难在此，课堂的精彩亦在此；课堂的变化在此，教师的掌控力亦在此。因为你不知道课堂上会发生什么，所以会有难以料想的事故，也会有不期而遇的美好。原因很简单：学生是活的，是生机勃勃的，是个性殊异的。在流程上，主要发生在自主学习、师生问答、讨论等比较开放、自由的环节；这些环节要做出充分的预想，要准备多个预案。

比如追问学生，细加辨别。《兰亭集序》课堂上，学生指出从"游目骋怀"一词能看出作者的快乐，但这种回答只是一种粗略的感觉，还不是"这一篇"中的"乐"。于是教师追问：为什么这个词能传达出"乐"？在学生回答的过程中，教师又引导学生比较了该词与"纵目抒怀"的不同表达效果。学生在探求、比较中，领悟到"游"字写出了"悠游自在"的心境，而"骋"则表现了思绪任意飘飞的情状。于是帮助学生从"读懂"到了"鉴赏"。

比如补充背景，加深理解。《想北平》课堂上，最后让学生理解末段的情感："好，不再说了吧，要落泪了。真想念北平呀！"引导学生反复品读，生成思乡情感；教师再补充必要的背景，学生又从"落泪"中读出作者对故园沦陷的深切忧虑，从"真想念"中读出作者想回去却回不去的痛惜之情。于是学生的理解又深入了一层。

（3）及时调控，灵活应对

这种"变化性"介于前二者间，或者说是用以协调前二者的过程。它可以根据实际情况对某内容做出调整甚至改变，特别考验教师课堂上的"教学机智"。

比如及时补充内容，改变进程。在《永遇乐·京口北固亭怀古》课堂上，教师提出主问题：朗读全词，结合词句说说其背后的不同情感。但学生却迟迟难能回答，教师感觉到这首词对学生而言，在理解上存在一定难度，于是及时调整策略。首先是把全词一分为二，让学生分上、下片来回答，并且补充孙权、刘裕等相关五个典故知识。

比如及时"站出来"，收拢内容。在《神的一滴》课堂上，最后一个环节组织学生交流探讨"神的一滴"的内涵。有学生由此联系到环保、生态，进而讲到社会制度、当时热点事件……眼看课堂有被"带偏"的趋势，于是教师当机立断，及时纠偏：让我们回到"神的一滴"哦……

课堂调控手段用表绪-2表示如下。

表绪-2　课堂调控手段

调控手段	开始	过程	结束
设点定框架	导入	主问题—重要语句、表达特点—精要链接	结语、板书
生成助出彩	提出大问题	学生反应、活动	小结
调控善应对	出现状况	增删、改变内容，调整策略（要有预案）	回到"目标"

三、据"事实"领悟语文内涵

作为一门实践性课程，课堂教学中呈现的"事实语文"，为教师准确把握、领悟语文内涵，提供了理想的、理论的、语文之外的重要而具体的帮助。又由于"语文"的内涵随着时代发展而发展、变化，所以我们也要在不断的教学实践中更新对它的认识。如果说在听课中提升教学素养、理解课堂特点是"战术"上的教研，那么领悟语文内涵则是"战略"上的提升，它决定语文教师专业发展的上限、境界。

1. 语文不应是"什么"

这里无意追问"语文是什么"的老问题，但追问"语文不是什么"却有一定的现实意义，就是我们在听课中有时会听到一些"非语文课"，比如把语文上得像班会课、政治课、地理课……套用前些年的流行词，叫没有"语文味"。这其中特别有现实意义的或是下面三种。

（1）语文不是文学

语文老师大多毕业于中文系，从"文学氤氲"的高校直接"降落"到中学课堂，面对的又是一张张仿佛充满文学幻想的年轻的脸庞，于是"语文约等于文学"仿佛就顺理成章了。反映在课堂教学上，就是有些老师由衷地喜欢教材中的文学作品之余，也会无端地"鄙视"非文学作品，认为它们"没内涵""不语文"。最终的课堂可能就会演变成大学文学类课程的"小型化""低幼版"，以文学史、文学常识、作家作品、文学流派乃至文坛逸事为内容，学习方式也会简单化为教师讲授、崇尚"文艺感悟"为主。

但我们现在已经越来越清醒地看到：文学与语文虽有重要关联，但二者绝不能画等号；那些"非文学"的语文内容，比起文学内容，其重要性一点也不逊色。更要紧的是，语文和文学根本不是"同一类"，甚至不能并列在一起。就学生对语文的"需求"看，或者从人才培养目标看，班上40位学生也许只有一两位同学将来要读中文专业，将来的生活会与文学相关，而绝大多数同学会进入浩如烟海的非文学类大学专业，将来的生活也绝大多数与文学关系不大。但几乎所有的同学却必须与语文发生密切关联，他们将来无论从事什么事业，过怎样的生活，只要"活在人间"，就必须运用语言文字。

（2）语文不是虚无

"语文的外延与生活相等"流传比较广泛，但它只是指出语文学习与生活的相似点，并不是说"语文学习就是生活"（这种类似的模糊、无边界，任性的认知、意识却可能导致"语文是虚无"的论调）。什么是语文？什么都是语文啊。语文该怎么学习？哪有什么好的办法，关键是你要有兴趣，然后要得到涵养，要受到熏陶，要沉浸其中……一旦要落实到什么具体的语文学习策略、手段上，马上就招致反对：瞎搞，不语文；语文嘛，让学生多读书就行，让学生多写就行……更有甚者，可能还要说到"灵感""灵光""有悟性"等上面去。

当然，还有一种便是绝对化"应试"：不要讲这个讲那个，你告诉我高考怎么考就行，我自己会"教"的——这种眼中只有分数的语文，从不相信"语文"的语文，"目无语文"的语文，恐怕也是另一种虚无吧。

（3）语文不是"上下通吃"

语文课还有一点比较麻烦的是，它远不如其他课程如数理化之类那么"年级分明"，特别是初中语文和高中语文，其界限比较模糊。把高中语文课上得像初中语文课，可能是高中语文课堂较常见的偏差。这种差别，并不是语文教材就能做到的；因为听课中我们会发现，不少老师会"浅文深教"，也会"深文浅教"。如果说其他课程有学科自身的层级，那么语文课程则跟学生身心发展层级的关系更加密切。因为语文课程是学生"学习语言文字运用"的课程，而语言文字的背后就是思维，而思维的发展跟学习者的身心发展阶段密不可分。

高中生正处于抽象（理性）思维的快速成长期，当下时代，高中语文教学内容多一些学术类、论述类内容，课堂上多一些深入思考、探索，多一些用语言文字解决现实生活问题的内容，无疑会更像高中语文课堂。

2.语文首先是"课程语文"

我们并不是一开始就从"课程"角度来认知语文的，它有一个比较漫长的发展过程，推动语文发展的，既有实践中的探索，也有来自教育科学的审视，也有国外理论的影响。课程标准应是这种认识发展的集中体现。

（1）2003年版课标及其语文课特征

《普通高中语文课程标准（实验）》（以下简称"2003年版课标"）对"语文"性质的阐释是这样的："语文是最重要的交际工具，是人类文化的重要组成部分。工具性与人文性的统一，是语文课程的基本特点。高中语文课程应进一步提高学生的语文素养，使学生具有较强的语文应用能力和一定的审美能力、探究能力，形成良好的思想道德素质和科学文化素质，为终身学习和有个性的发展奠定基础。"

从中可见，"语文"是这样的：

①性质："交际工具"，"人类文化的重要组成部分"。

②特点："工具性与人文性的统一"。

③高中语文课程功能或教育目标：提高语文素养，使学生具有"语文应用能力""审美能力""探究能力"，形成"良好的思想道德素质和科学文化素

质"，为"终身学习""有个性的发展""奠定基础"。

反映到那个时期的语文课上，就是语文老师开始反思过于"工具化"倾向，而推崇"人文""文化"的课堂形态。

(2) 2017年版课标的"发展"

2017年版课标是这样阐释"语文"性质的："语言文字是人类社会最重要的交际工具和信息载体，是人类文化的重要组成部分。语言文字的运用，包括生活、工作和学习中的听说读写活动以及文学活动，存在于人类社会的各个领域。语文课程是一门学习祖国语言文字运用的综合性、实践性课程。工具性与人文性的统一，是语文课程的基本特点。……普通高中语文课程，应使全体学生在义务教育的基础上，进一步提高语文素养，形成良好的思想道德修养和科学人文修养，为终身学习和全面而有个性的发展奠定基础，为传承和发展中华文化、增强民族凝聚力和创造力发挥应有的作用。"

对比2003年版课标，其变化如下（见表绪-3）：

①2003年版课标中对"语文"性质的阐释没有了，其阐释的主体变成了"语言文字"：是"交际工具""信息载体""人类文化的重要组成部分"，"语言文字的运用"普遍存在。

②不再阐释"语文"而是阐释"语文课程"，而且有了一个重要的、前所未有的定义——"学习祖国语言文字运用的综合性、实践性课程"。

③对语文课程的功能或者说教育目标有了新内容："在义务教育的基础上……为传承和发展中华文化、增强民族凝聚力和创造力发挥应有的作用。"（在《普通高中语文课程标准（2017年版2020年修订）》中，又增加了一句："……为培养德智体美劳全面发展的社会主义建设者和接班人发挥应有的作用。"）

表绪-3　2003、2017年版课标对"语文"及"语文课程"阐述的对比

课标版本	对"语文"性质的阐释	对"语文课程"的阐释	(高中语文课程)功能或教育目标
2003年版课标	"语文是最重要的交际工具，是人类文化的重要组成部分。"	无	提高语文素养，使学生具有"语文应用能力""审美能力""探究能力"，形成良好的"思想道德素质和科学文化素质"，"为终身学习和有个性的发展奠定基础"
2017年版课标	无。对"语文"的阐释变成了对"语言文字"的阐释	"语文课程是一门学习祖国语言文字运用的综合性、实践性课程。"	新增两方面内容："在义务教育的基础上"；"为传承和发展中华文化、增强民族凝聚力和创造力发挥应有的作用"

(3)"课程语文"对语文课的启发

从课程的角度来认知语文，具有非凡的当代意义：原来，基础教育阶段的"语文"是一门"课程"——虽然，它看起来确实只是比较"巧妙"地避开了对"语文"的阐释。"课程"意味着它是教学目标、内容、活动方式的总和，它对我们的教学必然带来一些很具教研意义的启发。

比如我们会更清晰地认识到语文的核心任务是"学习语言文字运用"，而不是一些相关的静态的知识。比如应该更具"实践性""综合性"，让学生更多地在"运用语言文字"的过程中提升语文素养，而不是把学生圈在"模拟情境"和"单一情境"中。比如更应突出学习"科学性"，遵循教学规律，慎重对待语文教学中比较"任性"的内容和方法。

3.语文只能是"个体自主实践"

语文学习从学校教育实施角度看只能是"课程语文"，但其追求的理想肯定在课程之外，为促进学生的成长，为帮助学生学会学习语文，并在终身实践中受用无穷。从这个角度看，要真正把语文学好，只能依靠学生自己的不断学习、终身学习。

(1)走向"个体学习"

如果我们有机会连贯地、连续地听小学、初中、高中的语文课，我们会"听"到，从低年级向高年级，学习内容从感性慢慢变得理性，课堂气氛渐渐从热闹趋向沉静，学生的思考逐步从有趣走向深刻。我们会慢慢领悟随着学

生年级升高，语文的内涵不断发展、变化，它有一个从"交际语文"向"思维语文"的转变、提升过程。

所谓"交际语文"指向"共同语"，它的学习任务就是让所有学习者都能听得懂、看得懂社会其他成员的话、文章，偏向所谓的"工具性"。所谓"思维语文"指向"个体语"，它的学习任务是让学习者在语言、文字的运用过程中，慢慢培育自己的思维特点、表达个性。高中阶段的语文学习，"思维语文""个体语"应成为其努力方向。有这种理念的语文课堂，会特别留心学生的个体表达，尊重、鼓励学生的个性表达；会特别注重学生的"思维发展与提升"，推崇课堂教学的"思维含量"，追求学生思维品质的批判性、深刻性、创造性。比如《祝福》课上，有老师就引导学生不断深入探讨"杀害祥林嫂的凶手"：不能笼统地归结于"封建礼教"，更可能是"迷信思想"，是"愚昧"，再可能是"社会环境""那个人间"……

(2) 依靠"自主学习"

"自主学习"之所以备受推崇，基于这么一个时代认知：学习知识的速度可能已经跟不上知识产生的速度。只有自主学习才能源源不断地创生语文新知识，才是真正有意义的学习。任何学习的高境界都是"学会学习"，这就要求语文教学要从"语感"走向"语理"，2017年版课标中新增了一种学习方式曰"梳理与探究"。它更像是"做学问"的方式，是学生离开教师、学校后能够继续"自学"语文的重要能力，"在旧知中发现、创造新知"，非常了不起。

课堂教学当然也讲求自主学习，但课堂时空毕竟有限，所以它多偏重于让学生获得自主学习的兴趣、方法，而把自主学习的广阔天地放到课外。所谓"得法于课堂，得益于课外"就是这个意思。套用一个比喻，课堂教学是冰山露出水面的八分之一，学生课外的自主学习，才是语文学习的海平面之下的八分之七的冰山主体。套用一句话，语文学习，"功夫在课外"也。

优秀的课堂教学，必然是课堂教学与课外学习的"一体化设计"，给学生学习留出更充足的时空，非常重视"作业"设计。近些年比较流行的"学案""导学案""学习任务单"等，就是一个明证。教师在自主学习设计上所花费的精力，往往比课堂教学要多得多。

（3）需要"终身实践"

语文与生活密切相关，不仅体现在二者"外延"相等；更重要的是，语文就是生活，语文被生活推动着前行，生活也在语言文字的运用中被"创造""创新"，获得发展。语文学习是一个需要在实践中不断得到充实、丰富的过程，它不是一个"既定的知识"学习。学生在校的语文学习，到了现实生活中，还需获得不断的进步才行。换句话说，学生的在校语文学习只是语文学习实践的"实习"阶段、初始阶段，语文学习只有在实践中才能发挥其真正作用，获得其真正素养。不断地在现实生活中进行"语言建构与运用""思维发展与提升""审美鉴赏与创造""文化传承与理解"，且这种实践中学习、理解的状态应相伴终身。这也是信息时代人才必然需要终身学习的特点所决定的。

体现在课堂教学上，越优秀的课堂就会越注重"真实情境"，与社会生活"亲密无间"，教师重视带领学生去解决现实生活中的一个又一个"陌生的""具体的"问题。比如让学生讨论"（当代的你）如何处理虚拟世界与现实生活的关系""（即将走向社会的）你如何对待生活中的'读者'""（作为浙江学子）你怎么看待'浙江精神'"等，有强烈的现实感、代入感，就是要求学生用语言文字把这个问题想清楚、写明白。

总起来说，"听课"应该成为当代教师重要的专业能力之一：学会"听课"，掌握这种日常的低成本的很实用的教研手段，努力听出包括"教学""课堂""语文"在内的更多内容。

（本文发表于2021年4月《语文教学通讯》，略有改动）

卷 一

听学生，提升教师素养

导语：有怎样的学生，往往就有怎样的教师

当了15年班主任，对此有较为深刻的体验。"你看，这个班的学生真是'规整''散漫''活跃'……啊，难道他们的班主任是某某老师？"而事实往往正如我们的判断。语文教师对学生的影响貌似不如班主任对"班风"的塑造那么"成功"，但可能只是"不明显"而已。据说，在众多学科中，语文老师是特别能给学生留下深刻印象、能对学生产生深远影响的学科老师之一。听课主要是听学生，学生的表现，能折射出教师的上课水平。

课堂上的"春风化雨"之所以能产生，其源头、动力来自教师的创造能力。照本宣科的老师的课堂，就不可能有激情，不可能有吸引力。当代课堂上，师生之间已经不再是"我讲你听"，而且教学的发展对教师讲的内容提出了越来越高的要求：越贴合学情越好，这就要求教师根据自己班级学生的具体情况创生学习内容、学习方式。

即如题的意思，并不止于从学生受教师的影响而"反推"，更可能的是，更应该的是：因为学生是这样的，所以要求有这样的学习内容；进而，因为学生是这样的，所以要求教师是这样的。于是，课堂之上，师生之间，举手投足，欢声笑语，才有可能都是教学内容，皆足以移情，足以化人也。

第一章
学生表现折射教师素养

01 不同的同学，真美好
—— 2019 年 9 月 6 日在温州听吴中娟老师《我心归去》课有感

吴老师提出一个基于文本的、有纵深的真实问题，这个问题贯串全课，使教学主要内容集中于探讨"故乡"的内涵：

假设你是韩少功先生的朋友 C，想劝他留在法国，读了这篇散文后，你觉得有可能说服他吗？

要求：自主阅读，确定观点，结合文本阐述理由，然后小组讨论总结，推荐代表发言。

于是，如果全班有 40 位同学，那么有 38 位同学都认为"不能"。为什么呢？因为作者在文本中，从不同层面阐述了故乡对他的重要意义，而且文章开头就叙述了他住在法国的情境：环境好条件好，但是不适应没有汉语的环境啊，于是想家啊。

然而吴老师问到后来，却有两位同学说："能"。

我觉得整个课堂都顿时"明亮"起来了。

两位同学简单表明观点之后，吴老师让学生小组讨论，结合文本，寻找答案，提供"论据"。

前面几组同学的答案自然可以想见：因为故乡有亲人，是他成长的地方，是血沃之地，是心灵的寄托……

终于轮到前头提出"能说服作者留在法国"观点的同学了。

生 A：只要能满足对故乡的眷恋，他是可以留在法国的，在法国也可以守候家人，可以把家人接过来啊……法国也可以成为作者第二个故乡，只要付出努力，一样可以培养深厚的情感……现在是开放的时代……

生B：故乡"与出生地不是一回事"……我们初中毕业时，视初中学校为我们的故乡，到了高中，高中也有可能是第二个故乡，大学可以是第三处……

第二位同学的回答既接"文气"又接地气。我被打动了，他很好地启发了我，我顺着这两位同学的发言往下想，且觉得理由非常充分：故乡与他乡不应该是对立关系，而应该是"互补""共进"的关系，他乡的美好可以弥补家乡的不足，家乡的存在可以让我们有回望的精神"大后方"。如果他乡更能成就我们的梦想、人生意义，何乐而不为呢？这不是对故乡更好的回报吗？在他乡，同时可以不忘故乡，同时可以眷恋故乡。故乡不应是"困守"，不会是"阻拦"，更应是鼓励，故乡更希望她的孩子走得更远，飞得更高。韩少功先生他可能不会留下来，但他或者应该留下来。钱学森正是因为在他乡取得巨大成就，所以才有可能给故乡带来更多贡献，而这种贡献，不是更能让故乡感到欣慰吗？当代社会，走到他乡，相比留在家乡，或者更有意义，对故乡对自身，可能都是如此。

于是我希望这两位同学能把其他38位同学都说服了……

吴老师这堂课让学生受益的同时，也让我这个旁听者深化了对故乡内涵的认识。这要归功于吴老师的开放式问题，也要归功于那两位"不同的同学"。我想，这大概就是课堂上"思维的推进"吧。

这两位同学，你们的不同，真美好。

② 教师的高度就是学生的可能高度

——2019年11月23日在南京听徐晓彬老师《登高》课有感

标题之意，针对课堂教学来说，就是教师的高度，往往就决定了课堂有多高的天空供学生去飞。

对《登高》的教学本来真不抱什么"希望"：自己上过多次，听其他老师也上过多次；反反复复无非"沉郁顿挫""忧国忧民""八层悲""古今七律第一"……对于不甘心上一堂寻常课的老师们来说，当我们只能老生常谈时，《登高》中老杜的魅力仿佛也已经见底了。

但徐老师在课中却抛出了一个动人心弦的问题：

杜甫有不登高的理由吗？

在前头已有与"八月秋高风怒号"的对比赏析之后，在同学们对"前四句"的秋意已经有较充分的认识之后，在"这样的天气里，你愿意出门吗？"的问答之后，在徐老师的古诗文情境渲染得足够充分之后，学生们的思绪仿佛已经跟诗中的老杜对接上了。

生A：有啊，"百年多病"嘛，在家中好好休息不更好……

生B：事业无成，生活艰难，没有必要再登高了……

生C：他很孤独，无人相伴，不必登高了……

生D：古人登高多要喝酒，但他已不能再喝酒了，所以也不必去了……

生E：战乱，社会不安定……"万里"，奔波之苦……

……

这无疑就是探求《登高》之"八层悲"内涵的"反弹琵琶"了，于是课堂的"矛盾点""思维冲突"慢慢地形成。于是课堂就有了向前、向深的力量。

老师做小结："也就是说，杜甫完全是可以不去登高，也应该不去登高的，但他还是去了……"

于是学习内容"翻出"又一境界。

老师进一步提问："杜甫登高时会想什么？或者说他一定要去登高，想'望'什么呢？"

接下来师生一起探讨：哦，原来，杜甫非要在这种天气里抱病独登台，是要去"望"自己的"平生抱负"啊，是要去"望""开元盛世"啊，是要去"望"诗家"屈宋"啊……这些内容，对一位诗人来说，躺在家里是"望"不到的，是难以容忍的。

这才是不一般的老杜！

如果说以上是"于寻常处翻出新意"，体现教师深思的能力；那么下面说的就是"于平白处做得厚实"，体现教师长期的积累了。

或者换个角度说，如果教师在课堂上一味"求高"，而忽视了学科情境、学情特点，也有可能会陷入教师的"孤芳自赏"中，教学内容高则高矣，却容易把课堂变成"讲堂"。

徐老师的教学明显不是这样，他的"高"有着良好的课堂基础。

首先，这堂课是从唤起学生知识经验开始的——让学生一齐背诵《茅屋为秋风所破歌》，这是学生初中学过的，也是秋天的，其悲凉的意味是一贯的。

学情的研究落实到"课"才算"有诚意"，即我们上课之前要先了解学生之前学过什么与这篇课文相关的内容，因为任何的学习都是甚至只能是从学习者的已知开始的，何况是高中语文。

接着就"无缝"接入新内容：

师：八月草堂的风，与《登高》中的风，同学们觉得哪个更大呢？……对，《登高》里用了一个"急"字，那么前四句里哪些地方可以看出这个"急"呢？

生A："无边落木萧萧下"，"鸟飞回"……

生B："不尽长江滚滚来"，风吹江面，风助水势，"滚滚来"……

其次，就是徐老师在课堂上随手拈来的各种古诗文："秋尽江南草未凋""微风燕子斜""猿鸣三声泪沾裳""卷我屋上三重茅""每逢佳节倍思亲""渔阳鼙鼓动地来""路有冻死骨""遥怜小儿女，未解忆长安""一男新战死""冠盖满京华""落日心犹壮""穷且益坚""北阙心长恋""李杜文章在"……以及"不经意"中带出来的文化历史知识：重阳节，望远当归，长歌当哭，安史之乱……

老师还说："这次预习同学们很认真，有同学画出了杜甫近几年的'奔波地图'……"然后在黑板上画出长江、黄河的轮廓图，再结合图，讲述杜甫这些年的奔波、写作背景。

再次或者最为重要，就是朗读。

除了让学生各种朗读，徐老师也做朗读指导，更做示范朗读。让学生朗读后四句后，徐老师认为"读得太整齐了……应该是'4＋3'节奏，中间的停顿可以稍长一点……"，然后自己示范朗读。

徐老师说："杜甫的诗有很多仄声字，比如急、白、落木、不、作客、百、独、浊……"要求学生"把仄声字读出来"，再夸赞学生"读得好"。

更加不得了的是，课堂"情到深处"时，徐老师赋诗一首，化身为一位出口成诗的"古诗人"，并倾情朗诵："衰残谁解杜陵哀，高阁穷猿怯梦回。语给惊人明主弃，心犹向日死神来。西京窃发帝王冢，故国尽燃烽火台。速遣官军荡河北……"

这种学科氛围、古诗学习氛围的渲染特别需要教师的功底，正如我在课后评课时所说的："这不是普通中学老师的课，是一位专家的课，是一位熟悉高中课堂教学的专家的课……"

有这样的"课堂基础"，教师在课堂上的"高"才有可能跟学生的学习融为一体，产生所谓的感染、熏陶的作用，给学生带来更高远的学习空间。虽然，学生的这种"高飞"不一定能充分体现在课堂当场，但应是可预见的。

03 "当行本色""这一篇"

——2019年11月23日在芜湖听欧阳凯老师《窦娥冤》课有感

这可能依旧是"教正确的"还是"教特点的"的问题。

不过，欧阳老师还留心到他上课学校的特点：

同学们，很高兴来到黄梅戏的主要流行地，我自小就听过几部戏，比如《天仙配》《女驸马》等。我们一起来唱唱看，行不？

然后老师跟学生一起唱"树上的鸟儿……"，算是"暖场"，于是比较自然地"入戏"。

同学们，中国古代戏曲向来讲求唱做念打……我们一起来欣赏它的唱、曲词……

欧阳老师这句话说明他是根据安徽师范大学附属中学的学生特点"有备而来"的：对高中生来说，对这所学校的高中生来说，戏曲情节内容应该已经不重要，没有必要在"冤情"上过多纠缠，而应该直指——欣赏曲词。

师：同样是讲故事，"二煞"在语言上有什么特色？

生A：更长了……

生B：更加具体了，反复用拟人、比喻手法，这种比喻更能表现窦娥的情感……

师：第四则曲子《叨叨令》，从语言节奏看，边唱边说，唱念结合……

PPT放映出无名氏的散曲《叨叨令》文本。

师：这两首都是《叨叨令》，为什么这么不同？

生A：元杂剧口语化多了……

生B：杂剧的句式更自由，散曲更工整。杂剧的情感更强烈……

生C：散曲更押韵、上口……

生 D：杂剧更直接、直白……

生 E：散曲写景的更多……

生 F：杂剧很生活化……

……

师：再提一个问题，为什么元杂剧更要讲究语言的通俗？

生 A：更接地气一些，更接近现实生活，让人好懂。

生 B：方便唱出来，窦娥本来就是一个文化水平不高的妇女，语言通俗，符合她的身份。

课堂到这里，杂剧语言与散曲语言大致的特点已经比较出来了。虽然，正如课后专家评课所说的一样，并不都如此：杂剧语言更生活化，更口语化，更通俗化。顺便说一句，如果能归结到"行动化"，就能多一个戏曲特有的角度了。

欧阳老师话锋一转："我们来看一出戏，浙江流行的是越剧。"随后播放越剧《窦娥冤》视频片段："叫声屈动地惊天……"

视频播放完，欧阳老师提问："越剧走进了黄梅戏的故乡，同学们有什么感受？有没有觉得很好听啊？"

于是学生的"当地本色"就体现出来了，"入戏"状态就体现出来了，于是课堂上其他同学、听课者都会心一笑：还是黄梅戏好听……

然后师生一起探讨，觉得越剧里的窦娥显得更凄惨，但可能少了点刚强、悲烈，反抗的性格体现得不很充分……

师：作为古代妇女，她会有反抗精神吗？她怎么会"指天斥地"呢？

生 A：可能就是关汉卿借窦娥之口，来表达对社会的不满。

生 B：她反抗过张驴儿……本来是相信官府的，后来不相信了，于是强烈控诉，于是不得不反抗……

学生的回答说明了学生的理解层次。

在让学生齐读曲词后，教师再点出关汉卿这本杂剧曲词的特点：激烈而少蕴藉。

欧阳老师就是这样带领学生在黄梅戏、越剧、京剧的戏曲氛围中，在与元散曲语言、越剧窦娥形象的比较中与学生一起探讨元杂剧、关汉卿那"当行本色"的。

所谓"这一篇"，除了《窦娥冤》本身的特点外，还指在这个教材体系中的"唯一性"：整套教材，就只有一篇"元杂剧"，其"学一篇知一类"的教学要求尤其突出。

那么，我们就要追问：学生在这堂课后能收获"知一类"吗？

如果这堂课教学内容是"窦娥的冤屈""古代妇女、劳动人民的悲剧命运"，不能说就不正确，却可能难以承担起"知一类"的学习任务。换句话说，在这套教材中，《窦娥冤》的特点是什么，什么就应是教学重点。

04 从"老师也跟你们PK一下"想到教师的"定位"转变
——2019年9月29日在温州听蔡瑞琛老师"为你读诗"课有感

马上想到的就是"共学者"——虽然这样说有点"矫情",因为老师明显会是"先学者";当然,"先学者"未必就不可以是"共学者"。教学是一个相互促进、生发的场景,随时可能产生新的学习火花,先后未必清晰,"共学"时刻发生。

在课堂伊始,两位学生非常出色的朗读后,我觉得学生已经"读懂"了诗歌,仿佛接下去都不知该教什么了。

蔡老师的应对是,"预设地"但也有可能是临场被激发地说:"好,老师也跟你们PK一下。"

我对蔡老师比较熟悉,结合蔡老师的性格特点,这话仿佛就是脱口而出,听来非常自然,就是要PK一下。且不说蔡老师是有底气的,她是普通话测试员,是朗诵高手,在不少大场面都曾有过精彩的朗诵表演。

蔡老师的课堂诵诗自然很棒,没得说;但我还认为,她的朗读的教学意义,应该不限于甚至并不是示范;因为在我听来,两位同学朗读得也非常好,三人之间,简直未必有高低而只有不同特点。

换句话说,蔡老师包括其他朗读未必出色的老师,在课堂上完全可以跟学生PK的,我们传递的是"共学"的态度,对学生是一种激励、肯定,自然不是要把学生"比下去",或者,甚至,我们读得不如学生"好",会另有教学意义。

这种姿态会让我们的"组织教学"这个"传统定位"显得更接地气,更容易被学生接受;因为,高中语文教师明显不能只是"共学者"。

然后蔡老师PPT放映出如下表格。要求小组合作,根据"助读贴士",比较两首诗的意象组合，完成表格（见表1-1）。

表1-1　《立在地球边上放号》与《峨日朵雪峰之侧》的意象组合方式及效果

篇目	意象	组合方式	效果
《立在地球边上放号》	北冰洋、怒涌的白云、太平洋、滚滚的洪涛		
《峨日朵雪峰之侧》			

合作探究，分析意象解诗意，是传统套路；但对高中生来说，分析"意象组合方式"——串联、叠加、并置、对比——则有一定新意和难度；需要教师给出任务并组织学生开展探讨。

也就是说，**"组织教学"**同时就是**"创生学习内容"**。蔡老师应该认为，理解这两首诗的思想感情，对瑞安中学的学生来说，不是学习重点；如课堂开头的"自由读"＋两位同学"个读"＋教师"跟你们PK一下"地读，也就"够意思"了，可以完成这个任务了。

而且，蔡老师把两首诗放在一起，就更见意象组合方式的不同样式，任务于是就更具挑战性。顺便说一句，"探究任务"一定要有难度才成其为"探究"。

之后就是结合刚才的学习内容，从意象组合角度，修改自己所写的诗歌……

教师在"新课堂"中的定位，相关论述已经很多，蔡老师这堂课则生动地、"接生气"地阐释了作为"共学者"和"教学活动组织者兼学习内容创设者"的两个角色。

05 解决学生疑难，立于不败之地

——2019年9月6日在温州听肖德昶老师《一个人的遭遇》课有感

肖老师无疑在了解学情这一块做足了功课。这堂课的教学内容几乎就是从学生的预习反馈中来的，这是非常艰苦的工作。相比于我们要调查学生之前学过什么相关的课文、知识，这种预习反馈无疑更加切实。而且，肖老师很好地避开了这种基于学生疑难式教学需要警惕的三点：

一是给学生太重的预习负担。

有些老师误解了"先学后教"的意思，把课堂上应该承担的教学主要内容放到课前，让学生"自学"完成，这样自然过犹不及了。预习是为了更好地教学，这种"更好地教学"主要应该体现在了解学情方面。肖老师给学生预习的分寸感就较强，任务量比较适中，学习要求比较明确，值得学习：

1.简要概括小说内容。（这个人是谁？他遭遇了什么？）

2.初读感受。（"裸读"后你最想说的话。）

3.提问。（认真、独立思考后的"有疑而问"。）

当然，它或者可以再精简为两句话，努力减轻学生的课前负担：

1.用一两句话写出阅读文章后的感受。

2.提出一两个疑难问题。

二是把它上成"展示课"。即把学生的预习成果——呈现给其他同学。肖老师呈现的是学生的疑难问题，是为了解决它而展示。

三是把学生所有的疑难一股脑儿不加区别地呈现、解决。即教学内容没有经过老师的选择、归纳。因为不是所有的学生疑难都有教学价值。肖老师对学生的疑难做了很好的归纳、提炼，这从课堂的"主问题"就能看出来。

这堂课中一个有意思的细节也值得一说，肖老师会特别留心把学生的名字在PPT上打出来，比如：

思考：战争最残酷之处，是伤亡吗？那是什么？为什么？

涂××、余××等同学：索科洛夫在妻、女、儿子死亡时没有痛心疾首，甚至都没有落泪，这种表现是否过于淡定？

"思考"的内容是这堂课的主问题，明显就是对涂××、余××等同学疑问的提炼。

肖老师在课堂上引用了二战伤亡的数据、二战时残酷的照片，也引用了学生的感想，却又不止于展示，而是一种引导和激发：

在战争中不会所有的人都被打死，战争也不会使所有的人都成为"迷惘的一代"，然而从战争中"滴水不沾、干干净净走出来"，只有鸭子才能做到。至于说人，真正配得上这一称呼的人，在战火之后生活，都有一种感觉，仿佛心上开过一刀。（孙××同学）

这种以解决学生疑难为主体的课堂，非常切实，比较有效，但容易呈现比较散乱的形态，也容易给人"课堂就是回答问题"的错觉。肖老师这堂课却能以"眼泪"作为课堂线索，穿起学生的疑难，穿起全课内容，有条理、有纵深，不失整体感：分析索科洛夫的"眼泪"；探究怎么能"不让孩子落泪"。

一言以蔽之，基于学生疑难，课堂就能立于不败之地，一堂好课就有了坚实的基础、生长的沃土。

06 高中语文学习主体不止于"师生"，更可以是"我"

—— 2018年5月8日在湖州听马玉娇老师《将进酒》课有感

因为语文学科在学习中比较注重学生的情感体悟、个体经验，而这种体悟、经验会成为学生理解文章的背景之一，相对于知识背景，这种情感、经验的背景更具个性化。

高中生相比初中生、小学生，他们的生活经验已趋丰富，他们的心灵世界已趋丰满，他们的个体特性越显突出，渴望"突出自己"的意愿也越来越强烈。

这跟我们的教育理念"让每位学生成为他自己"相符合。

让高中生在语文课堂上展现他们不同的"我"，会给我们的课堂带来充沛的驱动力量，带来丰富多彩的"生成"内容，所谓"不期而遇"的精彩将变得"可期"。

马老师这堂课就有这个特点。

比如老师表扬学生的朗读——学生的朗读即使是后来也并非都很到位，但这真的很重要吗？

老师让学生推荐同学朗读，于是学生纷纷讨论，说某某同学某某同学的名字，课堂就热闹起来了。

这几位学生明显不想辜负同学们的推荐，都很用心地朗读。且看老师的各不相同的指向"我"的表扬：

你的朗读，呈现的是一种温柔中的豪气……

你的口齿非常清晰……

真有豪放且酣畅之感啊……

这种"不同角度的表扬"虽然也未必就有新意，但马老师说得真诚、自然，听得出来她是很认同"不同的学生可以有不同的读法"的。

再比如老师给学生一定的"朗读自主权"，然后让学生自己揣摩，自己把握，自由朗读。

生：时光流逝，对时光流逝充满悲伤的情感——喝酒是情绪的出口……

师：你还能在诗中找到其他情绪词语吗？

生：乐……寂寞……被世人冷落……还有愁……

……

师：颇有些醉意了，于是要"高歌一曲"，歌了什么呢？

生：钟鼓……不屑、蔑视，只愿长醉不醒……

……

马老师再示范朗读，然后说："读得不是很好，但老师乐意尝试，乐意读给大家听。"要的就是这种真诚的态度，语文老师不一定都得是朗诵高手。于是，学生也就放松了。

接着，让学生找几句自己最有感触、最喜欢的诗句，自行朗读、体会。课堂上于是变得"诗声琅琅"了。

简言之，马老师给学生朗读内容的选择权，又给学生不同角度的个性朗读诠释，所以课堂越往后，学生的朗读兴趣越是高涨，课堂氛围由拘谨慢慢变得轻松、欢乐，到最后全班学生已经颇有些"酒兴"乃至"醉意"，于是颇有些李白的诗意了。

由此可见，当教师体现出"我"的个性特点，比如虽然自觉读得不是很好但也要读时，教师就会变得可爱，就会变得"语文"，就会变得有诗意，也就会唤醒学生之"我"；然后学生各种不同的"我"就会获得展现、表达的空间，学生就会喜欢在语文课上的自己，就会看到不同于平时的同学们之"我"，高中语文课堂中的主体——师生之"我"就能得到比较充分的表现。这样的课堂必然会走向有内涵的、精彩的、高中语文的方向。

如果教师、学生能在高中语文课堂中发现自己的那个"我"，即使是短暂的，也是美好的。

07 特色就是生命力

——2019年9月26日在舟山听叶丹丽老师《离骚》课有感

这堂课至少有两个特色值得一说。

叶老师很注重语言形式，这非常不容易。不少老师较多会在课文的思想情感上下功夫，在"写了什么"上努力挖掘；倒不是说老师们没有留心"怎么写"，而是往往对"怎么写"的教学内容一筹莫展。

一开场老师就提出问题：

上一节学的是《氓》，那是一首四言诗。我们今天来听一下《离骚》，同学们看它在语言形式上有什么不同的特点。

学生听完朗读录音后，开始回答问题。

生：不是每个句子的字数都是一样的，句子参差不齐，都有一个"兮"，位置都在奇数句上……

师：所用的词语有什么特别之处？

生：有一些比较生僻的字……

师：楚地方言……

这时，PPT放映出诗句：

汩余若将不及兮，恐年岁之不吾与。朝搴阰之木兰兮，夕揽洲之宿莽。

叶老师提出了新的要求，请学生回答：

师：我们把句子压缩一下，把它压缩为四字句，——我们在学《氓》时试用过扩展法，就是把四字扩展开……

生A：汩余不及，年岁不与，搴阰木兰，揽洲宿莽。

生B：第一句中，应把"汩"去掉，改为"余若不及"；第二句，应为"恐岁不与"……

......

学生各自讲述自己这么压缩的原因，最后结论为：应该用"泪"，因为它突出了"时光流逝""时不我待"之意，很重要，不能省略；"恐"字不能没有，否则就体现不出内心的焦虑……

于是我听明白了叶老师这个"压缩法"的用意：除了用比较的方式在音节上突出"四言"与"多言"的区别外，还是为了突出诗句的主要意义、情感重点，从而也明白了"衬字"在诗句中的作用——这不能不说是巧妙的做法。

如果说这是叶老师的教学创新，来自老师的智慧，弥足珍贵，值得学习，那么接下去的特色或者更有意义，因为它来自学情，紧贴学生特色。叶老师抛出了一个问题：

发挥自己的特长，给屈原画一幅肖像；然后说说为什么这么画。

听得我眼前为之一亮，精神为之一振；因为我同时发现课堂上的学生也都放松下来，变得轻松起来，课堂氛围仿佛也不那么严肃，而获得了一种较自由的状态。

因为这正是眼前这个班孩子的特色——这是一所以美术为发展方向的特色学校。据校长介绍，东沙中学生源相对薄弱，但学校走美术教育特色发展的道路，成绩斐然。

东沙中学较好地解释了特色办学的重要意义：为每位学生寻找适合的成才道路，让每个孩子成为他们"自己"。正如一起参与这次调研的张华教授所言，学生成绩有优劣未必就是能力有差距，而可能只是思维特点不一样……

学生开始画像（或者说开始想象）：

生A：目视前方，手在背后，随风飘逸，眼神坚定……

生B：墨色的金丝绣边，绣一些香草，佩带香囊，头发束起来的……

......

这堂课到这里已经非常有特色，非常不错。

但叶老师的问题启发了我，我想，如果从更高要求来说，要求学生给屈原画一幅"这堂课"带来的对屈原的新认识，或能更上层楼：比如把这堂课的核心内容即诗人的"自豪感—紧迫感—使命感"画出来!

进而想,这堂课让学生先给屈原画像,然后要求学生说明为什么这么画,再修改画像,学生相互交流、展示、说明。整堂课就这样,行不行呢?

进而又想,《登高》之杜甫,《琵琶行》之白居易等在美术生的笔下,又是"长什么样"的呢?为什么呢?……

于是想起在学校教学楼墙上看到的两行标语,以为真有很高的育人境界,能概括特色教育的价值与美好:"特色就是生命力""德艺双馨,美丽发展"。

08 你就慢慢地讲，我就静静地听

——2020年9月24日在嘉兴听杨建国老师"一枝一叶总关情"课有感

课堂开头，杨老师以学校涵芬文学社将在当年"涵芬读书月"活动中开展散文名篇微视频创作大赛为情境，要求学生根据《故都的秋》《荷塘月色》的相关内容，选一幅图景作为拍摄的第一背景，提出问题："你将选择哪幅图景？为什么？"

生A：《故都的秋》中，有树的地方……

生B：有落叶的地方，生命到了尽头，有萧瑟感……

生C：北京的枣树，长在屋角，长在小的地方，落寞，跟秋景相适合……

生D：小煤屑路，作者去荷塘时的淡淡的悲凉……

师：我们第一步看到的，常常会是自然美，然后它会映射到作者心中……

然后师生探讨、归纳月下荷塘、故都的秋的情境：月下荷塘，优雅宁静；故都的秋，清静悲凉。

PPT放映出问题：

这种情境在文中是如何体现的呢？

学生看书、交流、讨论，然后回答。

生A：用对客观事物的描写来体现它的清静……槐树落蕊、秋蝉哀鸣、枣树……

生B："无论在什么地方"，可以看出秋蝉的普遍性，家家户户的家虫……作者也比较欣赏这种清静的特点……

生C：驯鸽的叫声，清静……

生D：牵牛花，蓝色，淡红色，冷色调……

生E：能看到很高很高的天色……如果再从第2、3段的对比来说……

生F：第3段，租破屋……浓茶……是一个物象组，跟北平给我们的一般感觉不一样，跟它的繁华不同，都是平常细小的景象，……很有美的意味，但我们会忽视……作者对客观景物的描写，但我觉得也是作者的情感表现……

要给最后这位同学点赞，讲得从容不迫，丰富多彩，更重要的是，还有自己的独到视角："平常细小的景象""很有美的意味"，"对客观景物的描写"是"作者的情感表现"。

所谓赏析，总需要一个铺垫，形成一种氛围。这位同学及前面几位的回答，仿佛已经把听课者带入《故都的秋》的情景中去了，听课现场仿佛也渐入"角色"，整体安静下来，感觉大家的心都"清静、悲凉"起来了。

也要给杨老师点赞，他抓住了同学发言后的审美契机——让学生读课文相关语段。**有氛围的朗读无疑是语言审美的难得境界。**

如果我们留心，就会发现，刚才同学们的"赏析"之所以精彩，能渲染审美气氛，其中重要原因是大家**赏析的内容"能开放"。**

也就是说，每位发言同学的赏析内容都不相同：槐树落蕊、秋蝉哀鸣、枣树、驯鸽、牵牛花、很高很高的天色、破屋、浓茶、物象组、美的意味……

这些赏析内容彼此支撑，共同构成、呈现"审美"，然后散发清静、悲凉的气息。

学生的"能开放"，固然跟教师设置的问题没有标准答案而只有"你的感受"有关，也跟教师"清静"的气度有关。

杨老师不着急，不插话，不打断。从头到尾似乎都有一种"你慢慢地讲，我静静地听"的从容、淡定，于是课堂的审美氛围才能渐入佳境。

在我看来，审美体验不是数量的累积，而在于心能沉潜，而在于心有戚戚。

关键处的一点突破可能就是全面突破，而全面兼顾则往往意味着全面平庸。

然后，课堂来到了需要转折的时候。杨老师承上启下，不着痕迹地话题一转：

第3段确实有许多细致的东西……作者的情感能够借助自然美传达出来。那么，是不是所有人到了这里都有这样的感觉呢？换句话说，这种清静悲凉，这种宁静优雅，是这两位作者独创的吗？

然后与众生一起赏析郁达夫、朱自清的独有心境……

师：除了这些，我们还学习过哪些古诗词中对秋景的描写呢？

众生：……塞下秋来风景异……万里悲秋常作客……

接着PPT放映出古诗中写秋的诗句，学生齐读一遍。

师：同学们看课文和这些诗句，讲讲它们对秋的描绘的共性。

生A：自古逢秋悲寂寥，古人写秋都是……大多是"悲"字……

生B：跟背景有关吧，身在异乡，思念故乡，马致远选择的意象也相近……

生C：文化的沉淀，几千年下来，就成了一种相通的感情……比如柳、送别……

生D：这几位诗人，都是寓情于景，把情感隐藏于景物……

生E：它们的文辞、笔调也比较相近……

你就慢慢地讲，我就静静地听。

接着，又用PPT放映出"莲之出淤泥而不染……""看取莲花净，应知不染心"等诗句，师生一起探讨这些诗句与朱自清笔下的月下荷塘的共性。

生A：……纯洁。"星星""出浴的美人"，课文中与之相近……

生B："微风……传过荷塘的那边去了"，通过嗅觉、听觉，说出……

生C：在皇城人海中，喝茶，租房，跟陶潜的"而无车马喧"是一样的。"路上只我一个人……这一片天地好像是我的……"，背着手，很悠闲……

师：清静悲凉，宁静优雅，看来并非这两位作者所独有……

从《故都的秋》《荷塘月色》中的特定景象、情境赏析，再到作者的特定审美背景，最后到秋、莲的文化审美"传承"，可谓有开有合，有详有略，有缓有急……

最后导出"民族审美心理"，肯定不是这堂课的结果——**结果在过程中已**

经"慢慢地""静静地"充分呈现了——无非是水到渠成罢了：

PPT内容展示：

在古代文化心态中，伤春悲秋、春华秋实，登高怀远、登高祈福，竹之有节、莲之高洁，淡泊宁静，大团圆结局……均已成为一定的审美思维定式，而千年传承下来的这种审美心理，我们可以给它一个名称——民族审美心理。

最后板书：

美 ⎰ 自然美
　　作家的审美——情景交融
　　民族审美心理

话说回来，"你就慢慢地讲，我就静静地听"之所以在这堂课上能发挥良好的审美效果，并非老师安静地往课堂一站就能完成的，**它更是也只能是内涵丰盈的课堂波澜不惊的外现，所谓"功夫在课堂看不见的地方"是也。**

概括地说，除了文中已经提及的内容"能开放"，创设机会让学生"慢慢讲"之外，杨老师这堂课的学习内容"有层次"也显得分外重要。

如板书所示，至少有三个层面的内容，即"自然美""作家的审美""民族审美心理"，它使课堂呈现立体感，让师生的对话和探讨不会"在一个平面上滑行"，于是课堂总有"新内容""深内容"，吸引着学生包括听课者，使大家能坐得住，"静静地听"。

09 情境由"生"不由"设"

—— 2020年11月7日在金华听杨俊叶老师"泰山文化"课有感

据说，同时也"实听"了不少新教材的课堂都非常重视情境设置，有时还会到"无情境不教学"的地步。这不是坏事，但在教学中可能存在"用力过猛于是动作变形"的问题。

简单地说，在我看来，教学情境应源于学生且油然而生才好。即好的学习情境，不应脱离学生的生活经验、学习基础，不能凭空设想，然后"空降"到课堂上；而要尽量自然、贴切，不造作。

"假如你是联合国环境保护官员""如果你是这起车祸的当事人"，恐怕远不如"你天天走过的熟悉的校园或小区……""你跟长辈交往有怎样的'代沟'感受"等，来得真实，富有学习意义。

换句话说，**设置情境时，我们能否不要用"假如"，而用"真如"呢**？

就像杨老师这堂课的开头一样。

师：同学们，昨天晚自修时，我问谁去过泰山，大家一致说某某同学，那么我们且问问这位同学游泰山的感受。

生A：……下小雨，在南天门，感到特别舒爽，又觉得很平静……

师：其他同学都没去过泰山，但都知道泰山，你们知道什么呢？

生B：有很长的历史，有很多君王在泰山封禅。有许多石刻……

生C：会当凌绝顶……人固有一死，或重于泰山……

生D：泰山崩于前而面不改色……

生E：有眼不识泰山……

更重要的且值得强调的是，**学习情境的创设，不应该只存在于课堂"导入"阶段，而应该在学习过程中**。而那种仅限于"热身"的情境设置，作用非常有限。

好的学习情境要相对宽松、自由，能生成，能引导学生走向丰富和深入；而不是"一线牵"，不封闭，不预设学习结果，不会使课堂道路越走越狭窄。

且看杨老师的进一步情境之由"生"。

师：借着山的高峻，说明君王自己之高，皇权高峻不可及……泰山奶奶，又有慈祥的一面，老百姓向她祈福，……形成蔚为大观的人文景观……

然后放映出相关图片，让学生从《登泰山记》中寻找对应的那一句。又让学生从关于泰山的群文中，选一首自己喜欢的诗文来说其文化内涵。

于是，**学习情境从"真如"到"各抒己见"**，课堂呈现出开阔、多样的生动情境。

生A：张养浩的《登泰山》……

生B：李白的《游泰山六首》，其一生的梦想是羽化升仙……"千峰"雄峻，又写出其仙气，显得想象奇特……

生C：苏辙的《游泰山四首》，感受到佛法、禅意，感受到内心的清净……失去是苦的，回味是甘甜的，安贫乐道……

生D：《望岳》，俯瞰众山，豪迈豁达，卓然独立……

生E：谢灵运的《泰山吟》，静谧，"肃然""明堂秘灵篇"……

生F：陆机《泰山吟》，跟其他的都不同，写得阴郁……

生G：最长的那一首，姚鼐《岁除日与子颖登日观观日出作歌》，人生道路很艰难，不得志，抑郁，但心胸开阔，有矛盾……

我相信，在"纵情"开放之后的"收缩"、提炼，不会删减学生的"不同"，不会淹没、压制学生的见识，而会提升、启发他们的各种认识。

于是，师生一起概括"历代文人的泰山情思"：元气、浩气、仙气、禅意。

之后，杨老师课堂上呈现的环节，或者能够解释这堂课学习情境之所以能风生水起的根本原因——"我"游泰山。

杨老师让学生上台朗读自己"游"泰山的感悟。这段感悟已在课前完成，但它也说明了"泰山文化"的学习可能正是从学生之"我"出发的。

生A：……无穷的力量，那时候，我与云气有何区别？我们释放出自己的光辉……

生B：繁华胜景终不复存在，……泰山还在，在它看来，一切曾经那么热烈，但又终归寂寥……

生C：与前人踏在同一片山石上，登东山而小天下，夫子当年……中华大地上……神坛之上，圣人之光……神坛之下……吾辈当负重前行……

生D：日出，泰山上的日出，更为沉静，……一个人变得成熟，不声张的厚实，不算高的高度……

一切学习，终归是"我"的学习；有"我"之境，应该就是最好的学习情境。

概言之，课堂教学情境之所以不由"设"，是因为"设"，无论是"设置"还是"创设"，常常难免斧痕明显，让人觉得是外加的、突兀的、别扭的，甚至会妨碍学习的自然、真实发生。

或有一问：学习情境，真的应该由老师来"设"吗？

简答之，**课堂教学情境应该由"生"，是学生之"生"，是生长之"生"，是生成之"生"。**

以杨老师这堂课为例：一是说情境要基于学生的"旧知"，不能凭空想象；二是说情境要努力给学生足够高远的学习发挥空间，由学生自己创造并开拓；三是说情境归根到底应该是每一个学生"我"的学习情境。最终让学生在语文学习中，取"我"所需，为"我"而学。

⑩ 听学生介绍外国小说，想学情之重要

让一位学生主持，我坐到教室后头听他们讲，于是"偷懒"两节课，但听得比较紧张，第二节下课时，发现自己一口茶水都没来得及喝。

共八位学生上台介绍他们读过的外国小说，平均每人用十分钟时间。跟我担心的一样，学生讲起来时间还是比较紧张的，如果不提醒他们，两节课都不够用。且把听课笔记中的要点罗列如下，作为一个"材料"，我认为它可以让我们窥见当代高中生的阅读兴趣、关注重点以及表达水平。

Y同学介绍《百年孤独》时用一张结构图介绍书中复杂的人物关系，显得比较专业，给人留下了深刻的印象，提出了如"不对等的因果关系""时间在兜圈子"等论述。

L同学谈及《霍乱时期的爱情》时说："这里的爱情与那些肤浅的、骗骗不懂事的小女生的甜腻的内容全不相同，它深刻而广博。"

H同学讲《我的名字叫红》："'盲人与非盲人不相等'，都是从'我'的视角叙述不同对象……"

N同学讲《好笑的爱》："……爱是一种严肃的范畴……"

J同学讲《挪威的森林》，分析成长的忧虑、成长的心路历程。

F同学讲《白痴》时，探讨文中大篇幅的对话，以及陀氏常将自己写入小说的特点。

另一位F同学讲《没有人给他写信的上校》时提到，56年，上校没有收到他退休后的那封与他的退休金有关的信——"物质之上有什么？"

Z同学讲《麦田里的守望者》时提到，书里有很多脏话，且用200多页写三天的故事，很接地气。

这些高中生基本上生于2000年，这是一个有标记意义的时代"分割线"，

他们比我约小30岁。还有一个比较形象的年龄差距就是我常常跟他们讲的："我的女儿也正在读高中，跟你们差不多。"

于是引发了——准确地说，是想借此发挥谈几点与"学情重要"相关的感想。

第一，学生对与自己身心发展关系密切但又"距离遥远"的内容比较感兴趣，比如"爱情"。但这方面的内容并不是教育教学中的重要内容，进而想到，我们语文教材中的内容，在现在的学生看来，是不是已经老掉牙，少有吸引力了呢？与学生身心发展关系密切的内容应该还有其他，比如"与人交往""高校专业及前景"及一些我们未必清楚了解的内容。

第二，他们阅读面比较宽广，并不像我们所理解的那样"只是学习"，他们中许多人喜欢阅读，尤其喜欢外国小说。优秀的文学作品本身就具有非凡的魅力，我们推荐给学生读的包括教材上的阅读内容，学生未必喜欢。换个角度看，学生这次介绍的外国小说，有几本我只是听说过，并没有读过，有几本读过，但也未必很认真地读过。

第三，他们有较好的表达、呈现能力，能把自己想讲的内容，从容不迫地表达出来，会轻松借助PPT、结构图、板书等手段。他们在表达上体现出信息化时代的特点，这种特点可能不仅仅表现在他们能不费力气地使用各种信息表达工具，还在于他们的语言特点、思维特点，值得研究。

第四，同龄人之间容易引发共鸣，对彼此的要求也比较宽容，他们不苛求他人，但也不随便附和别人，显示出较强的独立性。这与当下教育提倡的"个性化"比较契合。我相信，"能选择"的相对宽松的教育教学方向，与时代、与当代年轻人身心发展的新特点相符。

切实地讲，学情之重要，在于能帮助我们了解我们的工作对象的语文学习特点，更清楚地认识到我们应该从哪里教起。"高大上"地说，**我们真的不能再"教材有什么教什么"，而应该关注、研究"学生需要什么教什么"**了。

11 应"真诚"面对学生的已知和未知

因为常常听到如下的教学内容。

一是把学生的已知当作未知来"教"。

比如《最后的常春藤叶》课上：

师：谁告诉苏艾乐观很重要？

生：医生。

师：最后的叶子是谁画的？

生：贝尔曼，从结尾知道的。

师：画画的细节能否给老师描述一下，有一个梯子有没有留心到，它大概有多少英尺？

生：……

师：这就是叙事中的留白。

师：贝尔曼为什么要如此不遗余力地去帮助琼珊？

生：因为他心地善良，对青年艺术家很关爱。

师：不遗余力地帮助别人，这一点让我们特别感动。

生：……把他们当作自己的亲人来看待了。

师：如果是我去找，我一定会找一个面朝大海春暖花开的房子。她们去找了怎样的房子？

生：朝北的，租金低廉，吹西北风的，阁楼，三角的……

师：知道真相后，你会有怎样的表现？

生：我可能会很愧疚。如果我是琼珊的话，我会呆住，开始流眼泪。

师：你是怎样流眼泪的？文章中没有写。

生：这样就是留白，一千个读者一千个哈姆雷特。如果写出来了，就限制了读者的想象。

以上只是例子，记录也未必准确，更不是说这位老师就特别不真诚。但我不认为老师们不知道这类问答的学习意义不大。之所以还会出现这种现象，且类似的现象还并非少数，只是因为我们没有仔细想一想，"真诚"地面对学生的已知有多么重要，而只是沿着某种惯性这样做着。

师生间的问答内容，最好指向学生未知的，而不是学生在文本中"一找就到""一看便知"甚至"不看也知""不学也会"的东西。

至于那种"循循善诱"地把学生的回答终于"诱"到了自己兜兜里早就准备好的唯一标准答案上，则是见得更多的另一种较常见的"不真诚"，从略。

二是把学生的未知当作"秘籍"来教。

学生毕竟是学生，在专业方面，教师总归占据着"知识高地"，为了"唬住"学生，有时我们就会"不好好说话"，喜欢引用名词术语等"大话"来表述，也颇失"真诚"之心。用高考吓唬学生也是我们无奈的但也颇有效的手段，有时老师会把高考复习中的某些内容"神秘化"……

但是，教室里坐的是当代高中生，他们的语文知识其实已经达到较高水平，他们的身心发展已经趋向成熟，他们将在高三"成人"了。他们已经具备了独立思考的能力。

高中学习，尤其是作为"实践性"课程的语文学习，**学习内容更应大方地、真实地走向社会现实生活，多一些"有用"，多一些"实用"。**

教师在课堂上是否"真诚"，听课老师自然听得出来，身在其中的高中生则估计会有更深刻的体验。当我们难能真诚时，学生自然也会虚与委蛇；高中生，经过九年的课堂历练后，如何配合、应对老师的"套路"，许多孩子可以说是轻车熟路。于是师生彼此"虚伪"着；在有些场合，竟至于会到"表演"的地步，令听者非常尴尬。

用真诚的学习内容教，是工作态度问题，也是教学理念问题：探明学生已知的、未知的内容，然后据此进行教学。这种"探明"需要我们做比较细致的学情调研，它并不容易做到。

12 谈语文老师两种"专业性不高"的课堂语言

一是情感内容缺乏的。

我曾听过的一些让听者灰心的课上，一堂课下来，学生得到的都是批评、指责，没有一句表扬、鼓励的话，我认为这肯定不是正常的语文课。

语文课程讲求熏陶、感染、移情，所谓"春风化雨"，所谓"润物无声"。一旦语文老师的语言变得居高临下，总在"教训"人，总是凶巴巴，是不是就只能令学生"敬而远之"了？乃至令"语言面目"可憎了？

语文老师，最好是感性的——固然不一定"眼角眉梢都带笑"，但也不能面无表情，总是很"酷"、很"高冷"。

其中最重要的情感自然就是欣赏、夸赞学生。一个眼神、一个动作、一个微笑的效果也许会更自然、有效。当然，这不是语文老师的专利，但语文课程的"弹性"使我们可以有更多的角度去发现学生的长处，去"落实"表扬。

"爱其师，信其道"——**教育首先是"动人"的事情，然后才是"知识"的问题，语文尤其应该如此。**

这里还有很重要的一种情感——激情。

它非常可贵，更多地来自创造的力量。也就是说，并不是声音大、动作幅度大、表情变化多端，然后就会变得有激情，进而能感染学生，甚至让人感奋，令人热血翻涌。

激情更多地来自语文教师自身对生活、事业的执着和热爱，来自对课程内容不断的创造性的发挥；否则，这种激情是不可能持久的。

当然，"煽情"已经令人反感了，"虚伪的热情"已经令人鄙视了，"做作的关心"只会败坏我们的形象。不用多说。

从学生那头看，高中生需要有与高中生相匹配的情感内容，即高中语文老师专业的情感内涵：一是真诚，二是激情。

二是思维含量不高的。

其中典型者就是听得让人犯尴尬的"口水话"。

一讲到景物描写，"一切景语皆情语"就脱口而出；一讲到"语文无用"，马上就是"无用之用乃为大用"；一讲到小说，马上就是"小说三要素"……探讨了半天，得出一个学生都已经听得耳膜起茧的"大白话"——"封建礼教的吃人本质""比天空更辽阔的是胸怀啊""以小见大的手法"……

是吗？真的是这样吗？

因为这些说法学生从小学就开始听，到了高中我们还是这些话，**我们可能并没有随着学生的长大而"长大"**，对学情的大方向可能没把握住。

这些话如果一定要讲，能不能说成这样，即"一路追问"下去：

"一切景语皆情语"？非也，并不都是这样，那些没有生命力的"景语"，就不可能是"情语"。"长城真长啊"，能算"情语"吗？当然，它似乎首先就不算"景语"。好，那么我们来探讨一下何为"景语"。"景语"本来就是艺术化的写景语句——如果是这样的话，既然艺术化，那是不是意味着它的另一面就是"情语"呢？也就是说，王国维先生这句名言，可能只是提醒大家，"景语"本身就是"含情"的，而并非要大家去"景语"里挖掘什么"情语"。即这句话在审美上可能就是很平常的、不必多说的一句话，讲了多年了，到了高中，或可休矣。

"语文无用"？语文太有用了，语文的大用处就是"把问题想清楚"，学好语文，能帮助我们把问题想得更清楚。只是我们没有把这个大问题想清楚而已，于是归结到虚无的"无用乃大用"。

"小说三要素"？非也，小说的根本特征难道不是"虚构"吗？它也并非只有"三要素"……

以上肯定不是"抬杠"，而是一定要讲出道理来，要让学生心服口服才好：哦，原来是这样啊；哦，原来真的是这样的啊。原来之前的认识未必都靠得住呢。

到了高中，就是要努力让学生的思维不断地出现"反正"，且不断地在语言上"反正"：偏偏不这样说，而且不这样说还很有道理！

这就是用语言文字的工具性，帮助学生在高中实现"思维发展与提升"。

一位高中语文老师，如果语言总是"匍匐在地"，总是屈从于流行语，说着这样那样的"口水语"，那么课堂内容肯定会流于平面、平庸，肯定难能吸引、打动学生。

我自己上课有个小心得，就是故意说半句"口水话"，然后"反转"它：

"所谓三百六十行……行行出混蛋。"

"辩证就是既要看到事物的正面，又要看到事物的反面……然后你就会发现，它就是句废话，它就是反辩证。"

听得多了，学生可能就懂了：老师这是要我们"旧中出新""平中见奇""化腐朽为神奇"……于是他们可能也就慢慢地学着质疑所有"口水话"了，"从来如此，便对吗?""大家都这么说，就对吗?"先打个问号再说！

13 当课堂上学生人手一机时

我们还能"教"什么？

肯定难能教知识为主的内容了，因为没有一位老师的知识渊博得过互联网。知识可能很快就会沦为课堂上"低价值"的内容。甚至我们也不能教一些已经程序化的课堂设计或学习活动，因为网上可能有相比更科学、合理的"操作方式"。

我们能"教"的或许只有一种内容：**我们原创的**。

我们能原创哪些网上没有的教学内容呢？

可能只有这种：**针对自己学生的教学内容**。

即知识也许都是一样的，学习知识也有"普适性"策略，但它们都不是拿来就能用的。我们可以也应该根据自己学生的实际情况，对知识做增减变化的"调整"，对学习知识做"因地制宜、因人制宜"的"改造"。

如果我们能找到适合自己学生的教学内容及教学方式，那就是我们的原创，就是其他人难以替代的，就是互联网不能代庖的。这就是我们的专业能力所在，如果我们承认"学生都是不一样的""学生应该成为不一样的人"的话。

从这个意义来理解"生本课堂""生本教学内容"，是不是会更好接受？

当然，这种"创生"的教学内容，还应不止于"调整""改造"，还应该要有"创造"的内容，那就是根据学生实际情况、教学真实要求而创造出来的"世上还没有的教学内容"，这不是不可能做到的，对在不久的将来的老师们来说，有可能还是必需的。

这几年轰轰烈烈的课程改革相信已经给我们老师提了个醒。大家留心，它不是"教学改革"，而是"课程改革"——相比之前"教学改革"一定程度上偏重于"怎么教","课程改革"则不仅要改革学习方式，还要改革教学内容。事实上，从2003年版课标开始就大力提倡这一点了。而这次的课程改革的重要内涵之一，就是"把课程研发权更多地交给老师"。

我们也要警惕那种只管做题、只管做高考题的教学。因为高考肯定会改变，事实上，高考已经在改变。如果有一天，语文高考改革改得不再需要"知识"，或许并不值得我们多么惊讶。

每位有专业追求的老师，都不应该因为"大家都改革不力于是反正也不责众"而放松对自己的进步要求。

课堂上学生人手一机的时代其实已经到来，虽然这个"机"的功能可能还暂时被限制，还不能畅快、畅通地上网，但相信这种限制很快就会被解除。教育，当然不可能给学习设置人为的阻碍。而上网在当下来说，就是"社会生活"，更是学生将来生活和创造的"社会"。而现代技术的日新月异、几乎无所不能，我们已经领教得多了。

对"课堂上学生人手一机"，自然也不必一惊一乍；但我们不妨先想想，它可能带来的"教师"内涵的改变。

⑭ 语文老师最应读的是课文

因为这是"吃饭的家伙"——课文都不读，何以教学生？

现在的问题是，我们语文老师包括我自己在内，其实是有点轻视课文的：就那么点文字，读过一两遍了，还教过一两遍了，还有什么可读的呢？

学生也是这么想的：课文嘛，高中生哪个读不懂呢？

也跟我的一位高中同学，现为数学老师的想法差不多："你们语文……到底在教些什么嘛，分析来分析去，有那么多的'含义'吗？"

对这种"外行话"虽可一笑置之，但却又有点心虚：**我能从课文中读出学生读不出的"语文学习内容"吗？**

按孙绍振先生的说法，那种"白纸黑字""一望便知"的内容，看过就好，何须语文老师去"读"？

《今生今世的证据》中，为什么"不回头就看见了以往"？《我心归去》中，为什么"二胡只能演奏悲怆"？《我与地坛》中，为什么"死是一个节日"？……

《沙之书》的虚构，与《西游记》的虚构，与《孔乙己》的虚构，有何不同？《桥边的老人》，它"简洁"在哪里？《流浪人，你若到斯巴……》与常见的反战作品有何不同？《烛之武退秦师》是怎么"因声求气"的？……

读来读去，我们只是读到了"思乡""故乡是情感寄托""在地坛思考人生"，我们只是读到了"小说都是虚构的""海明威用语简洁""法西斯毒害年轻人的罪恶""要朗读出语言背后的思想内容"……

这样的"读"，不过是现成内容的"组装"，稍有知识的人都可以做，不专业，没技术，尤其没有"核心技术"，能被他人轻易替代。

教书越久，我就越觉得**"课文"常读常新，且很难"读懂"**。

读到后来我才知道，《劝学》中"用心一也"的"用"是"因为"的意思；读到后来我才知道，"教养是在人类中看见自己"；读到后来我才知道，祥林嫂"笑了"是什么意思；读到后来我才知道，《记念刘和珍君》中的"勇士"很可能不是指刘和珍她们……自然，还有许多我现在还不知道的"读出"内容。

比较佩服、羡慕"博览群书"的语文老师，因为书太多了，根本就是一片汪洋。在有限的时间里，更要紧的，或许是"读课文"，且"读不厌精，读不厌细"也！

15 试论当代高中语文教师专业发展的三个关键词

《普通高中语文课程标准（2017年版）》对高中语文教学提出了时代的新要求，无疑，同时也对高中语文教师提出了更高的要求。结合实践看，我们一线老师的在岗发展，要留心如下三个关键词：

一是**瞻前**。

就是往前看，向语文学科发展趋势方向看。最好能"早想一年，早做半年"。围棋中有所谓"宁失子，不失先"的说法，专业发展上也是这样。如果只是跟在别人后头，只是跟着潮流一起走，又如何"抢占先机""拔得头筹"？在理念上的"失先"，是战略上的失误，用多少战术上的勤苦，恐怕都难能挽回。

语文学科尤其是高中语文学科，与生活关系紧密，与时代脉搏一起跳动，是长流不息的大河，它的理念、思想总是一茬一茬地长出，一茬新似一茬，这是再正常不过的现象。

在我看来，凡是称得上"专业"的，都有不断发展的特点；越是专业，这种发展的速度就越快。

"语文还是语文"的东西，固然能让语文没有变成数学，但完全不是我们不进步不发展的理由；就像"生活还是生活"一样，我们一样要吃喝拉撒，但又怎么可能现在还茹毛饮血呢？那种不变的东西是常识的东西，是不用学习也存在的东西，是相对不那么重要的东西。

虽然有人又会说，现在最重要的是要"讲常识"，我们恰恰是在常识方面出了问题。

好吧，我们必须在坚守语文还是语文的"常识"的前提下，努力瞻前。事实上，这里说要"瞻前"本来就没有说不要"顾后"。

二是**本我**。

凡名师皆有"个性"，有与众不同的"绝招"。但这种归纳可能并不周全，可能也有什么都不错但就没有特别突出本领的名师。

就高中语文学科而言，**没有"我"的语文是没有灵魂的**。因为我们追求的是专业发展，是做名师，而不是"合格者"，更不是"教书匠"。

只有立足于"我"的特点、个性，我们的语文才会灵动起来，鲜活起来，有声有色起来——好的语文都是着"我"之色彩的语文，这样的语文才是专业的。

更重要的是，我们才能因此而获得源源不断的前进动力，它可以解决许多优秀青年教师专业发展后劲不足的问题；因为我们知道，我们所从事的事业是"我的事业"，我们从中感受到自己的生命价值，我们在创造工作中创造自己——教师工作的创造性就在于此。

任何的"职业倦怠"几乎都发生在长期机械操作、找不到"我"存在感的工作中。

换句话说，所谓坚守"本我"首先要做的是认可自己的工作进而喜欢自己的工作，然后觉得自己的工作很有意义，觉得自己的工作充满了挑战性、创造性。

只有创造性的工作，才是真正有意义的工作，才能让工作总是充满激情，虽然中间会有沮丧、挫折，但只要"我"在，我们就不会停止向前的脚步。

于是我们意识到，**好的语文，能冒尖的那部分语文，正是"我的语文"**。

三是**切实**。

说一千道一万，在一线，就要用教学成绩说话。

教学成绩哪里来？

好的语文，也讲求勤苦，当然只有勤苦远远不够。

好的语文，切实地说，就是你能让学生只用八分力，就能达到其他老师让学生用九分、十分力所能达到的效果；就是你让学生做八道题目，其效果与其他老师让学生做十道题目是一样的，甚至更好。

你能做到吗？

或者说，瞻前也罢，本我也好，其厚实的土地不在专家，不在理论，更在我们面对的学生，更在我们一堂堂课、一次次练习。

对一线教师来说，**研究学生，研究学生怎么学习，会更有意义，更有效率，是最好的研究。**

这种切实最需智慧和耐心：教学实践蕴含着无限丰富的研究资源、创造性机会，如何抓住它们？学生一届又一届地毕业，教材一版又一版地更替，我们能守住寂寞吗？我们能坚持不懈吗？我们能让自己的课堂发生变化吗？

小而言之，这种切实来自**教学实践中我们问自己的一个个"为什么"**，只要用心去问，用心思考，每个小问题都是"大研究"：为什么学生上课没精神？为什么学生不做作业？为什么我很动情学生却较漠然？为什么我这堂课上得很沮丧？为什么某位同学背不下这篇比较简单的古文？为什么学生对某个知识点理解起来这么费劲？……

瞻前原在切实，本我更在切实。

16 从课堂表现看高中语文教师专业发展的"三隔"

高中语文教师专业发展道路，比较艰辛、漫长，常见的关口或可描述为如下"三隔"。

一、"我"跟学生隔个教案

多见于职业初期，老师刚从大学毕业，教学经验尚不丰富，但备课非常用心，对教学进度非常重视。上课时心中有个什么时间要推进到什么内容的进度条，这并不是坏事，如果这个进度条能顾及学生反应，能协调教案与课堂学情，就是件好事。

这个时期的老师常常会把教学内容比较片面地理解为教案内容，而不是学生学习教案内容，往往在备课环节，对学情估算不充分、不准确。虽然这个时期同时还存在着对教学内容难易程度判断不准确的现象，但归根到底仍是学情了解问题。

虽然较多时候整堂课存在"教不完""匆匆教完"的情况，比如让学生一讨论便"没完没了"，超出了预算时间……但有时也存在着"一下子教完了""突然没话可说了"，教案上的内容"居然"很快教完了的现象。

这个阶段最需要做的可能是摸清学情。有一个比较"笨"且辛苦却非常高明、有效的做法是：每个单元、每篇课文或者每堂课都让学生做个预习，要求学生提供预习反馈，以阅读教学为例，一般可以让学生反馈两个内容，即学生的"阅读初感"和"疑难问题"，然后**根据预习反馈来备课，而不是根据"课文"来备课**。

二、"我"跟语文隔篇课文

这个阶段大致可以描述为"只见树木难见森林"，就是我们非常"落实"一篇篇课文的教学，但似乎又有点像"狗熊掰玉米"，学过一篇又一篇，到最后仿佛还是学习"又一篇"。回头来看这一册的课文学习，仿佛就是一篇课文加一篇课文的串联，彼此之间是并列的，是"一路向前"式的，而少有深入体会，切实提升，更少有"整体大于局部之和"的效果。

比如，《我与地坛》讲的是"母爱"，《赤壁赋》讲的是"景情思交融"，《劝学》讲的是"学习的重要性及方法"……内容似乎很多，但又感觉学了也就学了，仅此而已。

我们应该明白：课文是用来学习语文的，它本身不是学习目的；我们要带领学生学习语文，而不是学习课文。

那么语文在哪里？对高中语文来说，它不应该仅止于读懂文章内容，更在于学习它是怎么写的。换句话说，语文学习不是学习语言内容，而应是学习语言形式；即**我们不是学习它"说了什么"，而是学习它"怎么说的"**。

这个阶段最重要的事情是：**做好高中语文学习内容的取舍**。

在我看来，以阅读教学为例，取的就是两块内容：学生读不懂的，学生发现不了的。

言下之意，就是我们高中语文的不少学习内容都可以不"教"，其教学意义并不重大；我们有更重要的教学内容——通过语言形式，研究语言形式。

在课堂上"隔"的表现就是：过多地关注课文的思想内容，而看不到或者说是忽视语言形式。

三、"我"跟素养隔个语文

当我们的教学能使课文与语文交融时，教学层次已经较高，教学成绩也应已比较突出，但还有再进一步的地方。

教学的成果自然是学生语文素养的提升。**学生语文素养的提升却不是教出来的，而是学生自己学出来的**。

这个阶段的一个困惑可能会是：学生学习很努力，但就是感觉学生慢慢变得"平庸"，变得学习面貌相似，似乎没有"突出的"学生了，似乎也没有"落后的"学生了……这个阶段班级语文学习成绩似乎不错，但我们可能会觉得少了点语文的乐趣、惊喜、激情。

换个角度说，语文素养高的班级，应该是语文总体水平高但学生彼此之间差异性又大的。**高素养的语文，意味着语文学习个性的形成**。具体到课堂表现上，就是班级每个学生都应该是思想活跃的、见解纷呈的、表达多样的；最重要的一点可能是，他们对语文学习还是充满热情的。之所以说"还是"，其原因我们又都懂得。

　　当然，如上"三隔"只能粗略说说，细致起来，每处都大有学问。

17 从"我是一桶水"到"我生产水"到"你自己去找水"
——漫谈教师教学"功能"的发展

"我是一桶水"优点明显，它稳定，方便，倒出来就是，学生就能喝到了。

它的局限也早已被我们所认知，就是往往只能解一时之渴，过一段时间学生又需要水了，则还要老师倒给他喝。

虽然，在学生成长的过程中，我们能不断地提供学生不同阶段所需要的不同的水，学生能健康成长，这是教育的重要内涵。但在当下，在未来，如果"供水"只能满足学生成长阶段的需求，恐怕已经较难跟上时代发展的需求了。一切的改变都源于时代的发展。

它至少有两方面需要改善：一是老师这桶水的容量，毕竟有限，倒完了，可能也就没了——当然，这个时候学生已经升学到"下一桶水"去了。即"一桶水"只适合"生存"在一个相对封闭的"水供需"环境里。二是学生对教师的依赖性大，离开了教师，离开了教师倒水的情境，往往会对去哪里找水、喝水比较茫然。

"一桶水"的学习时代，教学上可能会存在"一代不如一代"的信息"递减"情况，"转益多师"则显得很有必要。

"我生产水"则散发着教师专业魅力。

这种水平的语文老师，具有研发课程、创生语文学习内容的能力，堪称特别优秀的语文老师。他已经不是一桶水，也不只是一桶一桶地去远处挑水来倒给一届一届的学生喝。

虽然，其实他往往也只是"大自然的搬运工"，但已经能够根据学生的需求，有针对性地处理水。何时喝水，什么时候喝怎样的水，热水冷水，什么滋味的水，量多量少；或是把它变成各种滋味的汤，滋补的、瘦身的、美颜的，乃至各种各样针对性强的"药水"……总之，能"按需生产"水。

社会生活是语文课程的源头活水，有多少人生、世界，就可能有多少语文水源。只不过，我们未必能看到那些尚未"成型"的水，更多只能看到"现成"的水。

优秀的语文教师别具慧眼，在他的眼里，仿佛什么都是"水"，都可以变成"水"，都可以变成"合适的水"。这样说来，他是确实能"生产水"的。

这个层次的语文老师散发着个人魅力，受学生欢迎，他们的教学常常充满激情，闪耀智慧的光芒，他们往教室里一站，就是一门语文课程。所谓"我就是语文"是也。

"你自己去找水"更注重成就学生。

让学生"自己去找水"，不是更替"我生产水"及"我是一桶水"，而是在前两者基础上的一种理念的升级、功能的转变。

这个阶段的语文教师，他必须先是合格老师、优秀老师，然后才有可能注重"成就学生"。因为现在，我们已经慢慢地知道，我们给学生的水，我们为学生而"生产"的水，对学生来说，已经慢慢地较难"用"到他们的未来；而且，我们给的水，到他们用时早已蒸发光了，更重要的是，他们到时用到的水，恐怕还不一定是这样的水。

溪水，井水，河水，江水，海水……纯净水，矿泉水，"功能"水，各种各样的饮料水……即将来的水，不一定是这些耳熟能详的水。我们不知道将来的水是什么样式的，水资源会发生怎样的变化，取水的方式会发生怎样的变化……

谁知道？只有我们的学生知道，因为将来的世界、人生，是他们自己创造的，而不是我们"教给"他们的，而不是我们"规定"好的。

因为我们都懂得，老师们终将老去、消亡，他们不可能永远从老师这里取水喝，他们必定要自己去"找水"，自己去"生产水"。

这时候的老师，会更多地关注学生能否"取到水"，能否"取得自己需要的水"，能否"更便捷地取到水"，能否发现"获取水的方法、路径"……而不是"获得了多少水"。

综合来说，"我是一桶水"特别适合知识的传授，那种比较接近"双基"的教学；"我生产水"有"亲师信道"的优势，特别有语文学科的亲近感；**"你自己去找水"着眼于学生的未来，着眼于学生实践能力、创造能力的培养，指向"核心素养"。**

从"我是一桶水"到"我生产水"到"你自己去找水"，从一个侧面体现出教育对教师专业内涵、地位的不断发展的认识过程：从知识的拥有者乃至垄断者，到创造适合学生学习的知识生产者，再到帮助学生获得学习能力的引导者、指导者。这三者对应的学习阶段应该是由初级向高级。三种形态的教学定位各有特长、优势，我们既不能停留于"我是一桶水"，也不可凭空要求学生"你自己去找水"。

只能说，时代对教育教学提出了越来越高的要求——它表面上像改革、转型，根本上其实是必然的、必需的教育进步及发展。

第二章
课程研发体现教师创造能力

18 "不甘心上一般的课"
——2018 年 12 月 21 日在绍兴听陈柳钧老师《最后的常春藤叶》课有感

陈老师的"导语"是这样的：

某家小朋友前些天得了肺炎……他最后是用抗生素战胜了病魔，那么课文中的琼珊用什么战胜病魔呢？

我顿时觉得这课有听头儿：它说明教师不再纠缠于故事情节，预示着课堂的一个高起点。老师肯定认为，故事情节的把握，对诸暨中学的孩子来说，真的没有什么难度，于是废话少说，抓住关键，直指要害。

众生：信念，最后的藤叶。

接着，老师让学生们齐读："可是，看哪！经过了漫漫长夜的风吹雨打，仍旧有一片常春藤的叶子贴在墙上。它是藤上最后的一片叶子。……"

师：同学们，这就是给予琼珊信念的那片叶子——黄昏时，它仍在墙上。我们都知道它是画上去的，我们能看出它是画上去的吗？

这里也要夸赞一句，即我们老师就应该这样：真实些，真诚些，少一些"作"；明明学生一读就知道了，它是画上去的，上课时有什么理由还要故弄玄虚地问"它是真的吗"呢？

生："贴在墙上"，"依附在茎上"，"仍在墙上"……边缘是"黄色"，画得很逼真，才能让琼珊看不出来是画上去的……

师："可是，看哪"，请问这是谁的视角？……

这问题问得多有意思啊！它可能是学生想不到的。

"谁的视角"呢？学生自然就会想到"小说谁来说"这个问题。教师就非常自然地把学生引到"叙述视角"这个重要问题上。再看下面的对话：

师：当时琼珊是一心等死啊，给予琼珊生的信念的叶子，文中还有哪些描写呢？

生："那片孤零零的藤叶仍旧依附在茎上""那片常春藤叶仍在墙上"……

通过问答，让学生把目光集中到"这一片叶子"上，集中到"信念"上，集中到"应该掉了但就是掉不下去的那片叶子"上。

接着，陈老师让学生分角色读苏艾与贝尔曼的对话："……什么话……可怜的琼珊小姐……总有一天，我要画一幅杰作……默默无言地对瞅……"然后展开交流：

师：贝尔曼为什么对这两位会这么好？

生A："像琼珊小姐那样的好人实在不应该在这种地方害病"——可以推断之前琼珊对贝尔曼也很好。

生B：贝尔曼认为有这种想法是不应该的，想让她活下去，于是去画。

生C：贝尔曼已经把她们当成了亲人。

……

这里的内容应该是为接下去的一问做铺垫的。

师：如果贝尔曼知道自己去画叶子，将会死去，他还会去吗？

这无疑是个"直面生死"的难题，它的作用就是刺激学生去思考。

一些学生顺着惯性去思考，于是自然就会说"会"，因为这样才显得高尚啊。

也可能会有另一些学生会实事求是地去思考：按情理来推断，贝尔曼去画叶子的时候，未必有赴死的预想……但这样做已经足够了。结果不一定要悲壮，才足够伟大。或许不悲壮，才更见温情吧。

……

听过许多课，陈老师这堂课给我最深刻的感受就是：不做作，很真实，很真诚；**努力寻找"真问题"。**

课后陈老师说课时的一句话更让人印象深刻，在我看来，它体现出一位有担当、有专业追求的高中语文老师应有的素养："**我不甘心上一般的课。**"

　　高中语文教师不应该止于操作层面的创造，更应该做的是内容层面的创造；"不甘心上一般的课"，请赋予我们的每一堂课以创造性的内涵吧！

19 上"自己的"课，就是"爽"

——2019年4月21日在宁波听程载国老师"变形之美：诗歌语言陌生化"课有感

因为程老师在诗歌创作方面颇有成就，所以这堂课可以说是"本事课""本色课"，是他"自己的"课，换一位老师，未必能上得出来。

讲到写作教学时，我们常常说，语文老师只有自己有"写作的甘苦"，指导学生写作时才会有心得，有底气，能快速判断出学生遇到的困难，并给出较准确的改进方法。所谓"行家一伸手"是也。

程老师先让一位同学起来朗诵她自己的一首诗《春的葬礼》。

我想攀附月色

化一阵清风

吹醒群松春醉

在你的窗前

织一地松影

我想逆着太阳

同一切影子告别

在春的季节里燃起花朵

那淡蓝的空气和炊烟

我想平展双翼

悄悄掠过丰润的青草

看它们低首又低首

与远水荡起一片绿湖

但呼吸和自然终是无法合流

生活的冷风将热情铸成实际

意思不能听得透彻，但听起来还是不错的——据说，这就是诗歌的感受力了。但程老师明显只想以之为"引"：想象力丰富，善于捕捉意象，表达了对春天的热爱与留恋；"吹醒""织""燃起""掠过"等词展现了诗歌语言陌生化的特点。

然后展示同学们及名家们的"陌生化"的表达……再展示同学的《春光》一诗，引导学生从"语言陌生化"角度讨论其优点与不足：

慵懒的你却总爱玩捉迷藏的游戏

你站在头顶散开的乌云窥探人间

你藏在路边某株不知姓名的嫩芽

洋溢在单车后座女孩的眉梢眼角

月色和雪色之外你是第三种绝色

程老师接着展示的，就是诗人洛克，即语文老师程载国自己对这首诗的修改意见：

白鹭的双翼剪开天边的乌云

柳芽怒吼着脱去灰黑的棉袍

月色和雪色之外第三种绝色

隐藏在单车后座女孩的眉梢

对于课堂上呈现的诗歌，我想套用我高中同学，另一位诗人兼语文老师的话："我不评论，诗歌怎么分好差？它们只有差异。"

我想借此发挥的是：程老师这堂课的教学内容是怎么来的？是诗人就可以上与诗歌创作相关的内容吗？这种说法无疑有些笼统，准确地说，应该是：**利用语文老师自身的优势、特长，研发鲜活、有深度的课程。**

语文老师中不乏多才多艺者，擅长诗歌、小说、散文创作者，博览群书者，对电影、流行歌曲（音乐）深有研究者，古文功底特别深厚者，对《论语》情有独钟者，书法特别出众者……怎么利用？还是要靠自己对高中语文教学的深刻理解，明白什么才是语文学习的重要的乃至核心的内容。

诗歌语言的"陌生化"，其优秀者，不就是语言的创造性表达吗？而这点不正是我们努力想让学生习得的高级的审美化的"语言运用能力"吗？

正如程老师在课堂上所说的大白话"陌生化就是不好好说话"一样，凡有文学艺术含量的表达都不会"规矩地"说话。而"不好好说话"的地方，常常就是文学鉴赏的重点。

如"太阳一出来了，那些在夜里冷清清的丝蔓，一变而为温暖了。于是它们向前发展的速率更快了，好像眼看着那丝蔓就长了，就向前跑去了。因为种在磨房窗根下的黄瓜秧，一天爬上了窗台，两天爬上了窗棂，等到第三天就在窗根上开花了"一段中，"了"字太多，貌似"不通"，但却正是好。为什么？

又如"大漠孤烟直，长河落日圆""梦入神山教神妪，老鱼跳波瘦蛟舞""我见青山多妩媚，料青山见我应如是"这样的例子俯拾皆是，不胜枚举，不必多说。

正如课后专家的评课所言："陌生化的背后，是诗人对世界、生活独特的感受；没有独特性，就没有陌生化……"

高中语文在"交际工具"的基础上正不断走向"思维工具"，"思维工具"无疑又以创造性思维为高地，而创造性思维必然以"独特"为出发点。还是那句话：100个一样的思维就是一个思维，只有不同的思维才有价值。

学习语言的陌生化，就是促使学生的思维走向独特化、创新化。作为诗人的语文老师，对这一点的认识肯定格外深刻。我相信这是程老师之所以能呈现这堂课的根本原因——因为同时，他还有研发、实施这堂课的底气。遥想一下，拥有诗人身份的老师教的语文课，会不会更多一些对语言的敏感，更多一些对创造性表达的宽容、鼓励和引导。

上一堂"只属于老师自己"的语文课，把工作与个人爱好、特长结合在一起，**"我上我课"，"我的课堂我做主"，而又能"不逾矩"且"直抵核心技术"**，——看看程老师在课堂上的自信、神采——我想，作为语文老师，那肯定是"爽"的吧。

20 始于学情的 "微课程" 研发
——兼评曹伟芳老师 "让论述文语言明晰起来" 课

一节优质的高中语文课可以视为一个 "微课程"，它具备课程的应有因素：有针对性的内容与有效的实施；当内容与实施具有原创特征时，它就可以是 "研发"。我们还需要时间对 "教师是课程研发主体" 这一理念进行深入理解。

毋庸置疑，"教学内容选择" 是高中语文教学长期以来的一个难题。

虽然我们都知道，**"教材要求" 和 "学情起点" 是教学内容的两大 "规约"**，但在实际操作中，我们较多地倚重于 "教材要求"，因为它相对稳定，成体系，好操作。而学情则总是处于变化、波动之中，尤其当细化到某一具体内容、具体到某一班级学生时，显得尤为困难。放宽范畴看，义务教育阶段语文课程改革的不断推进，使得高一新生的语文素养逐年提高，高中的 "入口" 学情逐年 "水涨船高"。

"始于学情" 要求老师先要大量占有学情的相关材料，比如查看两个班学生的 "预习案" 或作业。

然后，要能慧眼识 "典型"，剔除那些个性化而并不具备 "普适" 意义的内容、边缘化而与语文学习瓜葛不大的疑难、过于简单而并没有必要小题大做的问题……终于从众多的学情内容中发现、确定有教学价值者。

接着，就是 "追问" 这个 "典型" 背后的语文学习内容。如果把 "典型" 看作是病症的主要表现，那么 "追问" 就是找出主要病因，开出对症药方。**"追问" 是 "学情剖析" 转化为教学内容的关键环节。**

比如学生在默写中普遍存在某处错误，像 "吾所以为此者，以先国家之急而后私仇也"，学生第一次默写时一般就很难写全。善于 "追问" 的老师就会发现，学生的错误原因很可能在于其不注意虚词，于是关注句中停顿——"所以……者……之……而……也"就成为必要的教学内容，相比一个劲地要求学生多读、多写，这种教学内容的针对性就强得多。

比如学生在做文学作品阅读题时，总难免会出现"我知道但我不知道这个内容也要写"的问题，从而出现不该发生的丢分状况。这也不是我们一个劲地强调要求学生"多领悟""多做题"就能顺利解决的。原因到底在哪里？追问下去，就会发现，学生可能是难能把握"问题关键词内涵"，习惯性地"套路答题"。

当我们找到"典型学情"，并且"追问"出病因时，我们还需要把它转化为教学内容，即追求"典型问题"解决的可操作性、高效性，也就是"课程化"。

值得留心的还有，除了直接来自学生的疑难问题外，还要有学生没有提出疑问但非常重要的学习内容，这也是基于学情的教学内容，这里从略。

从中，我们可以看到**高中语文教学的艰难和光荣：精彩的教学内容较大程度上来自学生，并要靠教师去发现、研发；于是每一节优质的高中语文课，几乎就是一个原创的"微课程"。**

曹老师的"让论述文语言明晰起来"就是这样一次"研发"，就这堂课内容而言，其"研发"或可谓：**"明晰"源自并精彩于学生。**

在论述文写作教学进入较深层面后，在论点、论据、论证的探讨已进行得比较充分后，曹老师在这堂课中难能可贵地抓住了"语言特征"，并精要概括为"明晰"，是本课的崭新立意。

这个立意的来源，能充分体现我们一线教师的学情意识、课程研发能力——来自教学中的"真问题"，来自学情中的"真状况"，即学生论述文语言普遍存在着不精确、少条理的缺陷。

课堂主体内容就像打开了一个语言学习的宝库。

曹老师在课上用PPT呈现出来自学生的典型语段，并要求学生讨论其语言的明晰。"来自学生"非常重要，它使学生能感同身受，有利于学生产生比较强烈的代入感，从而更快地进入情境、语境。语段如下：

网红对生活的影响越来越大。网红的视频吐槽了很多生活中的事，或尴尬，或无语。丰富了网民的生活，受到网民的欢迎。有人会说，网红目的就是赚钱，他们吐槽只是为了博得眼球。网红之所以在网络中如此受追捧，是因为他们都有勇于揭示生活、面对现实的本质，能够直接地勇敢地代表网民发泄情感，表达人们所不敢所不能表达的内容，这才是最重要的原因。网红的每一条微博及微信都会引人转发、讨论，可见网红在引领我们的生活。网红能够调节网民的心理，让民众很快地了解一个全新的世界，满足人们了解他人、了解未知的渴望。

而学生的讨论及发言则体现出，"语言明晰"是一个尚未被充分开发的语文学习内容，学生仿佛在这堂课上才恍然有很多发现一样，以下的课堂实录，真像打开一个宝库，各种语文学习"珍宝"交相辉映：

生A：第2句"或尴尬，或无语"指的是"事"还是"网红"？

生B：（第7句）网红能调节网民的心理？为什么就能让民众了解新世界，满足渴望？前后好像没有什么关系。

生C：我们觉得整段写得都比较正面，第4句突然说"网红的目的就是赚钱"给人感觉有点贬义，而且插在第3句和第5句之间有点突兀。

生D：第5句说"这才是最重要的原因"。前面列举了三条，第一是他们有这种精神，第二是能直接地代表网民发泄情感，第三条是表达网民无法表达的内容。"这"指的是三条中的哪一条呢？

生E：第4句"网红的目的就是赚钱""吐槽只是为了博得眼球"讲的都是网红的目的，但"就是"过于肯定，感觉和"只是"存在矛盾。

生F：第1句的"生活"一词表意不明晰，指的是网民生活，还是社会生活，还是地球上所有生物的生活呢？

……

然后在修改前、修改后语段的对比朗读中，追问语言明晰的标准及实现途径，水到渠成地得出结论：

语言明晰的标准：词语内涵明确，语段条理清楚。

达成语言明晰的方法分别为：删重复，增修饰，做限定；去庞杂，加关联，调次序。

　　课堂的压轴内容更让人有"惊艳"之感：原来教师在课前已经让学生就"当今时代，寒门仍可以出贵子/已不能出贵子"这一话题，选择其中一个观点，写一个200字以内的论述文语段，为这堂课准备了修改的原材料。相比之前集体讨论关于"网红"的语段，这里"现学现卖"地让学生修改自己的语段，无疑让学生既有揭开课前作业意图的"惊喜"一面，又能带给学生"初试锋芒"的实践动力。语段这里不再列出，从课堂实录看，学生也是获得感满满：

　　生A：我之前说"在大山中缺乏教育资源更缺乏人才"，这跟"绿色通道"没有关联，那么把"大山中缺乏教育资源"提到前面去，就顺了。

　　生B：这处"谁有手段，谁更有源头"，我的意思是谁与"有来头的人"更有关系的话，就可能得到更多机会。后来发现"手段"是个贬义词，就改成"与有来头的人士的关系"，"源头"一词表达比较模糊，改成"机会"。

　　生C：我本来写的是"背景不是决定你的决定性因素，只有能力才是"，但是我发现用词有重复，"决定"和"决定性因素"，"只有"和"才是"这一组关系也有问题。于是改成"人们是否成功的决定性因素不是背景而是能力"。另一处改动是，原文"她凭借不懈的努力和坚持，成功提取了青蒿素，从而闻名世界"，我发现这个论据和后面提到的"能力"并没有关系，就改成了"这使她闻名世界，这就是她的能力"。

　　生D：我写了"素质和家庭氛围"，但二者有什么关系呢？我加入了论述其关系的句子。然后又加入了论述"家庭氛围"与"刻苦性格"之间的关系的内容。

　　生E：我用了"换句话说"，但实际上前面都是分点论述，缺少总结性的文字，所以此处做总结，让论点更清晰些。

21 高中语文是"开放"的

——2018年11月28日在台州听李戈老师"试说新语"课有感

我有一个未必贴切但能反映特点的"流水"比喻，用以说明小学、初中、高中阶段语文的不同：小学是"上游"，初中是"中游"，高中是"下游"。

上游水流相对小，甚至可以从山间小溪开始，它活泼、清澈。

中游相当于河流、江流的中间段，已经有相当规模，但相对"规矩"，有两岸护送着、约束着。

高中相当于江河入海口，水流洪大，水面开阔，即将奔向大海，要脱离江河的流动轨迹，要脱离教师的视线了，也是水流快要"自由"的地方；这里也是淡水、咸水交汇的地方，也是泥沙最多的地方，情况最为也复杂。

不同年龄段语文课程的不同，对应学生慢慢成长过程的差异。

高中生已经有相当不错的语文水平，已经趋向成年人，这是高中语文必须重视的学情：他们的人生、世界就要迫不及待地冲向社会生活的"大海"了。

所以语文课堂上的高中生是"开放"的，信息社会的到来使这种特征更见明显。如果高中生不是被局限在学校里，上学时间基本不能拥有手机的话，这种倾向会更突出；即便如此，在"不被禁止"的时间里，他们与包括互联网世界在内的社会的接触所受到的影响，已经足够了。

李老师课堂上的同学们用语言文字充分展示了这一点。

李老师先用PPT呈现出五句文言文，要求把它们翻译成现代汉语，目的是"关注我们的生活与词语的亲密接触"。老师在这里耍了个小心机：文言文与现代汉语的差距更大，更能让我们看到"新语"的鲜活、有趣且贴切。

比如：

寡人与众爱卿皆瞠目结舌——我和小伙伴们都惊呆了；

天降异象于前——前方高能预警；

……

接着要求学生在黑板上"展示自己的'新词'"，学生写下：

友谊的小船说翻就翻、ballball you、凉凉、真香、家里有矿、铲屎官、男默女泪、喜大普奔、白骨精……

这些"新语"和"新词"，就是来自高中生的"大海"的内容，而不是来自课本。虽然统编教材已经做出这方面的努力，但可能还是会落后现实生活几步。

换言之，**因为高中生是"开放"的，于是这堂课的教学内容也应是"开放"的**——这是教材没有的东西。它生动地体现出教学内容来源于学生。

开放性还体现在这堂课的结论是未知的，是老师、同学们一起现场概括出来的，虽然，主要是老师"想"出来的，但老师也未必是按书上说的，而是梳理与探究后创造出来的。

当代新知识从哪里来？对，是我们创造出来的，而未必都是从书上获得的。

师：新词语，我们如何去定义？

生A：铲屎官，家里养猫养狗的人，为猫狗清洁负责的，21世纪第一个十年之后，网络环境，适用猫奴狗奴，原因是猫狗都有新陈代谢。之前为什么就没出现？——养的人多了，主人们是有职责的。——不是政府机构，在网络环境中，对自己有定位，在争夺社会话语权，有神圣感。

生B：家里有矿，有钱，有钱人……

……

显然，这里学生可能将"定义"理解为去"解释"了。

这时，教师的表现就体现出其见识的"纵深感"了。李老师先后在PPT上呈现如下内容，作为对新词语新用法的补充："粮票""布票"，已经退出历史舞台，"万元户"等词都有时代特性；"房奴""车奴""狗奴""卡奴"，"金领""粉领""白领""蓝领"等词有很强的造词能力；"给力"，"这就是天竺吗？不给力呀，老师！"的典故……

最后，用PPT现场呈现出师生对新词特点的概括：

时代性、流行性、衍生性、形象性、减缩性

并配合老师板书：

求快求简，求俗求众，求雅求美

梳理一下：学生的"开放"，意味着教学内容"开放"的可能性，也迫使老师走向"开放"。当然，更多情况下，应该是优秀的语文老师先顺应学生的特征，然后才让高中语文课堂走向"开放"。

可能有人又会发出"经典"的、"硬核"的"灵魂之问"：这样的课，好玩是好玩；那么请问，考试怎么办？

我的回答是：**如果语文课是教学生如何运用语言文字，那方向就是对的；如果是在让高中生用语言文字来解决现实生活中的问题，那内容就错不了。考试，也必将会是这样考的。**

简言之，高中生的人生、世界开始走向"开放"，我们的语文课也必须"跟上"，考试也会"跟上"的。当然，谁都知道，考试涉及的面太广，且必须追求"科学性""公平性"等，所以它不会很快地表现得那么直接、充分。

22 一个好问题的样子

——2019年9月12日在嘉兴听宋晓娴老师《一滴眼泪换一滴水》课有感

宋老师这堂课的优点不少，比如下面三点，都可以独立写成一篇文章：

1.让学生用结构图概括课文内容，而且学生做出了很不错的"预习成果"。

2.让学生从不同角度概括课文内容，这个"不同角度"很值得学习。

3."知人论世"的材料放在课堂学习之后，作为印证学生学习成果的证据出现，效果很好。

这里只讲如题内容。

宋老师在让同学梳理课文内容后，用PPT提出一个问题：

谁是选文的主人公？为什么？

相信宋老师在备课时在此处有一个预判：学生肯定会想到爱斯梅拉达、伽西莫多，甚至还有克洛德——这几位都有理由成为节选部分的主人公。

但宋老师所希望的答案肯定还不止这些。

宋老师这时有一个非常棒的、唤醒"旧知"的铺垫和引导，用以打开学生的思路，引导学生接下去的小组讨论。

师：同学们回想一下《最后的常春藤叶》，那篇小说的主人公……对，可以是苏艾，可以是琼珊，也可以是贝尔曼……这篇节选文章可能也是这样的……

这就是好问题的第一个特征——建立在学生已有的知识、经验上，容易理解，不生硬。

然后学生开始小组讨论。果然，学生的回答就比较丰富多样了。

生A：是伽西莫多，在第33页，"人家脱掉了……"，说明他人性还没有回归，麻木呆滞，后来爱斯梅拉达给他喂水，这说明他的人性已经回归了。

插入说一句，学生的理解总是那么直接，直奔主题和"人性"，让"人性回归"。这常让听者有"出境"之感。

生B：爱斯梅拉达，她是理想、爱的象征……

生C：还可以是克洛德，是他指使伽西莫多……他是全部故事的"源头"……

生D：克洛德很复杂，有人性的丑恶，——但他又收养了伽西莫多，又有善的一面……

生E：第31页，克洛德被禁欲主义压抑，他对爱斯梅拉达的爱慕未必就是罪恶的……

这里仿佛也有点离题，但体现了学生思考的展开。

这个环节里，学生读课文、说理由，反驳其他同学……这样的课堂内容正是由这个没有标准答案的问题引发出来的。

这就是好问题的第二个特征——开放，它有不同答案，且每个答案都是有理的。

接着就是好问题的第三个特征——能出新意。

在宋老师的引导下，学生开始把目光投向了观众。

就节选部分来说，无疑，无论从篇幅还是从内容、主题来说，视观众为主人公，理由也非常充分。但对学生来说，却可能是他们之前没有想到的：一大群人，就是"群演""背景"啊，怎么可能是主人公呢？

在课堂中，要的就是类似的学生的"没想到"，这类内容越多，说明内容越有学习意义。

接着学生发现，原来观众值得分析的真有不少内容。

生：观众也被爱斯梅拉达感动了，——但这可靠吗？变化这么快——这说明人们还是有人性的，还是会被感动的……

师：同学们有没有认为观众就是没有人性的，有吗？

生：可能就是没有人性，忽然出现了长得好看的女人，他们就觉得有意思，起哄……

师：作者是怎么说的？

生齐读："那漂亮……娇弱……那就更为动人了……好极了，好极了！"

……

能提出一个好的问题，课堂仿佛就有了"主心骨"；当然它的特征应该包括但不限于"联系旧知""开放"和"能出新意"。

23 想到写作 "课程内容" 的两处来源

——2019 年 9 月 12 日在嘉兴听赵杰老师 "再识议论文" 课有感

"课程内容" 从何而来？

从赵老师这堂课中至少可以看到两处来源。

一是学生的学习 "困惑"，即疑难、偏差等。

初中生就开始写议论文，中考也可以写议论文，而且不少孩子已经写得像模像样，那么议论文还有什么值得 "识" 吗？

赵老师这堂课告诉我们：有，至少应该 "再识"。

赵老师用 PPT 呈现出两个语段。

师：看材料，同学们认为它们算不算议论文？

生 A：第 2 段是议论文，因为引经据典，才比较像议论文……

生 B：第 2 段是，第 1 段不是。因为第 2 段有论点……

生 C：第 2 段是，材料都是围绕论点的……

师：两段都不是议论文，余秋雨的只是文化散文……看来，同学们对议论文的认识未必很清楚……

生 D：议论文就是用来议论的文章。

师：就是用议论的表达方式来写的文章……议论的目的是，说道理，让人信服……

笔者相信，赵老师这堂课的内容并非一时起意，而是在较长时间的观察中获得的：学生对议论文的认识还存在不少偏差，而这种偏差影响了学生写作能力的提升，所以为 "正视听"，让高中生议论文写作走上正轨，才有了这堂课的内容。

相比于学情，课程内容的第二个来源 "现实生活"，则更需要教师具备

"生活即语文"的理念。

师：同学们，明天就是中秋节，听说有些学校连同周末只放一天假，如果这事发生在我们学校……你怎么用议论文来说服校长呢？

事实一再证明，**只有与学生的"利益"相关，学生才会真正感兴趣**。这个"如果"一出，课堂顿时热闹起来，同学们仿佛一下子有了精神，有学生甚至还"语重心长"地煽情说："校长啊……众所周知……"且看同学们一个又一个地补充"论据"：

生A：中秋节是一个法定节日……

生B：是传统节日……是回家团圆的日子……

生C：是休息放松的时间，休息好才能学习好，绷得太紧了，会有问题……

与此同时，赵老师让一位同学在黑板上记录同学们的"论据"。**语文课让学生上台写板书，是非常有用的方式，因为书面表达更具学习价值**。在我看来，这堂课上，收获最大的就是那几个发表各不相同的"论据"的同学和这位写板书的同学。

然后，赵老师对照着学生写在黑板上的"论据"进行分析。

师：黑板上的是什么？论据？对，但还要提升质量。有力的论据更应是这样的：法定假日，要写出依据什么法律中的第几条；传统节日，是怎么个传统法；"一张一弛"的出处是哪里……此外，还要有一定的分类，一定的顺序。同时要注意我们面对校长时的措辞、语气……

可见，课程的内容，并非来自教材或其他哪里现成的理论知识，而需要教师自行研发，这才是创造性的工作，也是我们专业能力的体现。

从现实生活中汲取材料，切实解决学生疑难，无疑是课程内容的两大重要"源头活水"。这里暂且不提具有方向指导作用的"课标"源头。

24 择"元济"而居要，成一课之"源泉"

——2020年9月24日在嘉兴听孙元菁老师
"走进词语堂奥，微探古今言殊"课有感

课堂导入，是艺术，是技术，更是用心。

优秀的导入，可以成为"课眼"，然后纲举目张，一条红线贯穿，诸多内容生附。

课堂实录如下：

孙老师先是提问："同学们，新中国第一部大型汉语工具书是哪一本？"

众生情理之中地参差应答："《新华字典》。"

接着，老师用PPT放映出《辞源》的封面与"元济"二字，师生展开讨论：

师：为什么是"辞源"不是"辞元"，跟张元济的"元"有何不同呢？

生A：源，有寻踪溯源的意思吧……

生B：济，救济，扶助之义……"源"与"元"的区别是如何过渡到"济"？

师：张元济，他做到了"救济、扶助"吗？

众生：张元济参与戊戌变法，后来发现要文化救国……创办了商务印书馆……还有一个涵芬楼……

看来学生对自己学校的"名字"究竟是熟悉的。这个导入如果到此为止，那么基本上属于"外来"老师"借班"上课时，与所在学校的同学的"套近乎"。

孙老师借"元济""居要"，但她的用意更在于使之成为课堂"生发"之源泉。

PPT放映出张元济的自我介绍，然后让大家断句：

臣张元济年二十岁浙江嘉兴府海盐县人由廪贡生中式光绪己丑恩科本省乡试第十名举人应壬辰科会试中式第四十七名贡生保和殿复试一等第十名殿试二甲第二十四名

然而，同学们在断句时却遇到了困难。于是，孙老师要求学生查阅手头词典，一起探讨文中难懂词语的意思，再在此基础上理解全文。

这之间"你来我往"式的交流虽然只是快问快答，也并非只依据词典条目，而是有启发、拓展、生成，从而使课堂表现颇为生动、丰富，较好地体现了课题中"词语堂奥""古今言殊"的含义。

接着，孙老师说："张元济为什么这么优秀呢？因为他有非常好的家训，我们一起来克服困难理解下。"并用PPT放映出：

吾宗张氏世业耕读愿我子孙善守勿替匪学何立匪书何习继之以勤圣贤可及

这相当于"当场演练"刚才所学，于是课堂又热闹起来，学生的表现较之前顺畅多了。

学生先断句，再师生问答，众生先后补充说明：

生A："替"，就是弃的意思……

生B："匪"，行为不正，后来指"不"，不学习怎么"立人"，没有书，何以"学习"……"何以"，是宾语前置句式……

生C："世业耕读"……家训中最重要的是"勤""学""守"……是"耕读"……

最后，孙老师总结全课："像今天这样，我们才能不断积累语文知识……我们学习了如何自主学习，运用工具书解决自己遇到的语文问题……"并用PPT放映出张元济手书的一副名联作结。

于是，从"词语的积累、解释"到"优秀文化传承"的提升就算"浮出水面"了。相信从"元济"两字入手，到为人、做事、学习、修身，不仅对"元济高中"的孩子有意义，对现场、网上的听课者，也是一种教益："数百年旧家无非积德，第一件好事还是读书。"

这是我第二次听孙老师的课，两次听课，都能给我课堂内容饱满之感。**这种"饱满"肯定不是内容多，而在于内容"新"，耳目一新的"新"。**

同时，这堂课跟所有其他优秀的课一样，都是反复"磨"出来的。她在公开课一周前，就把在她自己学校的上课视频发给我看，文件名为"试课5"。

善于思考，"继之以勤"，岂有他哉！

高中语文课堂，不应该寄希望于"抖机灵""耍聪明"，而要有"硬功夫"。

尤其这堂课，面对第八单元"词语积累与词语解释"，无"文"可教，教学内容哪里来？孙老师的这堂课能给我们有益的启示。

"硬功夫"之一就是课堂上呈现的张元济先生"自述"及其"家训"，这两样真的是非常棒的"硬材料"，它们使课堂教学内容充满了"张力""实力"。

"硬功夫"之二就是使"元济"与课堂语言材料之间形成内在的学习逻辑：张元济先生做到了吗？他为什么能做到呢？然后再讲学习方法，"文化传承"便自然"生成"。

很多老师都同意，上课与写文章相似，优美辞藻、高超技巧之下，需要"硬材料""强思维"支撑，然后，"片言"而生"文章"，"居要"而成"警策"。

25 学生的答案就是生产力

——2019年5月23日在湖州听郑雅老师"模拟训练讲评"课有感

郑老师这堂课可以作为"学情是重要教学资源"的一个注脚，是课标上所说的"语文学习过程中随时生成的各种话题、问题、拓展材料以及学生成果等，也是非常有意义的课程资源"的高考复习阶段的"落地版""现实版"。

这种基于学生答案的复习课，看似简单，做起来却不容易。除了要求对学情有深刻理解外，还有两个重要技术——对考点的精准把握，对学生从"现答案"提升到"满分答案"的指导能力。

这堂课主要针对学生在模拟卷中的文学作品阅读题、古诗鉴赏题的"失分点"展开。这两块内容在试卷中都属于让学生茫然的难题。但是，这种"难"往往并非题目难度高，而是学生们"觉得难"，不知该如何应对，即使失分了也说不出所以然的那种"难"。

简言之，就"生产力"提升点来说，它们属于**从"懂了但还失分"到"懂了能得满分"**的"复习有效"范畴，也是教师复习内容抓得准不准的体现。

PPT呈现高考文学作品阅读题《打麦·麦打·三三三》的第十题以及部分同学的答案：

——文章前四段想象并回忆了打麦的情景，简析这样写的意图。（4分）

——呼应标题，为下文做铺垫；渲染氛围；丰富文章内容；设置悬念，吸引读者阅读兴趣；总领全文……

听课的老师看到这样的答案，可能都会心一笑，因为它可算典型的学生答案。

然后郑老师跟学生一起探讨，大家都感觉到同学的答案明显"套路"了，没有具体内容只有"条条杠杠"，甚至"不分对象""瞎说一气"……

之后再呈现"参考答案"：

①细腻地描写出农耕时代生活节奏的缓慢、劳作的艰辛，从打麦中领悟到人生要经历碾压与捶打，才能散发出生命本身的光芒。

②与下文方便、快捷的机器收割形成对比，抒发作者对过去劳作方式和生活方式远逝的惆怅。

与同学一起对从"学生答案"到"参考答案"的"距离"仔细分析后，郑老师再总结答题要点：要留心"结构"作用，不要忘记"手法"，要具体写出"内容"，要记得点明"主旨"。

能比较清晰地概括出这种答题要点，说明教师对文学作品阅读的"'考点'即'得分点'"已成竹在胸，于是我们觉得郑老师的课从容，有方向，不慌张。

评课老师在课后点评时就指出，高考复习课，属于真刀真枪"上阵"，需要真技术，含糊不得，逃避不了。而这种"技术"就集中体现在能否从学生答案中发现可提分空间的能力。

课上出现的第二题则主要侧重于对"线索"的辨析。

PPT呈现出题目和部分同学的答案：

——文中多次引用《打麦谣》有何作用？（5分）

——作为线索，与标题呼应，是对打麦生活（童年、儿时生活）的怀念和向往，童年的象征……

然后师生一起讨论，尤其强调其中一点：《打麦谣》算"线索"吗？

郑老师先是点出"线索"的重要特征：贯穿全文，发挥串联内容的作用。文中的《打麦谣》虽多次出现，却没有起到串联内容的作用。再引用2013年关于《牛铃叮当》的高考阅读题"文中多次写到牛铃，有什么艺术效果？"，让学生在比较中进一步明确怎样才算是"线索"。

之后，课堂进入古诗鉴赏题部分。

PPT放映出题目和部分同学的答案：

——赏析本诗在叙事上的艺术特色。

——夸张，语言朴素，多用动词，拟人……

"叙事上的艺术特色"是较少见的考点，学生对它比较陌生，学生答案的较大偏差印证了它的提分意义。

郑老师又呈现了2019年浙江高考卷中的类似题目"分析本文叙述上的特征"。教师应该已经明白"现代文学作品"与"古诗鉴赏"两题在考点上是相近的。

经过两相比较，提示学生在"叙事"上应如何"赏析"：叙述人称、视角口吻、方式、顺序，其他表达方式和表现手法等。

纵观全课，能体现出教师清晰的"考点"意识，更能体现出郑老师特别务实且有效的复习内容——从学生答案中寻找高考复习最后阶段的生产力。

26 什么叫"课程研发"?

—— 从2019年浙江省高中语文教学评审课看教师"核心素养"

教学设计，是我们所写的专业文章，是二次创造，它的下面应该署上我们老师的名字，而不应该是文章作者的名字。而如果我们署上自己的名字，那么它的标题就不应该是课文的题目。

先来看看这次老师们参与评审的课的题目：

惜花人已去：从细节到风格——茹志鹃战争小说《百合花》赏读

叙述的艺术——"和平的期盼"专题比较阅读与写作

叙述就是选择——《百合花》《一个人的遭遇》比较阅读

文学与新闻作品中的战争表达

常与变：战争语境中的死亡讲述

小电影，大意味——探究《百合花》的叙事艺术

解读战争，思辨人性，期盼和平——用"我"的眼看他人的故事

……

怎么样，这些课题是不是很帅呢？原因很简单，原创的基本上都是帅的。

当时坐在我边上的一位专家评委，看着某堂课课前呈现的PPT上的课题，对我说：一看这个标题，就觉得教师是"有备而来"且"出手不凡"。

它们所呈现出来的，无疑就是老师们对教材内容进行专业审视后，对诸如课堂的切入点、重点及学习方式的精心择用、提炼。

这就是我常讲的当代高中语文教师应该有的"核心素养"——课程研发能力。

老师们都能针对省内一流水平的慈溪中学学生，根据之前30分钟的专题内容预习，根据"评审课"的具体情境——当然，更多的依据是新课标的理

念——研发出自己的"这一堂课"。

从这次评审活动"旧教材，新上法"也可以看出，它背后传递出的意思应该还包含着：旧教材也一样可以用新教法。

它也体现出教材已经不再是教学的"统摄"，不再是教学的指导，而是教学的凭借，是教学的材料。

这种"新教法"与教师的核心素养密切相关，就这次评审课来看，除了外在的课堂形态各不相同外，至少有如下一些表现值得关注：

重视从学生端生成教学内容。比如"叙述就是选择"一课，先请学生梳理《百合花》《落日》《图片两组》等内容，完成表格后，抓住叙述角度之一——"我"是谁——入手。

重视学习"情境"的营造。比如"常与变：战争语境中的死亡讲述"一课，非常聪明地"借用"了慈溪中学学生之前实践过的以"踏着血迹前行，聆听和讲述'血泪'"为主题的德育活动内容，"贴着学生学习生活"进入课堂，从生活现实进入教学内容，于是顺理成章，让学生顺利"入境"矣。

课堂能呈现"开放"态势，多用"任务驱动"。让学生在完成某一学习任务的过程中展开课堂，没有标准答案，同学们可以从不同角度各抒己见……

也可见这种教学活动，还不仅是研发"预设"课程那么简单，它在某些方面已经跟我们之前熟悉的教学设计有所不同：它更强调"生成"，更强调"在现场解决学生的问题"和"与学生一起探讨问题"。

换句话说，跟语文学科核心素养相匹配，作为教师核心素养的"研发课程"，也不是一个名词，不是一个静态的东西，它是一个行为过程，它是一个在实践中解决问题的综合能力。

概言之，**当代高中语文教师的核心素养，是研发一个开放、多元的课程并能在教学实践中不断生成内容、解决新问题的能力。**

这样，我们或者也就可以看到，它可能并不是什么全新的东西，在我们的传统教学中，一些特别优秀的语文教师早已在那样做了。

27 课程研发能力是高中语文教师核心素养

且借用热词"核心素养"强调课程研发能力对高中语文教师的重要性。

原因并不复杂，因为教师的专业是教学，课程是教学的内容及途径。

由于高中生在高中之前，已经学习了九年的学校语文课程，所以高中语文课程"规定性"内容已经慢慢趋少，其纵向上的发展、横向上的灵活则显得更为重要。同时，由于高中生已经具备相当水平的语文素养且个体差异越来越明显，其身心发展已经趋向成熟，使得高中语文课程的实施具有很强的实践性、综合性，也更强调针对学情的创造性。

只依据教科书内容，遵循一成不变的教学方式，在当下已经行不通了。

简言之，优秀的高中语文课程需要教师自主研发。这样的课程才是有灵魂的高中语文课程，才是高级的语文课程，才是实现语文学科核心素养的最佳课程。

从教师素养的角度看，这应该就是教师的核心素养。

如果从"课程研发"的内涵看，我们会进一步理解它为什么是"核心素养"。首先，要纠正一个"误会"，课程研发能力并不是什么"很大"的能力，它不是要编写一部教材；但它高级、精深、综合，非常专业。同时，我们也应正视这种职业能力：时代的发展，学生的进步，已经迫使我们拥有这种能力；这也是教师职业区别于其他流水线工作的专业能力，是我们的工作被视作创造性劳动的根本原因。

如果要下个定义，或许是这样：**依据课标、针对学情、基于教师自身特点进行"备课""上课"的能力**。

这种能力需要教师终生修炼，因为它不是固定的、静止的能力，它跟语文学科核心素养一样，是运用中的能力，是解决具体教学问题的"关键少数"

能力。

理解课标是一大难题。没有一定的语文理论基础，都较难读懂它；有些地方还要与之前的课标进行比较，才能准确、深透地理解；这里面最难的，自然是"分解"课标，就是把高度凝练的课标理念细化、细分到具体教学中去，如哪个单元指向哪个内容、哪句话，这个内容在高中语文教学体系中处在什么位置。还有，课标虽然不经常变化，但对课标的解读、研究却总在不断发展、深化，即课标背景下的教育教学理念的发展、丰富，从不停步，需要老师们及时了解、掌握。

现在我们都知道学情在教学中的重要意义，**没有学生就没有学习，就没有教师，就没有教学；怎样的学生怎样的学情，就应该有怎样的教师怎样的教学**。所以即使一样的教学内容，针对不同的学校、班级的学生，其教学内容、教学方式，也必应有所区别。

值得留心的是，学情并不能笼而统之概而言之，比如高一学生，对其学情的认识不能想当然就是"刚入学，对高中语文学习有新鲜感，对高中语文学习不了解，初次接触这种内容"等。学情要针对每一单元、每一学习任务具体细致地分析，比如应该是"学生在初中时已经学习过毛泽东的《沁园春·雪》，对其诗词的特点如气势恢宏、格调高昂等已有了解，对《沁园春》词牌的相关知识也已经掌握；背诵对高一的学生来说不难，但这首词中'寥廓'等词学生可能会写错……"如果这种学情分析能根据学生的预习反馈分析归纳，则最好不过。

之所以要求"基于教师自身特点"，是因为这样才能突显高中语文教师的个性特点，对高中语文来说，教师的个性、才情是课程的特点、亮点，是高中语文教师专业性的集中体现，它是课程规定性前提下的独有发挥。有这种特征的课程或都可称之为"我语文"课程，甚至，有没有这种特征可直接视为衡量教师是否具备课程研发能力的重要指标。

28 高中语文学习内容需要教师参与 "研发"

不少老师对高中语文教师需要 "研发课程"，或者说高中语文学习内容需要教师做出自己的选择、创造，提出自己的困惑，并以美国为例，说人家的课程内容都是 "规定好" 的，教师只需要按教材去教就行，而我们还需要自己去 "研发"，不合理。

这个问题可能有一定普遍性，这里再作简要分析。

首先，我不认为美国教师按教材去教就可以，**教育绝对不可能是一种机械、大批量、不分对象、无关情形地提供内容的工作**；否则，教师这门职业就没有技术含量，将会很快被人工智能所替代。同时必须说明的是，中国的课程不但不是没有 "规定性"，而是 "规定" 的内容一直以来过于详细。

其次，**教学内容的 "规定性" 程度跟学段有关**。学生越小，学生的知识经验越有限，那么进行 "规定性" 教学的可能性就越大；而随着学生年龄的增长，知识经验越来越丰富，学生的学习个性、兴趣爱好等方面的差异性肯定会越来越大，"规定" 的内容就会越难落实。

再次，**教学内容的 "规定性" 也跟学科有关**。科学类学科比如数学、物理等，教学的内容基本上是 "天下公理"，其 "规定性" 就强一些；人文学科类尤其像语文学科，需要学生生活体验、情感、价值观乃至性格、气质等 "参与学习"，其 "规定性" 自然就会弱一点。

于是，高中语文学科的 "规定性" 就艰难起来。这也是高中语文教材中的教学内容主体即课文，从来都被视为 "例子" 而不是教学内容本身的根本原因。

重要的还有，当代语文学习环境已经发生了深刻的变化，按笔者说法是**已经由之前的 "农耕语文" 快速发展至当下的 "信息语文"**，学生能更早、更便捷地获得大量的语文学习材料、机会。换句话说，信息语文时代的"规定性"学习内容，越来越有可能在生活中、社会上获得，而不一定非要到学校去接受语文教师的教学才行。这跟"农耕语文"时代语文教师在语文学习方面具有垄断地位的情形，应该已经很不一样。

所以我们会越来越觉得，学校的语文教学中"规定性"的东西越来越少，高考中"规定性"的东西也越来越少。

从教育目标来说，培养批量生产的合格"劳动者"已经不适应时代对人才的需求；**我们的社会越来越需要的是"创造性人才"**。这种人才是很难"用模子印出来"的，他们必然是**"一个人一个样"**。

简言之，高中语文学科范畴，能"规定"的知识类教育已越来越少，需要在实践中培养"解决问题"能力的素养类教育则越来越显得重要，而这种教育最理想的模式当然是**"一人一个方案"**。

在笔者看来，这样的教育才算领悟了教育的真谛，用老祖宗的话说，"因材施教"是也。当代的教育比孔子高明的地方就在于，我们可以培养千千万万个"贤者"。当代课程之丰富，也远非孔子时代的教育内容所能比拟，当代人才类型之丰富，也远非三千年前所能比拟。

资历深的语文教师都知道，早些年、更早些年时，我们的语文课程内容其实很具"规定性"，语文教师或者所有教师似乎都可以"一张嘴一本书一辈子"，对吧？那么现在怎么就不行了呢？

那时的教师，可能就是因为"规定性"的东西多了，于是自由度就小了，于是"操作性"就强了，于是表现得就确实有些如"教书匠"了：凡是识字多的，仿佛都能教语文。

体现国家意志的学校课程，不可能没有"规定性"，但作为教育者来说，用"规定"的东西不分对象地去"教"学生，则注定不可能教出好学生。

有些老师可能会说，教学内容即"教什么"是要"规定"，但教学方法即"怎么教"却是一线教师的事。这话不仅"有道理"，而且还是一个"老道理"，正是我们曾经的经历啊……内容与形式是不能分割的，当"教什么"规定好了，"怎么教"的余地是很小的。

当代及之后高中语文教师或者所有教师的专业性，应该就体现在：**我们能否在国家课程"规定性"之下，为自己两个班的孩子们提供量身定做的学习内容**。

29 我们的教学设计应该取怎样的标题？

这应该不能简单地归为"形式问题"，而具有实质性的"正名""督促"作用。

现行的多是这样：直接以课文标题作为课堂设计题目，比如"《我心归去》教学设计（教案）""《鸿门宴》第一课时"，甚至只写"相信未来"；如果是文字稿或PPT，标题下面有可能还写着"韩少功""司马迁""食指"等。

总觉得不对劲。

教案或说教学设计，是我们教学的"蓝本""底本"，是我们教学某个学习内容的想法、策略，体现着我们的专业水平，是我们的创造性劳动的"预成果"。它跟原来的课文是相关但不同的两码事。

我们应该在作者栏写上自己的名字，而不是课文作者的名字。比如，一篇评论文章《论〈祝福〉中的过年习俗》，难道其署名会是"鲁迅"吗？

标题作"某某第几课时"，不仅失之笼统，更不醒目、不突出，不能反映这堂课的"精神""主旨""关键"，没有独特性，恐怕是"不到位"的，是专业性不强的。就像作家创作，给作品的标题是"散文一""小说二"或者就"一""二"，算什么？

在我看来，教学设计的标题至少应该包含"教学方式""教学内容"两项。教学内容要具体、新颖、深刻，不能只是课文题目；教学方式自然是要与教学内容"配套"的有效手段。

像"赏析《我心归去》""读懂《鸿门宴》""诵读、赏析《相信未来》"等还不够，要向前再走一步，比如：

① "探讨《我心归去》中'家乡'内涵"。

这个题目就意味着，教师在备课阶段就认为这篇文章不是泛泛而谈地讲

"想回家"或"故乡情"，其文本的独特且具有教学意义的内容应该是对"家乡"内涵的哲理思考。同时，教师认为文章前半部分的叙述可能不是学习重点，"探讨"的内容应该偏重于与"家乡"内涵有关的重要语句。

它意味着课堂主体部分是让学生去朗读、思考、讨论、交流，评价教学是否成功的标准主要是看思维有无推进。具体说来，应该落实到文章中那些有疑难、有深意的语句，探讨它们，读懂它们，深刻理解它们。比如"我相信所有的中国二胡都只能演奏悲怆，即便是赛马曲与赶集调，那也是带泪的笑"，比如"故乡的美丽总是含着悲伤……任何旅游景区的美都多少有点不够格，只是失血的矫饰"，比如"血沃之地将真正生长出金麦穗和赶车谣"，比如"他们听到某支独唱曲时突然涌出热泪"（为什么是"独唱曲"而不是其他什么曲?），等等。

②"揣摩人物言行，赏析《鸿门宴》中人物形象"或者"在诵读、训练中掌握《鸿门宴》中重要字词15个"等。

这点好理解，不多说。

③"诵读、赏析《相信未来》中'新意象'"。

这个题目意味着老师认为这首诗的思想情感比较显豁，可以不是学习重点内容；但"新意象"却非同小可，它应该是食指诗的艺术成就、对新诗的贡献的主要体现。诗人在诗作中运用了大量的具有时代特征、气息的意象，如"炉台""蜘蛛网"等，这是前所未有且影响深远的，具有开启新诗时代的意义。

"立片言以居要，乃一篇之警策。"**教学设计，不就是我们所写的专业文章吗**?

这样的标题，一眼就能让人看清这篇教学设计的重点所在，更能时刻提醒我们：这篇课文我要选最重要的内容来教，这个内容有且只有一点；课堂上要紧扣中心，不要旁逸斜出；内容不在多，重要的是把某关键点学深学透。

以后，我们教学设计的题目是不是都可以且应该这么命名呢?

30 小议高中语文教师核心素养之高语言敏感度

其他学科老师对语言的敏感度可以稍低一些，更宽泛地说，对社会上非专业的语言使用者而言，有时真的可以"差不多"就行，"有这个意思"就行，"彼此听得懂"就行，但语文老师在语文教学范畴里，却应该"锱铢必较"，应该"咬文嚼字"，而且必须要有这种意识，要有这种能力，否则，我们的专业素养就值得怀疑。这种素养，正是其他语文教学素养的根本、核心。

比如阅读，我们不能止于读得懂，还要读得出它之所以好、之所以差的原因。阅读要指向"欣赏""批判"，却又不一定走向"文学阅读"，那是大学教授的事，是文学评论家的事。如果一定要有一个名词，或可叫作"教学化阅读"——我们要敏感地发现文本、语言中的语文教学内容及其价值。

所谓"发现语文教学内容及价值"，它必然有一个"内容及价值"的参照对象——学生，而且是高中生。因为相比较而言，高中生的语文素养水平、个体差异总体上比小学生、初中生要高、要复杂。

更细致地说，我们的高语言敏感度，应该体现在我们能比较快速、准确地发现，对我们班上的高中生来说，这个语言材料的"语文教学内容及价值"是什么。

比如"回字有四种写法"，比如"意识流小说创作"，对我们班上的学生来说，可能就没有多少语文教学价值。但"诚信就是一言九鼎"的误用、"表达欠缺逻辑性"等，就可以是比较好的教学内容。

再具体一些说，对每一位学生的语言，我们都应做出快速而准确的反应、判断，并能提出学习的方向、方法。换句话说，我们要对学生在语言表达方面的错误、特点，有比较丰富的经验，比较深刻的认知，也比较能有"对付的方法"。

这才是我们高中语文老师的高语言敏感度。

此外，高中语文老师对社会生活中的语言现象应有保持关注的热情。我们可能不如语言学家那样有高度的概括、抽象能力，但我们对社会生活中鲜活的、有典型意义的语言现象，都应比较敏锐地觉察到，无论是"给力""萌萌哒"等新生词语，还是"厉害了word哥"等新式表达……一方面，我们对这种语言的发展、变化要持开放、包容的态度；另一方面，我们也要有自己的思考和判断，我们不保守，也不盲从。我们能感知语言的新特点，我们也能判断它合理、科学与否。

就言语来说，我们可能应是这么一群人：在既成言语体系、社会生活、高中学生三者间来回"奔走"、不断平衡，进而形成适用于三者的不断更新的言语教学内容的研发者、实践者。

31 从职业向专业

——试论《普通高中语文课程标准（2017年版）》对教师发展的指导意义

借这个机会在第一部分，"回看"一下我们的这个"教师"职业。第二部分试着说说当下《普通高中语文课程标准（2017年版）》对教师的新要求。

一、教师是一个什么样的职业？"职业""专业"有何区别？

教师是专业技术人员。1999年，中国出版权威性文献《中华人民共和国职业分类大典》，第一次将我国职业归并为八大类。人民教师被划分为"专业技术人员"。其定义为"从事各级各类教育教学工作的专业人员"，下分高等教育教师、中等职业教育教师、中学教师、小学教师、幼儿教师、特殊教育教师、其他教学人员等七小类。

《中华人民共和国教师法》中对教师作为专业技术人员的权利有如下规定：①进行教育教学活动，开展教育教学改革和实验。②从事科学研究、学术交流，参加专业的学术团体，在学术活动中充分发表意见。③指导学生的学习和发展，评定学生的品行和学业成绩。④按时获取工资报酬，享受国家规定的福利待遇以及寒暑假期的带薪休假。⑤对学校教育教学、管理工作和教育行政部门的工作提出意见和建议，通过教职工代表大会或者其他形式，参与学校的民主管理。⑥参加进修或者其他方式的培训。

"难能替代"是专业技术人员的突出标志，说明专业人员应该是某方面技术的领先者、开创者。

但我们都知道，我们的专业技术主要并不在于"学科专业知识"，比如语文教师的文学、汉语知识，因为这些知识是通识，任何一个该专业的大学生都可以具有，而不仅仅是师范生才有。

如今我国师范教育已认识到"师范教育"具有另外的专业内容，开始参照国外师范生培育模式，我们很可能也会出现"学科专业＋师范专业"的培养模式，即学科专业本科毕业后，再读两年的"师范专业"，高校毕业就是教育专业硕士研究生（不是学科专业硕士研究生）。

那么我们的工作更像职业还是更像专业呢？且大致了解下二者的异同。

"职业"特点：始于社会分工，长期存在于农耕社会、工业社会，随着时代进步、生活内容发展而发展、变化，有些会消亡，信息社会的开放特性使部分职业的"核心能力"失去竞争力，职业更替大大加速；工作对象、内容、技术要求等相对稳定，有较高的封闭性、一定的垄断特征；职业能力的"传承性"较突出。

"专业"特点：可视作职业的"核心能力"，职业是它的"外壳"，当职业的"核心能力"不再具有竞争力时，就失去了专业的特点，但与职业并非简单的表里关系；工作对象、内容、技术要求等发展很快，开放性较高，社会共享特性较突出；专业能力的创新性较突出，即它靠的是不断创新而保持"技术领先"，从而保住"专业"。

简要对比见表1-2。

表1-2　职业与专业的区别

词条	社会环境	出现时代	出现条件	维护要求
职业	相对稳定、封闭	农耕社会、工业社会	社会需要分工及合作	专门技术＋传承＋职位垄断
专业	总在发展、开放	信息社会	之前的社会分工变得模糊、消融；新需求不断出现	难能垄断，需不断创新以保持技术领先

简言之两句话：专业可视为职业的"核心能力"，职业可看作专业"外壳"；当核心能力丧失时，先失专业，再失职业。

从社会发展角度看，所有"职业"都有可能消失，能留下来的只有"专业"。当"农耕语文"发展到"信息语文"时，语文教师职业必然要求"专业品质"，尤其是高中语文。

二、当下，《普通高中语文课程标准（2017年版）》对教师提出了怎样的"新要求"？

只能说，社会越向前发展，教师越"难当"，当然，也越来越有专业地位，更富技术含量。

从2003年版课标到2017年版课标，其"发展"的内容可能有：**从"教书"到"育人"、从"素养"到"核心素养"、从"教课文"到"做任务"、从"考试评价"到"学业质量"**。这一系列重要的课改内容，百般理念，都要通过教师这个"人"、教学这条"线"来实施、完成。

教师是课改的执行者、实施者，教师在这个环节如果没有获得相应的发展，课改就要打折扣，就可能落空。教师在这场课改中需要做出很多改变，大家较容易看得到的，不提，下面只讲可能会被忽视却分外重要的三点。

1. 要关注高中生"我"

从大背景说，因为如今的时代使"我"与语文的关系更加"亲密"。

如果说当下进入了"我时代"，听起来好像有点超前，但眼下事实上可能已经体现出这种特点：**这是"全民创作"的时代，是"人人都有一支麦克风"的时代，是"自媒体""我媒体"盛行的时代。**

换个角度说，这个时代的社会内容因"我"而极大丰富。无数网民之"我"已经成为语文学习内容的创造者，各种网络词汇层出不穷就是一个旁证。它们正悄悄地深刻地改变着汉语学习内容，虽然它未必已经引起了我们的高度重视。

从其背景说，因为教育教学已经非常重视对"我"的培养。

就教育培养对象来说，主张"让每个孩子都成材"，强调"选择"和"个性发展"。这个"我"仿佛已经呼之欲出，因为**"让每个孩子都成材"，必然是"让每个孩子都找到适合他自己的成才道路、方式"，进而成为各不相同的"才"**。简单地说，让每个孩子成为他自己。

语文学科特别注重情感熏陶、内心体验、想象和直觉等"个体感受""个性体验"，从小背景说，因为语文教学中高中生之"我"的表现越来越突出，甚至已经一定程度上影响着语文教学的内容、发展方向。

再来看《普通高中语文课程标准（2017年版）》中的一段话：

关注教学过程中生成的资源……

课程资源建设和学生的学习活动关联密切，既是师生动态运用资源的过程，也是不断生成资源的过程。……语文学习过程中随时生成的各种话题、问题、拓展材料以及学生成果等，也是非常有意义的课程资源。

固然，每个学科学习都需要学生"我"的参与，但语文学科除了大脑这个"硬智力"外，还需要学生的情感、价值观、性格、气质、文化修养、艺术感知能力等"软能力"的加入。

再比如，"我"的学习方式得到推崇，基于"我喜欢"的学习方式越来越流行。只要"我喜欢"，动动鼠标就可以学习；像慕课（MOOC）、"一对一"辅导等的兴起，就是一个证明。这种基于"我"的学习方式的发展前景不可限量。

《普通高中语文课程标准（2017年版）》在实施建议方面还有不少类似表述，都指向"让学生自己去学习"：

鼓励学生根据个人兴趣、能力和特长，自主选择学习内容和学习方式，学会自我监控和学习管理，探索个性化的学习方法。

鼓励自主阅读、自由表达……

教材的编写要有利于学生自主学习和个性化学习……引导学生自主开展语文实践活动……

2. 要关注"信息语文"

所谓"信息语文"，是相对"农耕语文"而言。

只想说，时代迅速、深刻的变化带来的影响，高中语文"首当其冲"。当然，这种"冲击"，更应该是令人激动的。

首先，最明显的是信息技术带来的教学手段、途径的变化。像这次2020年初的新冠肺炎疫情，使我们与网上教学突然有了密切的接触，于是也有了更为深刻的认知：它未必会替代线下教学，但肯定会全面且深远地影响教学形态。它会成为更常态的更有力的助学手段。

比如网上语文学习资源，实时在线答疑，多小组专题讨论……借助网络，我们可以更好地实现"精准教学"，更好地实现基于"一对一课程"的"个体发展"……最终，对高中生来说，语文这门"门槛较低""难度不高"但非常重视积累、感悟的"基础学科中的基础学科"，将更依赖自主学习。因此，我们应该更多地将自己的教学定位为"助学"。

其次，是信息技术带来的对语言文字及其表达的改变。

如果说"农耕时代"里我们只有一个现实世界的语文，那么当今时代，"网络世界的语文"已经是事实存在，或者说，它与现实世界并存且相互影响。

这种虚拟、现实世界的交融，使人们交际与思维的空间、环境变得多样、多变，它催生了极大丰富的表达"情境"，使"语境"变得越来越重要，使"语体"越来越受关注。

语文教学可能会越来越灵活多变，有更多的自由空间。

再次，**网络还可能改变我们语文教学的目标——为未来培养人才，而不是为当下。**

我们有可能会越来越 "听不懂"年轻人的话，就像他们的生活越来越不被我们了解一样。20世纪末，联合国教科文组织关于教育的文件中，就将我们这个时代的教育定义为"为未来培养人才的教育"，而这个未来是我们所难能预知的。

那么对语文教学来说，什么才是当代高中生最应该学习的内容呢？对，就是"语文学科核心素养"，**那种在不同情境里，用语言文字解决现实的未知的问题的能力。**

比如，"搜索可得的知识"将在语文学习中越来越边缘化；"程序化""封闭性"的"经验"，其适用范畴会越来越局限；"点对点式"的试题将越来越少……

3.要有课程研发意识

因为"课程研发"与高中语文"实践性课程""在语言文字运用中学习"的定位、要求相契合，即语文课程总在不停的发展过程中，我们要根据社会生活的变化、学情的不同，有针对性地为学生提供精准化课程。

那么这个课程哪里来？源自国家课程，但必然加以改造。如果没有这种改造，只是"背书"，只是"搬运"，那么就不可能有专业含量，我们的"专业"就有可能变成容易被替代的"职业"，就容易落入"教书匠"的境地。

又因为，只有这种创造性的劳动，才能克服职业倦怠，永葆专业发展的激情。

换句话说，当代教师的专业性体现在哪里？**就看你有没有自己的"课程"，有没有研发课程的能力，看你能不能根据具体情况，创造性地研发出"新课程"，帮助学生解决现实问题。**

课程研发可以说是新课标中所有新要求的综合"落点"，它上接课标，下接学生，它就是教师的具体的教学活动。

正如《普通高中语文课程标准（2017年版）》所说：

语文教师应充分发挥自身的潜力，参与必修课程和选修课程的建设，积极利用与开发各种课程资源，创造性地开展各类活动，提升自身的教学水平……应聚焦课程目标，明确问题，整理、优化课程资源库，通过必要的精简、调整、补充，加强语文学习活动中内容和目标的整合，形成与教材相呼应的开放的教学格局……

32 好的语文都是"我的"

在内容科学、方式规范的基础上，高中语文教学有较大的教师个性发挥空间。而教师个性的发挥空间大小，有可能就是对已在合格标准之上的教学好不好的一个感性判断。

近些年，我们的视野中出现了不少个性鲜明的语文教师，且常常以"某语文"为"标识"，比如"潮语文""绿色语文""青春语文"等。有人认为可能多此一举，因为语文就是语文，何必要在前头加一个修饰语呢？是不是有标新立异之嫌呢？

如果我们承认语文与社会生活息息相关，随社会生活而发展、变化，我们就能理解不同时期的语文内涵、"外现"都会有所不同，有人概念式地表述当下这种变化：从"农耕语文"到"信息语文"。

信息时代深刻而广博地改变了语文学习环境，这种环境变化远非"网络词汇层出不穷、信息渠道立体多样"那么简单。

当代高中生可以多渠道便捷地获得语文学习材料、参与语文学习活动，其语文水平同时也会大大提升；更重要的还在于，他们的个性越来越鲜明，民主意识越来越强烈。

即当代语文学习主体越来越在意"我"的感受、看法，这个"我"在语文学习中的重要作用、意义被我们较多提及，但未必得到足够重视、被充分探讨。

那种具有普适意义的学习内容、无差别的教学方式，很可能已经不能满足当代高中生对高中语文学习的个性化期待、要求，也不符合"为将来培养人"的教育教学趋势。这里，我们可自动"脑补"当下积极推进以"选择"为关键词的新课程改革、新考试改革的时代背景。

换一个问题就是：当代学生的兴趣发展、个性培养，需要怎样的高中语文教学状态、怎样的高中语文教师？

用一句写得很漂亮被引用较多的名言："教育就是一棵树摇动一棵树，一朵云推动一朵云，一个灵魂唤醒另一个灵魂。"我们都会留心其中的"摇动""推动""唤醒"，但未必关注其中反复出现的"一"。换句话说，**当学生已经是一棵树、一朵云、一个灵魂时，我们教师能摇动、推动、唤醒他们的，也应该是那个"一"，这才更有"针对性"**。

教师的不可替代性，不能止于知识优势，更应体现在具有教育感召、感化力量的"那一个"上。从这个意义上讲，我们需要千千万万个"某语文"，我们应该且有能力从不同角度教学高中语文，而语文无疑有着无穷多的面貌，我们要找到那个能与我们众多个性特点产生"化学反应"的某一面。

只要"某语文"还是语文，我们就不必过多质疑它们；"某语文"们一定会大大丰富"信息语文"的内涵。也就是说，语文内涵是可以也应该被不断发现、开掘的，如果我们承认当代生活的无限丰富、无尽可能的话。而我们，无疑是最应该担负起，也最有能力担负起这个时代赋予当代高中语文教师的使命。

拥有"我的语文"，有可能是当下时代应有的特点；甚至一直就是语文学科的特点，只不过从没像今天这样明显、重要。一位语文教育前辈——福州一中的陈日亮老师在这方面有丰富、深刻的体验，其著作《我即语文》详尽地阐述了语文与"我"之间密切相关乃至融合的状态，并把这种状态视为每位有专业发展追求的语文教师的自我期许、终身目标。

我们还会发现，但凡"某语文"之"某"的对立面，往往都是语文教学的某一缺憾、弊端甚至毛病。比如"潮语文"，它明显就是针对高中语文教学过于保守、陈旧、"不潮"而言。"青春""绿色"等应该都是有所针对、有所提倡的语文教学主张。这种基于长期教学实践，试图解决一线教学实际困难的不懈求索，理应获得我们应有的敬意。

但**"我的语文"固然不能简单理解为具有"我"教学风格的语文，更不应是具有"私有化"的"我的语文"**。它应该具有如下特点：

"我的语文"应该是针对某种语文教学弊端而来的，具体地说，是针对教师特定的学校、班级内的学生的语文学习困难而来的，这种困难可能在一定范围具有一定的"普适性"，但它必然有不同的一面，"我的语文"就是为解决这个特定的、"不同"的困难而来的，它更像是为那两个班的学生量身定做的语文。

　　"我的语文"是"课程语文"而不是简单的"风格语文"。"我的语文"具有课程研发能力，能够从课程角度来审视教学内容、学习方式、考试评价，它是一个教学系统。**它不亦步亦趋于教材，但它必然遵循课程标准的理念、主张。**

　　"我的语文"的重要意义可能还在于**学生学习语文的高境界，应该也是"我的语文"。**

　　语文作为基础学科中的基础，它有"普适""普及"的一面，但其"语言文字运用"的根本特征决定了它必然是"思维发展与提升"的基础。对身心日趋成熟，语文素养日益精进的当代优秀高中生而言，时代对他们的要求必然不能止于这一层面，而应是在语文学习中，用语言文字这种重要的"思维工具"发现"我"、表述"我"、塑造"我"。

　　"可选择""个性化""终身学习""自主学习""梳理与探究"……这些概念、提法几乎都少不了一个核心理念：让语文学习成为高中生"自己的事"，并且能在完成"自己的事"中实现语文学习的质的提升，使语文成为他自己的语文，为他自己的学习、生活服务。

　　正因为如此，好的语文或都应该是"我的"。

第三章

要关注学生"我"课程意义

33 为我而写：高中生写作动力探寻

高中生写作动力微弱是不争的事实，调动学生写作积极性是写作教学的先决条件；当前写作教学环境已发生了深刻变化，当代高中生心理特点和语文素养，也早已不可"同年而语"。寻找新时代高中生写作动力可以从源头处解决当下写作教学痼疾，并赋予写作教学新鲜内涵。

一、为什么"为我而写"？

1."为我而写"强调"我"在"写"中的作用，能解决当下写作学习两大痼疾

当代高中生"我"的意识从没像今天这般强烈，笔者做过十几年高中班主任，对比今昔，最大的感慨就是学生的变化，前些年孩子们比较"听话"，集体意识特别强，很少有学生"搞特殊"；现在的学生会"理直气壮"地与你论辩，自我意识、民主意识非常强。"……教育必须以学生心理发展的水平和特点为依据。"[①]《国家中长期教育改革和发展规划纲要（2010—2020年）》也指出高中的特殊性："高中阶段教育是学生个性形成、自主发展的关键时期……"郑和钧先生这样概括高中生的心理特点："自主性。……自我意识的明显加强……热衷于显示自己的力量和才能……。前瞻性。……它引发高中生迫切地追求自我实现……。进取性。……富于进取，颇具'初生牛犊不怕虎'的劲头……。闭锁性。……他们的内心世界变得更加丰富多彩，但又不

[①] 陈琦，刘儒德.当代教育心理学[M].北京：北京师范大学出版社，2007：29.

轻易表露出来……。社会性。……对社会活动的参与日益活跃……他们思考问题已远远超出学校的范围……"①几乎每个"性"都与"表现自我"相关。当代高中生的"我化"已非常明显地影响到甚至"主宰"了无论是教材还是高考的写作教学的内容、方式，比如提供可选择的主题，比如可以文体不限。写作教学如果不放低身段，没有把高中生之"我"拉进"写作现场"，学生就不可能"有感"。概言之，学生很"我"了，写作教学怎么可以视"我"而不见？让学生"为我而写"是审时度势之举。

"为我而写"让"写"中有"我"，有助于解决当下写作教学中"没兴趣写""没东西写"两大痼疾。学生为什么"没兴趣写"？长期实践经验使笔者非常认同这种解释："……经过三年或六年之后，他们觉得自己小学时叙述单纯，初中时思想幼稚，但是到了高中又没有教给他们新的言语方式，只能在原有的写作圈子里徘徊迷茫，或许还不如小学、初中的写作。"②即高中生没有适合他们的写作内容，高中的写作内容没有新意、没有深意，已经越来越滞后于高中生的写作水平和能力要求。就如孩子长大了，衣帽鞋子还是原来的型号、样式。学生的"兴趣"在哪里？在"我"，心理学研究表明，只有跟"我"相关，人们才会真正有意识地关注一件事；我们的写作跟学生之"我"相关吗？第二个问题，学生为什么会"没东西写"？因为学生认为"我们的高中生活都是三点一线"，"大家都是一样的"，"有什么好写的"，甚至一些教师也会认同这种观点。但很多专家早已指出，学生不是缺少生活，而是缺少生活的发现；学生们的生活并非都一样，只是缺少深入辨别、思考……离开了"我"的眼光、思想，世界当然就黯然失色、单一呆板。另一方面，必须得承认，随着义务教育阶段语文教学水平越来越高，当下高中生的语文素养也正在不断提高，他们不仅渴望表达，而且有越来越高的表达水平，即当代高中生"为我而写"的技术方面的障碍几乎已经不存在；而且，"为我而写"开始时并不要求学生"写得好"，只要求学生"写得真实、真诚"。

---

① 郑和钧.高中生心理学[M].杭州：浙江教育出版社，1993：22-24.

② 胡勤.如何改变我们的文风[J].语文学习，2012（7）：43-46.

需要指出的是，在这个"以学生为中心"大旗飘扬的时代，几乎没有哪位教师会认为自己不重视学生，不重视学生之"我"，但非常遗憾的是，**这种重视往往止于理念、口号，难能落实，罕见有走进"我"的写作教学实践。**学生们写作时多不愿意认真思考、仔细推敲，常常是心不在焉，敷衍了事。文章中即使有再多的"我"，也不过是"伪我"；因为学生在写作实践中并没有获得让他们放心且自由地表达"我"的写作环境。

2."为我而写"突出"写"对"我"成长的意义，能帮助写作教学走出死胡同

"为我而写"使师生关注"写"对高中生"我"的成长的重大意义。中国人对"言"的意义早有深刻认识，《春秋谷梁传·僖公二十二年》中就说："人之所以为人者，言也。人而不能言，何以为人？"儒家传统中也有"立德立言立功"一说。当代学者对"写"之于语文教育的认识，潘新和教授可作为一个代表："写作，是人的确证。写作，使人更像人……写作素养，不是'教'出来、'练'出来的，而是'悟'出来、'养'出来的……培育言语、精神创造本性，激发言说欲、精神创造欲的语文教育观，是'生命化''人性化'的。"[①]**作为在快速成长中脱离幼稚，日趋"成人"的高中生，写作具有认知自我、塑造自我的重要意义。人的成长，思维趋向缜密是一个标志，而写作正是思维发展的重要途径。**"……文字表现思想情感，文字上面有含糊，就显得思想还没有透彻，情感还没有凝练。咬文嚼字，在表面上像只是斟酌文字的分量，在实际上就是调整思想和情感。"[②]写作还是整理记忆、自我探索的过程，高中生触觉敏锐、内心丰富，他们非常需要一个寄托心情、表现自我的手段、途径。一些学生习惯于在日记中倾诉内心就是一个证明。可惜的是，"写"对高中生成长的意义还未能得到充分认知，使高中生写作教学颇有"在宝山而空手回""拿着金饭碗去讨饭"的深深遗憾。学生不可能也没必要都成为作家，但在高等教育普及、人人成材的教育现实中，任何一位内心

---

① 潘新和.不写作，枉为人——言语生命动力学语文学创构随想[J].中学语文教学通讯，2013（5）：57-59.

② 朱光潜.咬文嚼字[M]//朱光潜.朱光潜谈文学.西安：陕西师范大学出版总社，2019：58.

丰富的有知识者，如能习得这种表达自我的手段，必将终身受益。

"为我而写"还能帮助高中写作教学逃脱"技术的烦琐和呆板"，避免"人文的高蹈和虚空"。写作教学中的技巧、方法各式各样数量无穷，最后它们无一避免地都会沦落到"应试写作要诀"。我们都知道，这些"要诀"看似有理、有效，具体到每位学生，却不一定适用。最后学生学到手的往往就是"削足适履""求同去异"后"批量生产""千人一面"的应试作文，这个现象已见怪不怪。另一方面，曾几何时，"文化理想""人文追求"等在高中生写作中流行一时，学生乃至老师流连忘返于人生、世界、艺术、高尚、爱心等等写着"高大上"名词的花园，"津津乐道""舌灿莲花"，颇有"凌空虚蹈""乘风而去"的姿态。而当教师、学生都能认识到"写"对"我"的作用时，把握写作的根本功能，从而做到立足于"我"，"为我而写"，自然就能得心应手地应付包括应试在内的各种写作任务。同时，从"我"出发，则能使"人文"站在地面，或有仰望，终能落实到"我"，使文章有意义，较切实。

也需要说明的是，虽然我们似乎也一直强调"抒写真我""要有真情实感"之类的写作主张，但毋庸讳言这种主张由于缺乏"实战"手段，实际上只不过隔靴搔痒，"写"一直较难在高中生"我"的成长中成为心灵陪伴者和表现才能的重要工具。多年前，褚树荣老师曾概括过高中写作教学的"十种不良倾向"①：重方法、轻生活，技术至上；重传道、轻真情，"伪道"盛行；重同步、轻差异，划一主义；重学习、轻实用，劳而无功；重临时、轻长期，速成心切；重个体、轻合作，模式单一；重三体、轻杂言，体裁老化；重从众、轻自主，本末倒置；重尖子、轻后进，扬长抑短；重指导、轻下水，名实不符。现在看来，它们似乎并没有得到很大改善。我们几乎看不到"写"在"我"成长中的作用，我们实际上放弃了或说没有意识到当代高中写作教学的时代内容——"我"。

---

① 褚树荣. 褚树荣讲语文[M]. 北京：语文出版社，2008.

二、实践："为我而写"怎么写？

1. 写"我的杂感"

让学生从写"我的感触"入手。即要求学生把生活中有感触的内容记下来，有新奇，有苦痛，有启发，就记下来，它不是日记，而是"记感触"。**首先要做的就是让学生"写真话"**。众所周知，学生在写作中早练得"理直气壮""脸不红心不跳"地"谎话连篇""没有一句真话"。实际上，学生一旦获得了写作自由，开始时往往会搬出之前写作的那一套，装模作样无所用心地写——你不是要有"我"吗，"我的作文中'我'可多了"……写出来的自然都是"装"。我们要引导学生追问："真的是这样吗？"举个例子，有学生在杂感上这样写："爸爸沉痛地说：'儿子，爸爸虽然没什么文化，但知道天道酬勤。学习不刻苦，只知怨天尤人，你只能一无所获！要好好反省，痛下决心，迎头赶上！'"笔者把它当作典型例子，在课上要求同学们一起把它写得"真实"一些。当问题被明确提出时，学生也就明白了症结所在：①爸爸的话过于书面化，不符合口语特点；②过于文雅，不符合"没什么文化"的爸爸的特点，它实际上可能是班主任兼语文老师的话。学生们最后提供了三种修改意见，相比而言，"真"得多了：①爸爸问我："你在学校到底有没有努力啊？"②爸爸十分生气，怒吼道："你个孬种，就考这么一点啊！你有没有认真读书啊，啊?!"③爸爸看着我糟糕的成绩单，眉头紧锁，良久默默无语。

其次要做的就是让学生"抓住那个感触"。也就是说，学生刚开始时并不能明白、抓住"我的感触"，常常会将人、事一股脑儿写下来，不分巨细写下来。我们要引导学生第一句话就写感触，比如第一句写"我很生气"，然后再解释为什么，不必要记全而只写有意义的。而且最好是一有感触就写下来，有一句写一句，有两句写两句。事实证明，当学生写下一句有感触的话时，它就往往会引出一段话。这里还有一个问题是，学生要是就觉得自己没什么感触呢？可以允许学生写废话"我为什么没有感触呢？我为什么没有感触呢？"，这是学生比较痛苦的阶段，但不要管他，经过长短不一的适应过程，学生的感触一般都会慢慢变得丰富起来，并能够提炼出值得一写的"那个感触"。

正如笔者在浙江省精品选修课程"为我而写"的教材中所说的那样，杂感是最适合"为我而写"的文体:"高中学习非常紧张,我们不是专业作家,很难有整块的时间来进行写作;于是杂感以其自由、短小成为我们练笔的不二选择。杂感可以说是高中生版的日记……既然是'感',就不必担负更多的'道义'……于是就轻松了,一轻松,形式、语气、情感就会活泼起来,能成为我们喜欢的方式,多少随意,方法随意……可以抒情,不必论证;可以描述,写出最有特征的一点即可,不必求全;可以评论,但求有力,无须'稳健'。可以搞笑,可以庄重;可以长篇大论,可以只言片语;可以乘兴而来,可以兴尽即止……"①

2. 帮助写"我的杂感"

除了"写真话"和"有感触"的指导,除了"每天写200字左右、每周上交一次、平时不写作文"的"长作业"要求外,还需要一些辅助措施,比较要紧的有三点。

一是用批阅杂感时的"书面对话"引导学生写作,激发学生表达兴趣。这是语文老师得天独厚的学科优势。从多年实践看,高中生会遇到许多我们意想不到的困惑、问题,比较集中的有学习、友情、与家长关系、理想等,如果教师能严守秘密,保持公允、关爱的态度,学生是很乐意与你交谈的。事实证明,学生非常关注老师的所谓"评语",每次杂感本发下去,班上总会热闹一阵,讨论"老师给我写了多少字"……当然,这是非常费心力的事,但长期坚持下去,会收获较多"笔谈朋友",非常有意思。这便是用事实来引导学生认知"写作是能解决实际问题的,写作是用来交流的"。

二是编辑《我们的杂感》用作展示、交流。教师要做的就是选择符合"为我而写"标准的杂感,让学生看清楚"好文章有多种而不是一种","谁都可以写出好杂感"。这种示范,相比教师的"讲解"要有力有用得多。限于篇幅,摘录几个标题和佳句来说明杂感内容之"杂"和学生写作之活泼生动,如下。

标题:《努力和机遇哪个更重要?》(班里选拔辩论选手时的辩题)、《从〈祝福〉到"文革"》、《六国不是因赂秦而破灭》、《小论"阿Q精神"》、《当

---

① 黄华伟. 为我而写[M]. 长春:吉林人民出版社,2014.

世界飞快地从你身上碾过，你还剩些什么?》、《我快死了》、《黄金》(杜撰班上名字中有"黄"和"金"的两位老师的故事，为一时名文，"班级纸贵")……

佳句:"今有胡瑗之辈曰黄者，号特级，以穿蠹时事移此俪彼授儒学者，毁朱生于一旦。朱之才学，足以振国。然其语文止于六十，凡七百二十分，与清华北大，失之交臂，怎不教人扼腕长叹!""死亡固然让我不安，但活着又有什么意思呢? 在这般无趣的世上待着，即便是猝不及防的噩耗，此刻也汇成一股暖流，活化了我原本僵冷的心。""终于，她开口，诡秘地对下铺说:'我们明早去吃皮蛋瘦肉粥吧。'我觉得，这时候下铺应该说:'滚糯米饭才是真爱!'……"

其中也有教师的杂感，且摘录几个标题:《鸡汤源于虚弱，鸡血来自无知》《三"派"骂黄》《我觉得自己还是有用的》《所有知道怎么做的事都不会难》《开始的时间过得最快》《你的问题解决不了只有一个原因——你的力量还不够强大》《低级的高级有时比高级的低级看起来要好》《我已经跟不上这个时代，因为我已不想跟上这时代》《不通的儿歌》《写文章就是堵"情理"的漏洞》……

三是不同场合持续提供写杂感的"理论支持"。为表述方便，将它们总结归纳，见表1-3。

表1-3　杂感的各项写作要点

内容	好的标准	精神品质	语言追求	坚决反对
表述我的生活	真实，有细节	说真话	准确，简洁	内容"老空庸"
表达我的看法	独到，有启发	追问和深思	自由，有个性	行文"小呆套"
表现我的才能	独创，有新意	不创新毋宁死	务去陈言	语言"晦乱作"

"坚持反对"是笔者概括学生常见写作弊端而罗列的:"老空庸"指因"我"的缺位而使内容材料老旧、叙述空洞、思想平庸，"小呆套"指因"我"的弱小而使结构"小里小气""呆头呆脑""套来套去"，"晦乱作"指因"我"的迷失而在语言表达上晦涩难懂、逻辑混乱、牵强造作。

三、追问:"为我而写"真动力?

从"理论"和实践来看，"为我而写"确实有利于激发学生写作动力，那

116

么它到底导致学生写作行为发生了怎样的变化？这个"动力"到底是什么呢？还有必要认真追问。

1. "为我而写"事实上实现了什么？

让写作目的回归"为我"，使写作欲望与生命成长的力量共振共鸣，热情激荡。写作是一门技术，需要在实践中学习、模仿。可能是这条路走得久了，我们似乎忘了写作表达、交流思想的"初心"，在高中生已然有较好的"写作技术"的情况下，依然循着习作的惯性而行，罔顾高中生渴望表达的成长需求。打个比方，如果说体育运动对高中生的成长意义是促进生长、强壮体魄、磨炼意志，那么写作对高中生的成长意义则是锻炼思维、塑造精神、发现自我。这可能正是当下高中生缺少而高中写作教学拥有，但一直被"埋没"的。正如不少学生写杂感后的感言：我要用它们留下"今生今世的证据"！

让写作内容因"真我"而能生生不息，无穷无尽。对高中生来说，大千世界、深邃人生广阔无边、丰富多彩，但它们必须要有一个参照物，要有一个支点，要有一个观察的窗口——它有且只有一个，就是正在不断成长中的"我"。有了不断成长中的"我"，世界的发展变化才有了可以言说的平台。从小学、初中带上来的以"伪我"为支撑的幼稚的观察点已经不能满足高中生日益成熟的心理发展状况，而高中生一旦在写作中能保持"真我"视角，他所看到的一切，都将是激动人心的全新内容。学生一旦学会了"我在说话""我在写作"，就会剥离写作身上不应有的"神秘"光辉，写作就会变得"接地气"，学生的杂感内容就变得"一想就有"，实现叶圣陶先生所说的"写作就是用笔说话"般的轻松、自然。有位学生毕业后发微信给我："老师啊，两年时间，居然写了五大本，起码有20万字啊，我是怎么做到的？……"

让"写作方式"挣脱"规定"的束缚，"我创造"便释放出自由写作的巨大力量。当学生明白，所谓"议论文""记叙文"之类其实只是老师们的"约定俗成"，所谓的写作技巧可能就是"个性表达就是最好的"，所谓的表达创新都应该立足于自己表达的需要时，当学生明白"不要硬写""不平则鸣""真诚就好"时，在陷入一时迷茫后，他们最终会慢慢找到适合自己思想的表达方式，这时，不少同学就能做到随心所欲地表达了。正如学生所说的，"练习'刷'累了，写杂感放松一下"，"写杂感就是'休闲'时刻"。

当然，"为我而写"所能实现的转变并不完美，也难完全，还是会有少数学生始终难能把杂感写得"为我"、丰富、自由。这里可能还会有另一种追问：学生考试怎么样？但任何一位一线老师都知道，如果学生三年中每天都能写200字，"应试写作"是不可能有问题的；笔者多年的"杂感实践"也可证明。

2. "为我而写"真正动力来自哪里？

为了便于对比说明，我们把"为考试""为老师要求""为好文标准""为习作榜样"这一类的写作活动称为"为他而写"，且"追踪"并对比二者写作发生过程，见表1-4。

表1-4 "为他而写"与"为我而写"的写作发生过程对比

进程	"为他而写"	"为我而写"
1.写作发生及学生心理	学生问"怎么写"，教师教+佳作示范；学生问"写什么"，教师设情境（给题）+指导（主题设定、材料选用）。（有疑问，但疑问很快被老师解决，为弱思考。）	学生问"怎么写"，教师答"真实真诚地写"，学生困惑"那怎么写？"；学生问"写什么"，教师答"你有什么就写什么"，学生困惑"我有什么？"。（困惑，一些学生会有较深入的思考。）
2.写作过程及学生心理	学生模仿、学习，在教师指导下写、修改。（有思考，但思考的是怎么完成文章，比如如何理解老师的要求，如何开头、结尾等。）	学生开始时可能还是按之前的套路写；有想法者会寻求一些"突破"，多数同学会慢慢地揣摩老师、同学的文章，调整自己的写法。（有思考，思考的是别人写的内容为什么这么好，"我"还有什么可以写的。）
3.写作完成及学生心理	学生写成或写不成教师、考试认可的合乎"好作文"要求的文章，完成任务。（觉得任务终于完成。）	学生或多或少写出自己满意的"心里话"或"样子"，同时又觉得自己没能写得更好。（得意，遗憾，不甘心。）
4.学生对写作的感知	觉得在学一门技术，但这门技术新意不多却比较困难；又由于"好文无标准"，学生感到无所适从或把写作归于"天赋"。	学生感到这是一个摸索的过程，意识到能写出自己的内容就是好的，学生不满足之前的写作样子，但有困难，会感到痛苦，也会感到兴奋。
5.学生在写作实践中的收获	一些同学能摸索着找到"好"的样子，写得较"像样"；多数同学只是"为考试而写"。努力者沦为应试者，不努力者成为"无所谓者"。	一些同学找到"为我而写"的门路，开始喜欢抒写自己；一些同学还在迷茫中，但觉得写作有意义，成为"潜力股"。已领悟的同学真心喜欢写，未领悟的同学渴望能"为我而写"。

从表1-4中我们可以比较清晰地看到二者在"思考"上的偏差："为我而写"的过程中，学生偏向于思考"写什么""我有什么好的内容"；"为他而写"的过程中，学生偏向于思考"怎么写""怎么写得像好文章"。前者的思考有"我"参与，后者的写作主体与文章内容关联不大，实际上就是"为写而写"。还可以看出二者情感投入点的不同："为我而写"的过程中，学生的情感投入于"表述我、表达我、表现我"，学生会激动、会痛苦、会懊丧等；"为他而写"的过程中，学生的情感更多地关注"我能不能获得高分""能不能得到认可"等，其背后多隐含着"写作真讨厌"的态度，这种情感与文章内容几乎不发生联系。简言之，"为我而写"关注文章内容，"为他而写"关注文章内容之外的"写作"。而只有与"思考""情感"相关的写作活动，才能获得源源不断的"自源性"动力，正如德国语言学家洪堡特所言："心灵是最有力、最敏感、最深刻且最富足的源泉。它用自己的力量、温暖以及深奥的内涵浇灌着语言。"[1]潘涌教授曾激情地礼赞这种主体参与的言语表达及其所带来的强劲内驱力："所谓言语的自我实现，就表现为生命个体通过积极语用而展示一己的襟怀和价值，或挥洒智慧生命的喷薄才情，或演绎逻辑思辨的心路旅程……每次积极语用后的愉悦感、成就感和幸福感，又是对主动、内生的再表达的激情投资，这种酣畅美好的情感体验积淀为生命内存的持续永动之言语实践的内驱力，使每个自我形成积极语用的自享自足的良性循环。"[2]

"为我"促成真实、深入的思考，"为我而写"满足生命高层面需求；对趋向"成人"而对世界充满好奇的高中生来说，通过写作见证、促成生命成长的需求显得尤其生机勃勃、强烈有力。

（本文发表于2016年第11期《中小学教材教学》，转载于2017年第3期《高中语文教与学》，略有改动）

---

[1] 威廉·冯·洪堡特.论人类语言结构的差异及其对人类精神发展的影响[M].姚小平，译.北京：商务印书馆，1997：30.

[2] 潘涌.积极语用：21世纪中国母语教育新观念[J].北京师范大学学报（社科版），2011（2）：16-26.

卷 二

看活动，理解课堂特点

导语：课堂"规矩"与学习"变化"的冲突，带来教学的艰难与美好

当学习内容从"教材"发展到"学习任务"，意味着课堂学习变得开放、灵活，充满更多的"变数"。学生在学习中有了更多的选择，可以完成A，也可以完成B，也可以完成C；有了更开放的学习环境，从教室到网络，从身边向"天边"，从听讲向"自主"。教室慢慢变成了"学习的场所"而不是"宣讲的地方"。这种变化使课堂变得有点乱、有点杂，同时也变得生机勃勃，蕴含更多的可能与美好。

然而，课堂毕竟是被认真"编排"好的有限空间和时间。学生们毕竟既不可以在教室中随意走动，也不可以任性地跑到教室外去。他们跟老师一样，毕竟有着这样那样并不轻松的学习任务。

作为课堂教学活动的"设计师"，如何利用"规矩"，怎样顺应"变化"，使二者协调行进，使它们在冲突之中不断绽放智慧花朵，不断带来成长喜悦，无疑是一大专业挑战。

第一章
要的就是"任务学习"

34 能选择就有精彩的可能

——2019年10月29日在宁波听朱建杭老师《百合花》课有感

我曾开玩笑说:"选择题之所以比填空题先进,那是因为选择题可选择,是'民主'的,而填空题往往只有一个答案,是'专制'的。"

就像朱老师这堂课的题目"叙述就是选择——'和平的期盼'群文阅读"一样,艺术家之所以能把自己想要表达的思想内容表达得精彩,那是因为他们能选择自己擅长的艺术形式,并能用精准的艺术眼光选择出常人难能发现的内容。

教师上课前,如果怀里揣着唯一的标准答案,然后"循循善诱"地把学生引到自己的"碗里",漠视、摒弃"碗外"的内容,那么课堂往往会显得局促,逼仄,不舒展,课堂的过程有时甚至会像是"引诱",教师的表现有时也甚至会显得"虚伪"。

朱老师这堂课的"能选择"表现得充分,于是课堂就显得"民主",于是学生的精彩表现就有了可能。当然,这种选择跟"放羊""说啥都对"全然不同。

课堂开头,朱老师就创设学习情境,开始让学生选择,开始了开放的课堂之旅:

2020年是世界反法西斯战争胜利75周年,两幅作品参加"遭遇战争"主题摄影作品展,为你最欣赏的作品投票并说明理由。

然后朱老师亮出这堂课的关键词,同学们举手做出了选择,感悟摄影师用镜头做出的选择。

接下来的"选择"则来自学生的预习——这又一次印证了来自学生的教学内容比教师给的教学内容更具"课程研发"品质。

师：同学们的预习反馈中，有些"我"是带引号的，但也有些是不带的，为什么呢？

这真是一个"微于是妙"的问题。

生：《百合花》里的要带引号，因为那个"我"不是"我"，这是小说；《落日》中不用带引号，因为这里的"我"就是作者，新闻是纪实的。

不得不说，这是非常贴切、巧妙的切入；**它需要老师有一双发现"差异"，也就是发现"选择"意义的慧眼。**

生："我"是一个线索人物，"我"要到包扎所去护理伤员……是女同志，是负责去帮助工作的，"我"看到了一个通讯员、新媳妇的故事，"我"既是旁观者，也是参与者……

这种课堂起点就比较高，不会再纠缠于"讲了什么"。

接下去朱老师又给出一个充满想象力的选择，见PPT内容：

如果你出演话剧《百合花》中的"我"，在下列台词中加一个语气词"哎"，你会加在哪里？为什么？

"早上下过一阵小雨，现在虽放了晴，路上还是滑得很，两边地里的秋庄稼，却给雨水冲洗得青翠水绿，珠烁晶莹。空气里也带有一股清鲜湿润的香味。要不是敌人的冷炮在间歇地盲目地轰响着，我真以为我们是去赶集的呢！"

如果这个问题是"指定性"的，比如"我们在语段第几行哪两个字中间加一个'哎'，同学们读一读，说一说其合理性"，那么教学中的精彩效果就有可能丧失殆尽。

生：……哎，要不是敌人的冷炮……前面景物描写，都是给人轻松闲适的感觉，冷炮把我拉回现实，这个"哎"就是无奈和矛盾。

接着，朱老师让学生"选择到底"，课堂的精彩也一直延续下去。

师：文中有三处描写到"百合花"，作者有何用意？

生A：第一处，象征纯美的、美好的婚姻……

生B：第二处，新被，很珍贵，铺在门板上，对革命的支持，就是对和平的祈盼——从夫与妻到军与民，军民的情谊……

生C：第三处，是对比，也是象征，与战争的凶残形成对比，盖在战士身上，更能让人感到战争的残酷。

生D：假如前头是夫与妻、军与民，这里就是生与死，就有纪念、庄重的意味……

总之，学生的精彩很多时候就来自教师在"能选择"的氛围中，让学生选择自己擅长的内容来表现。

35 弥足珍贵的学习活动设计探索

——2019 年 10 月 30 日在台州听黄琼芳老师"小电影，大意味"课有感

一堂课三个学习活动，足以保证课堂内容丰富而饱满，甚至感觉还稍有点过"满"；且每个活动各不相同，都有创意，真是非常不容易；但又能较好地扣住"叙事"这个中心。

一、选取长镜头

学生对电影"长镜头"应该会感到陌生，所以黄老师在课上为学生提供了"脚手架"，省略了非语文的学习内容。

黄老师让学生分小组完成任务，假设要制作一部微电影，要求选材于《百合花》，时长 12 分钟，包含三个长镜头；演员即为小组成员，场地、道具均由学校统一提供。

PPT 放映出任务 1：

你会将哪三个镜头设置为长镜头，构成微电影的主要内容？为什么选择这三个？

学生分小组讨论、交流，再派出小组代表上台陈述。

之后，在此基础上呈现"茹志鹃的选择"：一路竞走（第 4—7 段）；对面闲聊（第 8—23 段）；劝说借被（第 30—33 段）；发起总攻（第 46—48 段）；青年牺牲（第 51—57 段）。

这个活动的用意应该是让学生熟悉小说内容，突显重点情节。相比传统的在快速阅读中提取主干内容，这个学习活动无疑要生动、深入得多："选择三个长镜头"，学生必然要去比较、思考；相比目标为"讲了什么"的阅读学习，它也无疑更有难度，也更有意思。陈述如此选择的理由，提升了学生的思维层次，即从"有什么"到了"为什么"。

二、选择定格画面

PPT放映出任务2：

对比1981年版电影《百合花》，如果是你，你会如何设计微电影结尾的定格画面，并陈述理由。

如果让学生鉴赏小说结尾，处理得好，也一样可以达成我们的学习目标。但老师展开的这个学习活动，是必须基于学生对小说结尾、电影结尾熟知的基础上。它"希望"学生提出更好的创意：定格画面可能是百合花被子，也可能是回顾小战士的镜头……它也把对"对比"乃至"审视"的权利交给了学生：哪个更好？有没有更好的？这两种方法都是"审美鉴赏"，但后者对学生的学习起点无疑会更高一点，学生学习的主动性或者也会更足一些。

三、拟定推荐语

PPT放映出任务3：

为了宣传这些战争题材的微电影，请你为《百合花》或《一个人的遭遇》拟定一段推荐语。

要求：明确推荐角度，感情真挚，力求构思新颖，语言凝练、生动。

这个活动让课堂学习走向开放、多样，把学生推到课堂这个"舞台"的中心。虽然，学生的表现不一定都会很精彩，但至少他们是不同的，是真实的；同时，学生经历比被老师"告知"，其学习意义无疑要大得多。

以下是部分学生给出的答案：

当战争毁掉一个人的幸福，当战争夺去一个人的双亲，所留下的是悲痛……但，春天终会到来，寒冬终将消逝……

废土之上开百合，炮火之下盼和平。

……

如果参看黄老师的"专题整体设计"，我们会发现，"小电影，大意味"是大活动中的一个小活动，从中更可见整体设计之"活动化"：

献礼祖国七十华诞"珍爱和平"活动策划

活动1：小电影，大意味。

活动2：小故事，大视角。

活动3：小展览，大历史。

活动4：小辩论，大立场。

简言之，这是一堂勇敢的富于创造力的学习活动探索课，给我们许多启示，比如，优秀的学习活动可能有这样的特点：

1.**让学生"动"起来。**设置真实的学习情境，比如"七十华诞献礼"；给学生"动"起来以支持，帮助学生排除语文学习之外的干扰。

2.**让学习"难"起来。**把"为什么""抛给"学生，让学生陈述、阐述，而尽量少一些"碎问碎答"，不要让学生一个词、一句话就"完结"了老师的问题。

3.**让内容"立"起来。**阅读教学应该不止于"读书"，而是基于"读书"的审美、鉴赏，再走向发现和再创造。

36 网上跨媒介，天地任“我”行

——2020年3月20日听吴亚骏老师 “从微信推送看多媒介跨域与整合”网课有感

感觉吴老师这堂课太“富有”，内容也好，形式也罢，都“海”“大发”了，颇有坐拥天地、取用无竭的气势。

先让学生看图片：一张图片中的雪地上写着“武汉加油”，让学生判断它的“出处”。学生“现场”上网搜索，得出答案——不是在武汉，而是在山东寿光……

又让学生看数据：感叹材料中的数据“吓死我了”，“怎么死亡人数那么多”，于是学生很快上网找答案，发现数字弄错了，并做了相应的补充说明……

接着让学生读文本：结合杭高百廿校庆，吴老师写的文章点击量过5万，凭什么？学生评论“我看见了杭高”……

然后让学生看视频：呈现课前布置的“找视频”任务，一起感受武汉的艰难与希望，感受武汉方言“我信了你的邪！”的魅力……

再让学生写微信：联系“我”与“武汉”，找到二者的“共情点”（比如樱花）……

简直“声光电”一起上，让人应接不暇，心驰神往，“长亭更短亭”，“一山还比一山高”。这就是“跨媒介阅读与交流”？“我了个天。”

我想起了之前听过的几节关于“跨媒介阅读与交流”的课，固然有类似的信息量满满之感，但似乎从来没有这堂课来得如此“充实”。

那几节课中，老师那头也输出多样、多量信息，也是文本、图像、音频、视频轮番“侍候”；不过学生这边则相对“不热闹”，基本处于“接招”的

"守势"，学生能回应的多是"原来这样啊""这是什么什么"之类，显得"落寞""弱势"了许多。

相信老师们也都明白这堂课的优势所在了：这是一堂网课，学生和老师一样拥有比现实世界更广阔的"能量无穷"的网络资源，而且相比老师的"预设"，学生同时还显得更为"开放"。**于是师生两端"信息对等"，能够"你来我往"**。学生在网络上的自由度，丝毫不逊色于老师。

于是这堂课上就体现出丰富的学习手段：

学生先去搜索那张图片，然后师生问答，教师点明搜索关键词等几个需要留心的地方。

然后学生对比"死亡人数"的数据，补充港澳台等处数据。这里用的依然是"搜索"手段，但相比"找图片"，更有辨析、补充的内容。

然后呈现"杭高校庆"这一事件中的几个数字，让学生揣摩该从怎样的视角来报道这件事，使之有温度、有感染力，这里学生需要的是文本阅读、赏析的能力。

然后呈现课前"视频组"搜集的《等等武汉》的感人视频，学生获得了画面、语言、色彩等在"流动"中产生的综合的艺术力量，再集中鉴赏"我信了你的邪！"。这是课堂特别精彩处之一：

师：这句话什么意思？

众生：我信你个鬼……表示对别人不赞同，有点调侃的意思，充满信心，很轻松……音频媒介，比较激昂的……与图片、画面相对应……

师："我信了你的邪"前后的旁白，有明显的不同，前面的音调、语气，压抑、低沉；之后就激昂、乐观了。以此传达出情感的变化，而不是简单读稿子。最后在昂扬、积极的情绪中，一起喊"我信了你的邪！"……

直到最后，要求学生写微信文本。几乎每一环节，学生运用语言文字的侧重点都不相同，但都是"声光电"组合地学习。相信学生在这堂课上也是"多感官"地收获学习内容，也会像听课老师一样觉得内容丰实、学习方式变化多样。

这里特别值得一说的是，**"网课"上的"讨论区"功能，简直完美地解决**

了语文课堂教学中"板书"的困难，至少有这么四点好处：

1.便捷，再也不用站起来、走上来、找粉笔、写粉笔字、归座等。

2.再也不用老师费神"找谁写呢"，有时找得不准，既费了时间，又埋没了高手；谁想得快，谁就写，大家都抢着写，多有氛围。

3.形式自由。学生可以修改、补充；书写的"容量"也可长可短。

4.从此让书面语成为课堂教学重要的表达方式。语文学习，主要是书面语学习；只是我们限于线下课堂的客观条件，多的是师生口头问答，虽然口头问答用的也可以是书面语，但毕竟有差异。

当然，我很可能没能"听到"这堂课更多的内容，但这种充实的感受是错不了的。

吴老师无疑敏锐地抓住了"网络"这个跨媒介的"沃土"，于是师生逢源，无往不利。

更值得赞扬的是，这堂课并没有让人晕头转向，陷于海量信息而不能自拔，吴老师抓住了**信息时代、网络世界中的"定海神针"——"我"**。

我在许多文章中都提及"我"在当下的重要意义，甚至认为"我"有可能是继蒸汽机、电、信息之后的能推动人类文明向前发展的划时代力量。缩小到语文学习领域，"个体""我"无疑已经慢慢地影响了学习内容、方式。

在信息汪洋面前，能使自己不沉溺于信息的武器，可能真的有且只有一个，那就是——"我"的需求、"我"的判断。只要"我"足够理性、独立，有思考力，就能让信息为"我"所用，而不是被信息淹没。正如吴老师在课上说的：媒介虽多，运用在"我"。

吴老师在课堂上呈现一以贯之的"定神"关键词，非常坚定，毫不动摇："我"把关，"我"视角，"我"阐释，"我"运用。

只有这样，才有可能使语文和"我"融为一体，最终达成"你我俱是看花人"的效果。

网络"跨媒介"，双剑合璧，果然威力无穷；

有"我"能取舍，左右逢源，天地间任我行。

37 给任务自主建构，抓重点引导探究

——2019年9月7日在宁波听欧阳凯老师《窦娥冤》课有感

这堂课值得学习的地方很多，这里只讲其中两点，如标题。

首先是课堂开始时欧阳老师亮出的“元杂剧推介卡”。

且看欧阳老师的这个精致的“任务设计”，PPT放映出如下内容：

推介元杂剧：

这是我们第一次学习古代戏曲——元杂剧。通读文章后，你对这种文体有什么认识？请从角色、结构、组成要素、戏剧语言等方面任选一个，先用4—8个字概括特色，再举出本课中的例子，进行解说。

不要小看这短短一段话，其中有学习价值的道道儿却很不少：

1.“推介元杂剧”：什么意思？就是让学生做学习活动主体，向其他读者推介，这跟那种“问答题”式的任务很不相同。它指向“学生个体认知建构”，是有意义的“知识获得”而不是简单的“记住”。后头的“你对这种文体有什么认识”就是与之呼应的具体内容。

2.“第一次学习古代戏曲”：交代这种梳理、学习新知识的意义。

3.“从角色、结构、组成要素、戏剧语言等方面任选一个”：除了体现学习任务的开放性外，它还切实减轻了学生的预习负担。从这个要求看，欧阳老师明显想要让学生们在交流各自的“推介卡”中，完成对元杂剧的全面认知。

4.“先用4—8个字概括特色，再举出本课中的例子，进行解说”：这是进一步推动学生的“知识建构”，即通过概括、举例、解说，使知识化为己有。

于是课堂呈现就自然、轻松起来：

生A：有许多角色，角色有细致的分工，角色明了，以几折戏来结构内容……

生B：借曲来叙事，每本戏都是由正旦来唱的，以歌、曲为主……

生C：在组合上，每折都会在同一宫调里，都押同韵，言、白与曲相结合……

……

然后教师呈现学生梳理的主要内容：结构上一楔四折，由曲贯穿，由主角一唱到底，白曲结合。

这个环节的价值就在于：**它避免了知识记背，而能让学生在"任务驱动"下自主建构。** 知识并非不重要，知识从来都不可缺少；但怎么获得，在学习上却大有讲究。

当然，"知识建构"并不是这课堂的主要教学内容，那么这个主要内容、重点内容到底来自哪里呢？欧阳老师的做法能给我们一定启发。

如他课上所说，他在仔细研究同学们预习反馈的基础上，用类似于大数据的方式，提炼出同学们在预习中出现的高频词，以字体大小对应其出现频率：悲惨；愤慨，黑暗，同情，无奈；不公，不屈，冤屈，可恨；忠贞，孝顺，蒙昧……

这是颇具学术研究气质的教学内容提炼方式，于是学生认为重要的学习内容就自然得以呈现，教学重点也就有了较坚实的学情基础。

生A：黑暗……从监斩官身上看到了黑暗……

生B：不屈……窦娥的反抗是很明显的，"地也……""天也……"……

……

接着教师用PPT放映出这堂课的重点——试说悲剧意义。然后带领学生用"剥笋"的方式，在不断追问中，探讨其悲剧的内核……

38 让我们的教学更加"开放"

——2019年9月27日在舟山听周丹丹老师"演讲的艺术"课有感

这堂课在舟山中学语文学科教室"式三馆"进行，在课堂空间上就显得比较开放：这是一个按小剧场、演讲厅功能设计的"教室"，没有"课桌"，只有观众席或听众席和表演台或发言台。这令人联想到现在比较流行的教室内"小组围成一圈式"的课桌摆放样式。

这貌似只是教室空间上的、形式上的变化，但如果套用"形式就是内容"这句话，那么它就是**"隐形"的课程内容**。

当然，如何充分利用场馆、学科教室或者常规教室的空间布置，应该还可以再加以研究。同学们显得有点拘谨（也可能因为是公开课），坐得似乎也还欠舒服，不太舒展。

实质的"开放"自然在学习内容——它来自学生的学习生活。诚如周老师上课开头与同学们的问答。

师：我们在哪些场景可以看到演讲？

众生：国旗下讲话，开学典礼致辞，军训优秀学员，竞选，公司年终讲话，学生会招生，运动会开幕式致辞，公司应聘……

然后PPT放映出关于"生活小场景"的说明，于是这节课主要内容出现了。老师请前一天胜选的班长发表胜选演讲。

这种学习内容就能体现出它解决生活问题的实用特性：新班长该如何安慰原来的班长及其拥护者，如何得体地表达对支持自己的同学的感谢，又怎样使全班同学能快速地团结起来，为班级贡献力量……

这一篇演讲稿该怎么写？上台后该怎么表达？恐怕是非常考验新班长的。

新班长演讲后，且看同学们如何评论他的发言。

生 A：我觉得很有意思，你就当个班长，你还当作一个"高大上"的什么东西……嗯，措辞很到位，他对原班长，对支持者都讲了……

生 B：有感染力，面面俱到，措辞优美，很幽默，讲得非常好。

生 C：还有对不支持者的感谢，向他们示好……

原班长：对他表示祝贺、支持，希望他以后……把我们9班带得更好……我自己当然有一点遗憾……继续帮助我们班……

……

同学们的评价有调侃，有委婉地指出不足，也有"虚伪"的，当然也有真诚的了。原班长的发言也表现得落落大方，言谈得体。坐在"演讲厅"里的"吃瓜"同学们笑声不断。

我听来突出的感受就是真实，于是觉得蛮有意思。

我想，这应该也是教学开放的另一特征：让更多的学生发言，让学生们真实地表达自己的想法，表达不一样的想法。

当然，对高中生来说，单单只是内容上的开放，可能还是不够的。**它更需要的应该是"思维的深入"**，就这堂课来说，就是怎样使演讲内容更有深度，更有逻辑，更有说服力。

正如周老师所说："讲并不以引起听众的哈哈大笑为唯一目标，演讲不等于表演加讲话……"

从另一角度来讲，课堂及学习内容应该走向开放，但其内在一定要有明确的方向，要收拢、聚焦起来，指向高中语文学科核心素养的"四方面十二点"。周老师这堂课，无疑能在"四方面十二点"中找到对应内容。

39 教学应从哪里开始又要到哪里去？

——2019年9月6日在温州听陈德盛老师《归园田居》课有感

陈老师开始上课时，先用PPT放映出《五柳先生传》的文本，然后让学生齐读并思考：先生是怎样的人？

高中语文老师特别应该有"瞻前顾后"的意识。"瞻前"就是要看看学生之前即初中、小学曾学过什么，"顾后"就是要想想进入高校乃至社会后，学生需要怎样的语文能力。

前者是听得耳膜起茧的了解学情。有些老师在谈及学情时总是"语焉难详"，讲些不痛不痒的"大路话"，比如"高一新生对高中学习还不习惯，文言功底还比较薄弱……"。于是想到高中语文教师真的很有必要了解学生在初中到底学了什么。比如我们要学习《归园田居》，那么学习这篇文章的"学情重点"就是——学生在初中学了陶渊明的什么文章、诗歌。然后我们才有可能知道高中学习这篇课文应该"高"在哪里：哪些知识是已经学过的，就不用讲了，哪些是高中的这篇文章所独有的。

换句话说，坐在教室里的高中生在学习任何语文内容时，恐怕都不会是"一张白纸"。探明学生的"已知"，唤起学生的"旧知"，是学习"新知"的出发点，而新知只能从旧知中"生长"出来，而很难由老师"塞给"学生。只有这样，教学内容才可能定位精准，也才可能引起学生的学习兴趣。这在以篇章教学为主的语文学科里更应如此。

然后陈老师让学生齐读《归园田居》，并试着背诵之后，提出了一个让人欣喜的问题："喜欢哪一句诗，为什么？"

什么意思呢？就是让同学们"各讲各的"，讲自己"喜欢的"。它体现了探究活动的重要特点——开放。**任何指向"封闭的"有"标准答案"的探究**

都是假探究。

学生的回答证明了这一点。

生A：我喜欢"狗吠深巷中，鸡鸣桑树颠"，有家乡的感觉……

生B：我喜欢"暧暧远人村，依依墟里烟"，很美好，很幽静，有一种朦胧的美感……

生C：我喜欢"方宅十余亩，草屋八九间"，那么大的地方，感觉特别自由……

生D：我喜欢"榆柳荫后檐，桃李罗堂前"，有美感……

生E：我喜欢"暧暧远人村，草屋八九间"，安静，有生活气息……

生F：我喜欢"暧暧远人村，草屋八九间"，农村特有的情景，草屋……

……

第一位同学应该来自农村，从"家乡"可知。第二、四位同学是比较典型的文艺鉴赏，其中最有意思的是第三位同学，因为他说出了我的"欣赏"所没想到的东西——"那么大的地方"。

教学该往哪里去？

该往每位同学的"不同处"去，该往每位同学的心里去。 诗歌的欣赏，尤其忌讳统一整齐。

如果说还有去处，那就是往"深处"去，往学生没想到的地方去。

正如陈老师之后提出的另一个问题，可谓"平常处见奇崛"：

诗里描写的农村生活、景象实际上很普通，很常见，但在作者笔下为什么显得那么美好？即寻常景为什么异样美？

这堂课的成功，就在于它有效地唤起了学生的旧知，激发了学生的兴趣，有一个好的开头；同时，又为课堂去处留下了足够丰富的审美空间、可以纵深的思维内容。

40 从"教课文"到"做任务"

——试论《普通高中语文课程标准（2017年版）》 对"学习方式"转变的指导意义

"学习任务群"在《普通高中语文课程标准（2017年版）》中非常引人关注，它的出现预示着语文学习方式的应然变化；学习方式的转变是课改的关键，关注、研究、深刻领悟这种变化，很有必要。当然，学习方式的变化必然与学习内容的转变息息相关，从来不存在外在于内容的方式。

先看2017年版课标对"学习任务群"的描述："从祖国语文的特点和高中生学习语文的规律出发，以语文学科核心素养为纲，以学生的语文实践为主线，设计'语文学习任务群'。'语文学习任务群'以任务为导向，以学习项目为载体，整合学习情境、学习内容、学习方法和学习资源，引导学生在运用语言的过程中提升语文素养。若干学习项目组成学习任务群。"

纲领性文件的语句理解起来比较费解，且把它"缩小""下降"到具体教学行为，做简要分析。

一、"实践性课程"使"教课文"有可能"失实失准"

2017年版课标在"课程性质"中给"语文课程"加了一个重要定语，这是2003年版课标所没有的，它体现出当代语文研究者对语文课程认识的一大进步，这种"定性"贯穿课标始终，影响语文课程各个方面：

"语文课程是一门学习祖国语言文字运用的综合性、实践性课程。""实践性课程"强调了语文课程的现实意义，强调了语文学习需要真实语言情境，而不应局限于课文情境。长期以来，"教课文"在语文教学中占据着非常重要的地位，在"事实语文"中，教学有时甚至可以视为教了一篇课文再教一篇课文，不用多说。

虽然，"教课文"也可以拓展、延伸，触类旁通；但它也常常会让教学有局限之感，甚至有"一叶障目"的弊端。这与时代的快速发展，与多元、开放的语文学习情境应该已经不相符合。

比如"文言句式"的学习，像判断句、各种倒装句、词类活用等，放在课文里，我们容易局限于课文情境；如果放到"实践学习"中，就会发现，对它们的要求只是在真实语言情境中读懂它。高考中"句式"只考"宾语前置句"，而且这一点之后恐怕也不会再是考点。

比如对字音、字形的掌握，我们强调"常见易错"也是基于真实语言情境，基于课文也容易失去较客观的参照标准。不是课文中出现的都要掌握，非课文范畴的就可以不管。高中阶段要学习掌握的新字词并不多，更多是在对前九年字词学习进行查漏补缺、纠正错误。如果老师、同学，过多关注生僻字、较难字词，以为"多记总是好的"，可能就白白花费了力气。

换个角度说，"实践性"实际上提醒我们，让学生掌握学习内容时，都要思考它的实践意义，如果在真实语言情境中很少出现，那么它基本上就可归属于"失实失准"范畴，而不一定看它是不是在课文情境中。

同时也提醒我们高考卷中这类题目比如第5—6题"语用题"，这类题会在之后得到强调，值得关注、研究。

且看以下两题，我们很容易判断，哪个基于"教课文"，哪个指向"做任务"？

题1：从"深秋""开阔""亲密""紧张""压力""美味"等词中选用4个词，写一段话，不少于200字，描述你的"新高一生活"。

题2：如果用三个关键词来概括你的新高一生活，你会用哪三个？再用它们写一段话，不少于200字，记录你的感受或发现。

二、"梳理与探究"强调"自主学习"而"发现创新"

2017年版课标在"课程性质"中还有一句话也是以往没有的——"在真实的语言运用情境中，通过自主的语言实践活动……"

"自主、合作、探究"作为2003年版课标在学习方式变革方面的关键词，为我们所熟知，其相关表述为"注重语文应用、审美与探究能力的培养"，这也是那个版本的亮点之一。

2017年版课标对自主学习更加强调，其"基本理念"第三点就是"加强实践性，促进学生语文学习方式的转变"，之后列出三种语文的学习方式，前两种我们耳熟能详，即"阅读与鉴赏""表达与交流"，新增的第三点特别引人关注——"梳理与探究"。

"梳理与探究"基于较丰富的积累，是从旧知出新知的方法，是发现新知识、创造新知识的方式，是对阅读与写作的重要补充，也是对高中语文学习的新要求、高要求。

比如，第一部分所说的"积累常见易错字词"，教学中可以指导学生自行梳理字词知识，按照"常见易错"的标准把字词分为三级：三星级，就是"必然会考的"，这次不考下次也会考的，比如"栖息""抑或""端倪"等；二星级，就是"有可能考的"，比如"魅惑""坍圮""牲醴"等；一星级，"不可能考"但会造成阅读障碍的，比如"噫吁嚱""喧豗""砯崖"等。

这种"分级"的好处是能帮助学生切实减轻的负担，把精力花在"三星字词"上，提高效率。同时，帮助学生形成"梳理"的习惯，能形成自己的"重点字词"，甚至找出它们的规律。这就是"发现""创新"的开始。

比如学生阅读积累了较多《六国论》（古今论述六国灭亡原因的文章很多），他在自主学习中，通过"梳理与探究"，可能就会发现：苏洵的"弊在赂秦"不过是众多观点中不是很能站得住脚的一个。

他也有可能发现：**苏洵的《六国论》是"政论文"而不是"史论文"，而"政论文"并不强调"科学性"，而是更追求"政治正确"。**

这个结论如果只是靠老师讲解，就会索然无味，只是干巴巴的"知识"而已，与"发现""创新"的思维发展与提升目标远矣。

三、"解决问题"才应该是高中语文教学的"实践任务"

"学习任务群"都指向完成任务，都要求在实践中解决问题。

且罗列18个学习任务群名称，大致感受一下，它们都以"学习方式动词"命名，与"第几单元"或"人文主题"比如"向青春举杯""科学之光"都不相同：

必修课程7个：整本书阅读与研讨，当代文化参与，跨媒介阅读与交流，语言积累、梳理与探究，文学阅读与写作，思辨性阅读与表达，实用性阅读与交流。

选择性必修课程9个（前4个同必修课程，后5个为该阶段专属课程）：整本书阅读与研讨，当代文化参与，跨媒介阅读与交流，语言积累、梳理与探究，中华传统文化经典研习、中国革命传统作品研习、中国现当代作家作品研习、外国作家作品研习、科学与文化论著研习。

选修课程9个（前3个同必修课程，后6个为该阶段专属课程）：整本书阅读与研讨、当代文化参与、跨媒介阅读与交流、汉字汉语专题研讨、中华传统文化专题研讨、中国革命传统作品专题研讨、中国现当代作家作品专题研讨、跨文化专题研讨、学术论著专题研讨。

可以看出，在2003年版课标"积极提倡自主、合作、探究的学习方式"的基础上，2017年版课标希望通过"任务群"的方式，更明确地指出：语文学习就是要"解决问题"，让语文更明显地转向"实践性课程"。

甚至可以认为，**课标希望因此而彻底改变我们习以为常的"文选式"教材，而让它成为一个个"活动方案"**。老师们如果仔细研读统编教材，可能会发现"文选"之外，"学习任务"的表现更加突出。

如果再来观察2017年版课标颁发之后的高考要求，也可以发现其更重视"实战"，更重视"解决现实问题"的倾向。

且以浙江省高考写作要求稍加说明：

近几年来，在写作题上，浙江卷长期以来的"文艺""文化"意味慢慢被"切实""接地气"所替换。从2010年"文化反哺"、2011年"我的时间"、2012年"坐在路边鼓掌的人"、2013年"童心"、2014年"门与路"、2015年"文如其人"，到2016年开始出现了变化、新现象：2016年"虚拟与现实"（你怎么面对网络世界？）、2017年"人生三本书"（你怎么认识"读书"成长？）、2018年"你（浙江学子）怎么认知浙江？"、2019年"你怎么与周围的人相处？"、2020年"你怎么处理自我发展与家庭、社会期待之间的错位、落差？"。

从高处、远处落到考生的实处、近处，生活与现实变得越来越重要；让考生"代入"情境的意味越来越明显。一定意义上，呈现出比较明显的"让高中生试着解决现实问题"的倾向——**论述文就是实用文，论述文就是"我用语言文字解决（想清楚）生活、成长中的问题"。**

　　回到文章开头，2017年版课标明确提出三种学习方式——"阅读与鉴赏""表达与探究""梳理与探究"，在我看来，它们在课改中必然发挥越来越重要的"学习路径"作用，并慢慢地深刻地改变语文学习状态，使我们习惯的"教课文"逐渐转向"做任务"，或者说把"教课文"教得像"做任务"一样。

41 群诗鉴赏怎么"赏"?

——2019年9月11日在嘉兴听翁洲老师"古诗词专题复习"课有感

翁老师先呈现给学生《登幽州台歌》《梦游天姥吟留别》《秋词》《定风波》四首诗词。要求学生"读读这几首诗",思考"有什么共同的风格"。

众生都回答出了共同的风格——豪放。于是翁老师要求学生"从不同角度阐释豪放的内涵"。

这种"从不同角度"使课堂显得大气,也显得"豪放";当然,可能也增加了课堂"掌控"的难度,更考验教师的功底。

群诗鉴赏的好处非常明显,它不再囿于"一诗一词"的解读、鉴赏,而是以一个"主题任务"来串起学习过程,把几首诗词"降格"为学习材料。这样的教学就能克服"教了一首诗再教一首诗再教一首诗"的"串联式"教学结构,容易形成诗群间的融通,使诗与诗之间成为"并联",从不同角度,指向一个共同的主题,解决一个共同的问题。

它传递出不以文本理解为目标,而以"任务完成"为目标的学习方式转变的教学理念,它的学习目的不是读懂某首诗,而是要在读懂的基础上再用这几首诗去探讨某个重要、典型的概念。

然而,掌握比如"豪放风格"这样的"概念"也并非最终的学习目标,而是**借助这个具有"综合""实践"能力的"任务",在去往目标的路上,锻炼学生概括、提炼、鉴赏、发现、创造的"到达目的地"的能力**,我们可以把这种能力称之为"核心素养"。

当然,这并不意味着,一诗一词的"重点"阅读就不需要,就不重要。

再发挥一下,我们所讲的"群诗""群文"之"群"的重要意义,不是说要"一下子阅读好多诗文""提高阅读效率",而是要**为完成学习任务提供**

"不同角度的学习材料"，让学生能在比较中有所发现，且发现得更为全面，结论更为多元。当然学习任务于是也就因此变得更复杂，更有难度。

翁老师这堂课还有一个亮点就是"让学生展示"。

群诗鉴赏，如果是一个探究任务，它就意味着一个开放的思维过程，意味着一个各自建构的过程，它为学生"展示不同"提供了基础。

四首诗词鉴赏之后，翁老师当堂又呈现给学生三首诗：王湾《次北固山下》、辛弃疾《木兰花慢·中秋饮酒》、关汉卿《碧玉箫·秋景堪题》。要求学生自行研读，小组讨论，再上台展示。

其中"上台展示"特别值得称道，因为借此我们可以直观地发现学生对"群诗鉴赏"的理解还有欠深刻，他们还是会"不自觉"地"落实"到某一首诗歌上，暂时还比较难有"大局观""任务观"。

比如学生用PPT放映出他对王湾《次北固山下》的理解，还是可以看出"套话"的束缚。

手法：对偶，句式整齐，音节匀称

设问：强调了作者对家乡的怀念，深化了诗歌的主旨，"乡书""归雁"间接抒情，借"乡书"与"归雁"委婉地表达了作者的乡愁。

但这也正是翁老师这堂课特别有意义的另一重要原因。

42 "做任务"让学习发生了什么变化？

——评周康平老师《与你有约：外国小说专题研习》教学设计

2017年版课标落实到教学层面后，产生了许多值得探讨的问题，"做任务"替代"教课文"或是其中颇有价值的一个，限于篇幅，这里结合周康平老师的设计，简单说说它可能带来的变化。

一、评价切实，指向"明确有力"

"做任务"跟"项目学习"有亲缘关系，具备"工程思维"特点，它**首先要问的就是学习最后要做成怎样的成果，并要求成果具备"可见可测"的客观性**。这有可能会帮助语文教学改进长期以来相对较随意、难规范的教学现状；对学生来说，能更明确地感知"我要做什么""我要做成什么"，从而使学习更加切实。从教学设计或"学习任务设计"角度看，从教师的教学"导演"角色看，"学教评"中的"评"，应该受到更多关注，要发挥其在教学中的引导作用。

当然，把评价做得富有学习意义、充满吸引力，非常考验一线老师的实践能力，它应该就是当代高中语文教师核心技术之一。周老师在"学习测评"中设置了三个内容：

①填补表格中空格，点评精彩名句、段落。

②……模仿文章……写一篇以2020年疫情为背景的小小说。

③选择一两本书……交流分享……分享发现或者出版一期班刊。

以上的共同特点是：明确，操作性强，有"物化"成果。

于是，通过"设计"，**教师给学生更大的学习"知情权""主动权"**，"做任务"一定程度上替代了教师在"教课文"过程中较烦琐的"引导""指导"。

二、参与充分，注重"抒写发现"

要"完成任务"就要让学生"动起来"，这是"做任务"带给学习的另一变化。重要的还在于，这种"动"可选择且鼓励学生展现个性，而不是整齐划一的"命令""要求"。比如"选择自己最喜欢的一篇文章""我最喜爱的人物评选""从多个角度来说明""我来说说小说语言风格"，让学生把注意力集中到"我喜欢"的内容上。然后再给出贴心的指导、助力，明确任务内容，降低任务难度，比如"写推荐语"时要求"包含三个方面的内容"等。

另一方面，**"动起来"绝非"跑来跑去"**，在周老师的设计中，更多的是**"静下来"**的"写"，比如"写推荐语""写人物介绍语""写语言微论坛的讲稿"等。换句话说，"任务驱动"下的研习，要注重的是学生在"语言运用方面"、在"选择、思考"方面的"动"。它提醒我们牢记：**"学习任务"是语文课程的学习任务而不是任何其他内容，高中语文更应注重"内涵发展"。**

这样"柔性"且偏重于"抒写发现"的学习任务，扣住"语文"学科本位的同时，也有利于释放并维持学生"做任务"的内驱力。

三、起点提高，引导学生"看到更多"

老师们之所以普遍觉得"做任务"比"教课文"艰难，是因为"做任务"起点更高，它意味着**教学要从"读懂"后开始**，就像周老师在设计中所说的"学生为了写好推荐语，他必须先读懂文章"一样。这种设计基于一线教师对当代高中生阅读能力、教学内容的总体判断：当代高中生已经有能力自主读懂类似文章，教学内容方面没有必要过多停留在理解层面。对"选择性必修"阶段的"外国作家作品研习"来说，更应如此。

同时，"做任务"意味着教学应走向开放，不能囿于文本之内。学生如果要把"推荐语""人物介绍语"等内容写好，可能还要去阅读"整本书"，去了解作者、写作背景、相关评价等，甚至还要对写作流派、民族历史文化特点等方面作纵深探求。因为，就"外国作家作品研习"任务群来说，"理解、鉴赏"文学作品只是基础，学习任务群更希望借此达成"了解若干国家和民族不同时期的社会文化面貌，感受人类精神世界的丰富，培养阅读外国经典作品的兴趣和开放的文化心态"的目标。

阅读教学中的"做任务"，更应引导学生阅读更多，"看到更多"。

概言之，"做任务"可能让学习发生了如下变化：**教师的"教"更多地让位于学生的"做"，能释放并维持学生更多更持久的学习内驱力，对学习提出了"学得更多""学得更高级"的要求**。

（本文发表于2020年第28期《中学语文教学参考》，略有改动）

43 试谈"学习任务"的五个特点

这里的"特点"自然不是词典义,而是指在课标理念下、教学实践中的;不一定准确,只是我"观察"后的"心得"而已。

第一,"任务"多以完成具体"学习成果"为目标。

"任务"多以获得怎样的学习成果为完成的标志,且这个成果多以比较具体的"物化"形态出现,比如学生写成一篇文章,完成一个结构图,编辑完成一本诗集,举办一场朗诵比赛……

因为有时我们会把"问题"误作"任务",二者的区别是明显的:"问题"多以消除疑惑为完成的标志。学生有什么不懂,然后经过老师解释,通过自己思考,学生懂了,疑难解开,于是问题就解决了,它的"成果"多为一个思维活动结束,不一定有"物化"成果。

第二,"任务"的知识、能力综合程度较高。

"任务"一般说来比较复杂,需要多方面知识、能力的投入。比如举行一次诗歌朗诵,学生要根据主题、情境选择合适的诗歌文本,然后学习、练习诗歌朗诵,选用合宜的音乐伴奏,不断地调整、改进自己的朗读表演,可能还需要布置场地,协调同学朗读次序,把握时间,等等。如果仅仅是"请某某同学来朗读这首诗歌""请某某同学谈谈你的意见",知识、能力要求就失之简单、过于单一,算不得"学习任务"。

第三,"任务"总应有一定难度。

"同学们,鲁迅的原名是什么?"——这就不应视作一个任务。"同学们,罗列你读过的鲁迅的作品。如果让你用两个词语来概括鲁迅先生的写作风格,你会选用哪两个词?为什么?结合你所罗列的作品,写一篇不少于800字的文章,阐述你的观点。"还可以再加上"与小组内同学交流,讨论;推荐一篇大家认为写得最有深度的文章。最后把这几篇文章编辑成册，在班上传阅学习"。这才像一个学习任务。

这种难度如果仅凭"苦力"就能克服，比如"抄书100遍"，恐怕也算不得像样的任务；这种难度更体现在思维的深度上，这种深度又以独创性为最高级。

第四，"任务"多有"现实意义"。

任务跟习题的不同就在于它的现实意义，它应该是学生现实生活中遇到的或将来一定会遇到的困难，现在需要用语言文字这个工具解决它，完成它。而习题的情境常常是模拟的、虚拟的，有时甚至是为了做题而做题的；离开了课堂这个特定情境，到了社会生活中，它就用不上了。比如"连词成段"，给出四个词语，要求学生把四个词语连缀起来，写一段话，就是比较明显的虚拟情境中的练习。

第五，"任务"往往是开放、多样的。

它不是单一封闭的，不应该有预先存在的一个标准答案，更不应只有一个标准答案。它应该体现出开放、多样的样态，即学生可以有不同的解决方式，有不同的学习成果。也就是说，在学习实践中，"任务"多由现实需求产生，教师可以有方向的引导，可以有策略的支撑，但不应规定成果的样子、标准。我们的目标是让学生在完成学习任务的过程中更多地、更好地、更有品质地运用语言文字，而不是得出统一的成果，更不应该去统一学生的不同成果。

44 阅读教学的意义在于带领学生去发现

对已经有着较高阅读能力的高中生来说，更应如此；"理解"应只是一个基础，而不应成为阅读教学的目标。

这种"带领去发现"常常体现在教师的"问题（或任务）设计"上：**课堂作为一个"学习场"，它必须具备"从已知向未知"的特点，这个"未知"就是教师设计的问题（或任务）。**

"《祝福》讲了一个怎样的故事？"学生的"发现"可能就仅止于概括文本内容，它事实上只是"理解""掌握"，谈不上是"发现"，相当于那种"走过去，于是看到了"的水平。

"《骑桶者》的虚构跟《西游记》《桥边的老人》一样吗？为什么？"能设计出这个问题，就说明教师对这个问题已有深入的研究，并有超出一般的见识。**这种问题更像是"点燃了引路的火把"，它对学生的导向可能还不仅仅是照亮"一条路"，而有可能照亮学生去"发现更多的路"。**

也就是说，"带领去发现"的重要意义还在于：它常常不止于"带领"，还是"推动""帮助"学生去发现。

于是学生可能会发现：《丹柯》的内容其实挺无聊的，无非是英雄寻找幸福家园的"套路"故事；《炼金术士》看起来不过是励志"鸡汤"，主人公历经磨难，终于找到宝藏；《山羊兹拉特》不过是个童话，对高中生来说已明显有点幼稚……

这些就是学生初步具备"发现"能力后，审视比较"权威"的课文时，能够"真诚"地说出自己的不同"发现"。

有"阅读是为了发现"意识的老师，在这个时候，就会不失时机地追问：是这样吗？是你们所认为的那样吗？从而把"发现"引向更深远处。

另外，这种"带领发现"还意味着，教师不应限制而应鼓励学生的"发现"超出教师能"预知"的范畴。

虽然，这种情形，照理说，应该是我们语文教师所喜闻乐见的，但现实中由于我们可能较难判断学生的"发现"有没有意义或者说"正确还是不正确"，于是有时就不能做出及时的反应，给出应有的夸赞。如果仅仅是为了维护自己的教学权威而漠视甚至统一学生的不同"发现"，那当然是不足取的。

阅读是为了"广见识"，"增量"是其重要指标，这是比较随意的"看书"也能做到的，它不一定伴随着"学习"行为。但阅读教学尤其是高中语文的阅读教学，"随便读读"明显是不够的；教师应将更多的学习内容聚焦到"发现"上，发现问题，发现新意，发现错漏……它事实上应该是**帮助学生"学会阅读""提高阅读的质量"**，而不是掌握所谓阅读方法那么简单，更多的是训练在语言文字的"丛林"中发现"猎物"的能力。

45 略谈阅读教学"学得实"之三种学习方式

如果说高中语文"核心素养"理念下的"学得准",必然指向"小精尖"的关键语句、语言特点及语文思维,那么,以课堂教学为主阵地的课程教学,必然也要有特别重要的学习方式,让学生的学习切实地落到"语言与思维"上。

也就是说,培养核心素养,关键在改变学习方式,而"怎样的学习内容需要怎样的学习方式"可能还是显得比较笼统,如果能具体起来,精细下去,才能学得到位,"挠到痒处"。以下三种可能是常见但受用无穷、变化多端的,切实、深入的学习方式。

一、比较,特点即重点

教材中的每一篇文章,都必有其与众不同的特点,这种特点就是学习重点;而比较,无疑是能有效找到特点的学习方式。

比如"旧中出新"。

在《寡人之于国也》的教学中,可以用学生在九年级下册《语文》教材中已经学过的《〈孟子〉两章》(《得道多助,失道寡助》和《生于忧患,死于安乐》)及《鱼我所欲也》两课,让学生在比较中学习《鱼我所欲也》的特点:除"严密(排比、顶真、反复、对比)""雄健(层进、呼应)"的共同点之外,《寡人之于国也》更有"形象(比喻、寓言)""翔实(具体展开)"的独到之处。

比如"同中求异"。

比较《桥边的老人》《一个人的遭遇》《流浪人,你若到斯巴……》,得出《桥边的老人》"战争小说"的特色:《一个人的遭遇》场景宏大、《流浪人,你若到斯巴……》激烈残酷,《桥边的老人》却情节细腻、态度平和,从微观角度让我们认识到原来战争就是这样破坏一个人的美好生活的，用和平世界的温暖、从容，反面凸显战争的危害。

比如"平中寻奇"。

《丹柯》故事平平无奇，无非英雄带领人们寻找新生活，却又有奇崛的一幕，正是这一幕让故事熠熠闪光："忽然他用手抓开了自己的胸膛，从那儿拿出他自己的心来，把它高高地举在头上。他的心燃烧得跟太阳一样亮，而且比太阳更亮……"

二、朗读，语音即语意

朗读不止于"理解""欣赏"，更可以区别并突出文本的特点。**汉语言的语音就是重要的"语意"。**

比如通读以发现疑难。

对高中生来说，通读以理解文意不用多说，通读而发现疑难更为重要。学生通读《丹柯》时的疑问就能把学习引向深入：丹柯这么优秀，为那么无情、凶残的族人而死，有何意义？通读《沙之书》的疑问就能激发学生的兴趣：这是怎么回事呢？看不懂啊！而如果只是默读，就可能会一扫而过，发现不了疑难。

比如品读以领悟内涵。

读清了句读才算体会到它的意思："我要用手指/那涌向天边的排浪，我要用手掌/那托住太阳的大海……""嗟乎！师道之不传也/久矣！欲人之无惑也/难矣！……"反复朗读、体会其细微的情感："于是饮酒乐甚，扣舷而歌之。歌曰：'桂棹兮兰桨，击空明兮溯流光。渺渺兮予怀，望美人兮天一方。'"

又如对读以体味精妙。

所谓"对读"指不同语段、文意对比着读，通过其语音、节奏特点，体味其精妙情感。像《烛之武退秦师》：让学生朗读"减省"了语气词后的"佚之狐言于郑伯"一段，再让学生对比有无语气词的不同感受。"佚之狐言于郑伯曰：'国危（矣）……辞曰：'臣之壮（也），犹不如人；今老（矣），无能为（也已）。'……是寡人之过（也）。然郑亡，子亦有不利（焉）。'许之。"

正是这些语气词表现出烛之武等人的情感、态度，这正是"这一篇""因声求气"的内容——散文话体、交际话语的独特语气。对比《谏太宗十思疏》，它的"因声求气"则体现为韵文的整齐句式、朗朗上口："求木之长者，必固其根本；欲流之远者，必浚其泉源；思国之安者，必积其德义。"

三、探讨，发问即发现

让学生从发问开始，通过探讨，实现"发现"，无疑是阅读学习的高级手段。

比如交流讨论合力解疑。

这种探讨往往能起到"牵一发而动全身"的好效果，像对《长亭送别》的"发问"："全文都是崔莺莺唱词，就像是一个人的独白、抒情，请结合具体语句，说说你读出了崔莺莺怎样的情感？"这个问题指向明确但角度自由，几乎已经串起了全课内容。全班学生围绕这个问题，从课文找依据，充分交流探讨，形成答案。

比如发现难点不断深入。

学习《神的一滴》，有不少学生在预习中提出疑难：瓦尔登湖到底"神"在哪里？可以带领学生不断深入理解这个"神"：学生仔细阅读课文，会发现文中出现的"神秘""神奇""神圣"等关键词；然后引出作者背后的情感——"陶醉""惊喜""赞颂"；再深入思考"神的一滴"对人类的意义——"享受生命""启迪智慧""净化心灵"；最后，可以回应"'神'在哪里"这个提问，"神"除了作形容词理解外，还可以理解为名词即"大自然"，回到"湖山深思"主题，也是全课内容的总结、提升。

比如独立思考见仁见智。

学习《六国论》，不少学生觉得苏洵的论述站不住脚，教师可以提供相关资料，如苏辙、李桢及当代一些人的"六国论"，让学生提出自己的观点并做论述，这就是比较典型的研究性学习任务。然后再把学生所写的文章印出来交流，学生展现独到见解的文章，如《六国因"兵不利战不善"而亡》《秦国用实力统一六国》《关键是君王的谋略》等。这种探讨，虽然立足"这一篇"，但学生探讨的内容，就远远不止《六国论》本身了。

46 群文教学不是教了一篇再教一篇

如果还要在一节课时间里把它们教完，就更要不得，即使是"小巧"的群诗教学也不可取。

我们一起来探讨下诗歌之美吧……

同学们，让我们先齐读李白的《蜀道难》……它主要写了什么？……雄奇瑰丽，想象无垠，夸张……那么杜甫的《登高》呢？……千古愁情……沉郁顿挫……哪位同学能来读读看，读出这种悲凉之意……这里声音稍拖长一点……老师试着读读看……李杜之后，唐代还有一位伟大诗人，让我们一起走进白居易的《琵琶行》，……齐读一下这一段关于音乐的描写……"犹抱琵琶半遮面……同是天涯沦落人……江州司马青衫湿……"

李杜白三位，可谓各有各的美好，风格独特……也是唐诗的代表……

"一日看尽长安花"，就是无花入眼来啊，就是无花入心来啊……

我们都知道，这不是"赏花"，而是走马观花，时髦地说，类似于"量子阅读"，一分钟读完十万字。

如上当然是夸张的说法，但这并不意味着课堂教学中类似的群文阅读就没有。

无非是说，群文阅读不应该是"1＋1＋1……"的形式，课文间不应该彼此割裂，互不关联，只不过被放到一节课这个"筐"里而已。**群文阅读教学，应该是"1×1×1"的形态，课文彼此间是"相乘"的关系，即它依然应该是一节课，再多文章在一起，还是一堂课。三个或多个"1"之间是"化学反应"，不是"物理拼盘"。**

粗粗想去，群文教学必然有这么几个特征：

1.有集中的突出的"主题"。集中若干篇文章材料，只是让它们服务于某一主题，都往一个方向去，"力往一处使"；凡不是同方向的"力"，都可舍弃，它肯定做不到面面俱到。

2.它更应该是一个"活动"，有一个"整合"的学习成果。群文要共同完成一件事，通过做这件事把群文联系起来，"有力出力、有钱出钱"，相互补充，彼此支援，从不同角度、不同层面获得更具整体感的成果。

3.它必然是"阅读从读懂后开始"。对群文内容层面尤其是内容理解即"写了什么"层面的把握，应该在课前已经完成，至少不应成为学习重点；只有这样，才有可能为文章们之间的"化学反应"准备好必要条件，而不会在课堂上仍然"羁绊"于基础的内容理解。当然，如果"群文"理解层面确实比较困难，放入课堂也是应该的，但可以用"梳理"的方法。

4."群文"间是"异质"的。比如中与外、古与今、文学的与实用的或论述的、长的与短的、文的与图的、秾丽的与清淡的、前台的与背景的……而如果你把"我爱西湖""我爱西溪湿地""我爱钱塘江"放一起，"群文"的意义估计也就是约等于"单篇"的叠加了吧。

如果做不到这样，其实一篇一篇地"精读精教"也是挺好的，没必要去赶这个时髦。

47 从"学习知识"到"解决问题"

这是从农耕时代到信息时代过渡中，高中育人内容的必要转变。

即育人方式改革的"前因"应是育人内容在当下已经发生了深刻转变。信息技术的发展有可能已经使高中阶段的"知识学习"变得不再那么重要，"问题解决"则显得越来越有教育教学价值。

知识从来都是无穷无尽的。《庄子·内篇·养生主第三》就有名言："吾生也有涯，而知也无涯。以有涯随无涯，殆已！"

无非是说生命有限而知识无涯，用有限的生命去学习无涯的知识，是很危险的。

但由于农耕时代社会环境相对稳定、封闭，教育内容相对局限，呈现在读书人面前的知识于是呈现出"有限"的特征，这也就是古人虽深以皓首穷经为苦，但仍然效仿者颇众的原因；此外，又因为这种知识还是"有用的"：除了博取功名，仿佛也可以解决一些人生、生活实际问题。

但这种相对封闭的知识背景下的学习的弊端我们都已经看到了，到了明清时代，很多读书人的思想都趋向固化、陈腐，与世界文明进程、现代科技潮流渐行渐远。工业时代之后，信息时代又以迅雷不及掩耳之势席卷全球，这个时代呈现出与农耕时代完全不同的开放、速变的社会发展形态。

在信息技术的加持下，知识仿佛一夜之间变成了无边无际的汪洋大海。在当代，学习知识的速度很有可能已经跟不上知识产生的速度，即当人们努力学习完某方面的知识后，抬头一看，却发现已然被"新知识"抛在了更远的后头。我们于是深刻地体会到"以有涯随无涯"的困境和无奈。

从这个意义讲，许多知识可能并不是都应该学习的，我们应该放弃一些可能"无用"的知识，把珍贵的时间用到更有价值的学习内容上。

那么这个更有用的学习内容是什么呢？主要就应是"**解决问题**"的能力。其背后就是**根植于信息时代特征的"世界观""人生观"：世界、人生不是摆在人们前面一动不动的既成事实、道理，而是不断发展变化的，一个接一个有待解决的"问题"。**

庄子厉害的地方也正在这里，他在"有涯随无涯"之后接着又说："为善无近名，为恶无近刑。缘督以为经。可以保身，可以全生，可以养亲，可以尽年。"

大意就是我们不能死学各种知识，而应该在"为善""为恶"方面有分寸，而应该"缘督"即遵循自然之道，只有这样才能"保身""全生""养亲""尽年"；无非是说应该适应社会发展变化，遵循客观规律，也就是只有"为人处世"的"经"，才能解决各种各样的生命、生活问题，所谓见招拆招、应对无穷是也。

在教育理念发展上，这应该也就是从学习宽泛的学科素养发展到掌握有用、管用的学科核心素养的时代背景，**"坚决扭转片面应试教育倾向"就是坚决扭转死学知识的教育倾向，转而学习有用的知识，提升解决问题的关键能力。**

第二章
难就难在现场助学

④⑧ 导读怎么 "导"?

——2020 年 12 月 11 日在嘉兴听孙元菁老师 " 《红楼梦》导读" 课有感

首先, "导" 应该就是 "引入"。

想要把学生 "引入" 到这本书中去, 老师的 "姿态" 最好能低一些, 最好能比班上对《红楼梦》认识最低的那位同学还低。相比而言, 居高临下的 "介绍", 可能就颇失教学之要义。

因为据孙老师课后介绍说, 课前班上不少同学说对《红楼梦》知之甚少, 甚至连电视剧都没看过。

孙老师的导读课, 从 "看图识人" 开始。先用 PPT 呈现出贾宝玉、薛宝钗、林黛玉三位主角图片, 让学生们 "猜猜这是谁"。

接着又用 PPT 展示出几段话, 让学生 "看文猜人", 并且追问理由:

奴今葬花人笑痴……

女儿是水做的骨肉……

众生先后回答并补充, 有学生说: "贾宝玉……重女轻男, 看女儿觉得清爽, 看男的觉得浊臭……" 当他说出 "重女轻男" 时, 同学们都笑了。

足够 "低" 的 "引入", 使公开课的课堂氛围轻松起来, 放松下来了。

其次, "导" 应该是渐渐 "引入"。

孙老师这堂课的内容呈现无疑比较耐心。

PPT 呈现出 "共读《西厢》" 那段文字:

黛玉道: "什么书?" 宝玉见问, 慌的藏之不迭, 便说道: "不过是《中庸》《大学》。"黛玉笑道："你又在我跟前弄鬼。趁早儿给我瞧,好多着呢。"宝玉道："好妹妹……"……

孙老师问："文段中这两人是什么关系?"这个问题倒不一定是考查学生"读没读过",而是开始"引入"《红楼梦》的魅力了。因为经典本身就有足够的吸引力。老师在导读中要做的,可能就是把"文字之美"恰到好处地展示、分享给学生。对文学有感觉的孩子,读这样的文字,估计也会有如黛玉读《西厢记》的感觉吧。

林黛玉把花具且都放下,接书来瞧,从头看去,越看越爱看,不到一顿饭工夫,将十六出俱已看完,自觉词藻警人,余香满口。虽看完了书,却只管出神,心内还默默记诵。

当然,果然,引入到这里,"难度"就有了,于是学习的意义也就来了。

这里有一段师生对话,能体现"渐渐引入"的课堂用意,**体现让学生与经典产生关联、产生"情感共振"的用意**,颇有意味。

生A:应该是兄妹吧,他说"好妹妹"……看的是《中庸》《大学》……

生B:不是,因为他很慌……应该不是《中庸》《大学》……

师:《中庸》《大学》放在现代相当于什么书?

众生:教科书。

师:你们私下里喜欢什么书?

生C:漫画书,自己喜欢的……

师:亲人之外,同学之间可以这么说话吗?他们在看书的态度上怎么样?

众生:……他们都挺喜欢……他们看的是言情小说……

接着,孙老师继续耐心、用心地"引入"。如用PPT呈现出一段"挖空"的文字,再让学生猜其中的"*姑娘""#姑娘"是谁……

再次,"导"不只是引入。

孙老师话头一转:"《红楼梦》只是讲'三位的爱恋故事'吗?"

在孙老师的引导中,师生一起开始探讨:黛玉的"判词",名字里的端倪,"前五回是总纲","一块石头、两条主线、三个世界"的总体印象等。

就"观感"而言,这时课堂慢慢地显得"严肃"起来,"专业"起来。这个过程不如"你猜猜"环节那么热闹，但正是课堂内涵逐渐走向深处：向学生"窥斑见豹"式地展示《红楼梦》的"精深""精美"。

换句话说，如果说有特别高明的"导读"，那肯定就是激发学生的兴趣。

请问，我们用什么来激发学生的兴趣？归根到底，一定是作品本身的魅力。**让这种魅力在课堂上慢慢地、自然地、有层次地展示出来，就是"导读"教学的精髓所在、核心内容了。**

孙老师这堂课还有一个"豹尾"，她用PPT展示出其他"先读"班级的同学画的一张密密麻麻的"红楼全书结构图"，令在场者颇有叹为观止之感。

就教学价值来说，它传递出整本书阅读的方法，也是对这个班孩子的激励，更是整体地、"模糊"地告诉学生这整本书的概要特点——博大精深。

总起来说，这样的导读课，就是不错的"导"。**它讲求入手易，入手趣，入手"贴"**（把学生的感受拉进来），这决定了课堂学习的基础、氛围。可谓导读课之要有"低度"。

它有层次，使学生有渐入佳境之感：由形象向文字，文字从简单向复杂，从辨识向赏析，从单线内容向纵深发展……这里决定了课堂学习过程之梯度，同时也决定了课堂内容之丰厚，它是学习生成之沃土，是课堂之主体。可谓导读课之要有"厚度"。

它指向深远，指向众多，也指向激发学生的阅读意愿，传授学习方式等，这决定了课堂学习的意义、价值。可谓导读课之要有"高度"。

低得下去，高得起来，中间又能有层次、很耐心，那么课堂自然就显得"厚"了。

如果最后还要追问这堂课的效果的话，那就是：通过这40分钟，学生自主阅读《红楼梦》的可能性、意愿得到提高了吗？这种意愿的提高，可能发生在哪些具体环节呢？在"猜"？在"赏"？在"对话中介绍"？在"激励"？

㊾ 如何在"接学生话"中展开教学?

——2019年10月29日在宁波听郁雪琳老师"从细节到风格"课有感

"接学生话"是课堂教学临场应对的难点,因为它难能预测,需要随机应变,有老师甚至夸张地说"你不知道下一秒会发生什么"。相反,如果只是"单向"的讲座,相信教学就会容易得多,只要备好课就行。

但课堂教学的美妙之一,就在于"接学生话"之中。好的"接话",不仅能迅速拉近师生距离,进而营造亲近美好的学习氛围,而且,在高明的老师手中,它无疑是"不动声色"地推动教学向前发展、落实教学内容的重要工具。

郁老师这堂课有较多的师生对话,且不说郁老师声音柔和,语调温婉,态度亲切,学生听之就觉可亲可近,留心观察她的"接话",更可以发现一些有用的技巧,值得我们学习。

一是顺接。

生A:第23段,小通讯员干活走路没出汗,跟"我"说话,却出汗了,可见不善交往。

师:这么腼腆,没见过英雄这么腼腆的,对吧。可见,他是一个非常平凡、真实的人,富有"人情味"。

生B:新媳妇很善良的,用新被子盖住小通讯员……

师:投入了深深的情谊。

这种顺接,从学生的话到教师的话,仿佛流水一般,于是语意向前、向深。

二是点明。

生C：第56段，牺牲时，新媳妇脸发白，跟之前的羞涩不同，可以看出内心的悲痛。

师：情绪的转变。"半条盖在他身上……"这也给我们一种震撼……

生D：新媳妇在为没有补上衣服口子而感到内疚……

师：最后献出被子，她就是那一朵百合花……

这种点明，就是对学生发言的概括、提升，具有"点石成金"的作用。

三是夸奖。

学生需要夸奖，但夸奖必须是真诚的，指向是明确的，不能瞎说"棒棒棒"，对高中学生来讲更是如此，**即你要夸得有"技术含量"**。

比如课上有一位学生朗读一段课文时，读得非常棒。

于是老师就由衷地夸奖："你是广播站的吗？听起来特别有感觉有情感……"

又如当老师要求用一个词概括茹志鹃文章的特点时，学生给出的词是"清新俊逸"，并且理由表达得非常好。老师面向全班同学，由衷地夸奖："我脑中出现了幻觉，觉得他是大学讲台上的教授，非常了不起……"

夸奖但不煽情，热情而有分寸。它不仅是肯定、鼓励，更有为师者的美好期待、祝愿。

你看，从学生的话到教师的话，几乎就是从"原材料"到"成品"的提升，课堂也就这样顺溜前行。

郁老师的"接学生话"自然不止如上三个方面，比如还有校正错漏、导入下一环节等，全都表现得自然、睿智，令人"赏心悦目"。

我想，这大概就是课堂上"润物无声"的一种表现吧。

50 读着，想着，或者也就够了

——2019 年 11 月 23 日在芜湖听唐春山老师《月夜在青州西门上》课有感

唐老师从容、沉静，课堂开始后就不慌不忙地读课文，平和，沉稳，也悦耳，也入心，体现出非常扎实的"读书"功底。

朗读，朗读课文，仿佛总是美好的；一读，语文课的氛围就有了。唐老师那么沉静从容地一读，《月夜在青州西门上》的语文课的氛围也就有了。

……天上牛乳一般的月光，城下琴瑟一般的流水，中间的我，听水看月……

七八百人的会场，不能说顿时鸦雀无声，起码是所有老师都开始在听了，都开始留心了，都开始进入课堂了，都开始听进去顾随先生的文字了。于是台上的教室仿佛也就扩大为全会场。

老师读完，又让学生"先读一读课文，再挑自己喜欢的一段读"——多亲和的要求。

于是学生在"读一读"的过程中就要动一点心思："哪一段是我喜欢的呢？"可能还会"顺便"想想："这一段怎么就让我喜欢了呢？"挑出来之后，应该还会再读一读，给自己再听一听。这或者也就够了。

接下来学生就开始朗读：

生 A："天使在天上，用神圣的眼光，看见肉体的我，块然立在西城门上，在流水中，和明月光里。"

生 B："侧着耳朵听水，抬起头来看月，我心此时水一样的清，月一样的亮。"

生 C："我的肉体和精神都溶解在月光水声里。月里水里都有我么？我不知道。然而我里面却装满了水声和月光，月亮和流水也未必知道。"

......

师：有没有喜欢第1段的？

生D："夜间十二点钟左右，我登在青州城西门上；也没有鸡叫，也没有狗咬；西南方那些山，好像是睡在月光里……"

如果说唐老师的朗读让听课者安静下来，那么学生的朗读则让听课者"听懂"了文章，进而欣喜起来：哦，是这样的啊；老师、同学们读得真好。

语文课不朗读，固然有些"活见鬼"。但是朗读也不能瞎读，**朗读的目标是用声音，用汉字特有的"字正腔圆"的声音，"贴着文字"读出来**。如果觉得"不贴"，还应该进行调整，即朗读的过程又是不断"调适"声音与文字贴合度的过程。"呃，这里好像不是这样的……"，那么再来读过；"是这样吗？"感觉对了……

朗读，如果总是"端着架子"地"美读"，而且要求学生一上口就"美读"，或者反复指导学生去读得"美"，可能都有失自然、美好的朗读本意。尽管，无论是唐老师还是安师大附中的同学们，一张口，仿佛也就"贴切"得很，令人佩服。

然后，在声音与"象形"文字的形象中，推开想象之门，也推开思考之门：于是我们看到了月夜，也看到了流水；看到了静谧，也看到了孤寂；看到了黑暗，同时也看到了光明……

当然，也正如唐老师在课堂上引用《荷塘月色》《陋室铭》《记承天寺夜游》与课文相映照一样，我相信老师们甚至同学们在这些朗读中其实也已经"看见"了它们，甚至"看到"的还会更多，比如"江天一色无纤尘，皎皎空中孤月轮"，比如"明月松间照，清泉石上流"。当然，或者都不是它们，却也是非常熟悉的那些古典诗文中的"月夜流水人寂寥"的意象、意境。

我的感受是：在老师和同学的朗读中，不断地遇到"熟人"……感觉，挺亲切的。

有些文章，这样一朗读，或者也就够了。

接下去安师大附中孩子们的表现，同时也就证明了这一点。

师：同学们读了之后有何感觉，请讲一讲。

生A：有一种顿悟的感觉，把情融入景中，情景交融，升华……

生B：氛围静谧，写景优美，读起来非常安静……

生C：在景物里迷失自己，（师：有没有更好的表达？）陶醉，渐渐地忘记了自我……

生D：对月光对水的描写很优美……

生E：用了比喻的修辞，渲染静谧的氛围，"我不知道"，作者陶醉在环境中……

生F："我的肉体和精神都溶解在月光水声里"，用得奇妙……

生G：用了很多的短句……

生H："睡在月光里"，用了拟人的手法，比较生动……

我甚至觉得，唐老师、同学们前头的朗读里，都已经包含了这些"赏析"。

51 把实用文教得"实用"

——2019年9月7日在温州听陈振锋老师《中国建筑的特征》课有感

这个"实用"的亮点大约出现在课堂的中段，当时的学习内容是"中国建筑的文化内涵"。

陈老师说："当我拿到同学们的预习案时，有一点让我很诧异，我们班有十几位同学提出'为什么大胆地用朱红作为建筑物屋身的主要颜色'这一问题。当我来到我们学校，我才知道为什么有那么多同学提出这个问题。"

因为该学校的教学楼着色就是朱红色。

如果上面体现陈老师的**"关注学情"**，那么下面这个内容就体现了老师的**"探究精神"**。

陈老师接着说："后来我通过百度搜索，发现了一张更有意思的照片。"他用PPT呈现出该校教学楼之前的样子，那时的着色是浅白色。

于是一个非常"实用"的问题"贴着现实"出现了：校方为什么要将教学楼的颜色由原先的白色改为现在的朱红色？

如果我的感受是正确的，那么全班同学的兴趣一下子起来了，精神一下子振奋起来了。

然后就可预见这部分教学可以因"真实"而"典型"了：

学生们的"自由"回答：

生A：温暖教育，红色温暖……

生B：红色比白色更不容易脏……

生C：象征学校越办越好……

生D：红色更好看些……

……

167

我们可能一直以来比较重视文学类文本而轻视实用类文本，究其原因，无非是文学作品意蕴丰厚，可以探讨、玩味的东西很多；而实用类文章则由于"实用"而显得优美不够，似乎内涵不足。

想起类似的老课文如《景泰蓝的制作》《南州六月荔枝丹》《〈物种起源〉导言》等，我们常常会因教学的不"实用"，好像也常常教学得兴味索然。

反思一下，可能有两方面原因：一是选文内容，可能不如中国建筑那样，有着宽广的实用性、普适性，我们想让《景泰蓝的制作》们"实用"起来也有点难；二是在我们的教学理念中，可能比较缺乏关于文化参与、因地制宜的思考。所以即使是学习《传统文化与文化传统》，我们把它现实化、实用化的努力也不够。

陈老师这堂课让学生把"实用文"学得很"实用"，貌似出于偶然，实则因为"接地气"，因为老师眼中有这个学校这个班级的学生，因为老师很用心、能思考。这堂课传递出来的"语文是有用的是实用的"的理念，值得我们思考、学习。

因为有了这个"实用的"出彩环节，于是这堂课上的学习任务的呈现似乎也就自然生成，少有违和感了：

高中生林雅，对中国建筑的"美"或"文化"有深厚的兴趣，想要写一篇介绍性的文章发表在期刊上，但苦于很难确定自己的写作角度。请同学们帮她选择一个角度，并结合《中国建筑的特征》的文本内容阐述选择此角度的理由。

例子：

中国建筑的"美"之（均齐的布置）

中国建筑的"美"之（　　　　）

中国建筑的"文化"之（　　　　）

于是学生的表现也就"水到渠成"了：

生A："美"之大胆的用色，第11段中有"大胆地用朱红色"，第13段中有……

生B："文化"之独特的屋顶，文中有"巨大的装饰性""最主要的特征之

168

一""是民族所最骄傲的成就"……

生C:"美"之细致装饰,文中讲述这种装饰已经非常多、很细化。

生D:"文化"之平面布置,很整齐,布置得比较严谨的感觉,四方的,对称的……

生E:"文化"之名称……

作为听课者的我们,且来判断一下,学生的答案是源自这堂课的学习,还是原本就有的知识、经验?

52 "家乡文化生活"怎么"参与"?

——2019 年 12 月 10 日在嘉兴听邬琳艳老师"走近海宁潮文化"课有感

题目的意思有点"夹杂","摊平了说"是这样的：统编《语文》教材必修上册第四单元应该属于"当代文化参与"学习任务群，这个任务群在这个单元里"落实"为"家乡文化生活"。

正如单元导语所言："家乡文化既是中国文化的重要组成部分……用适当的方式关注和参与家乡的文化生活……也是学好语文的重要途径之一。"

那么怎么"参与"呢？

首先应该是**了解**。

因为现在的孩子即使是高中生，对自己家乡的人、物、风俗未必就都很了解，有些东西就算常常可见，却也有可能是"熟悉的陌生"。

邬老师播放视频，做与海宁相关的介绍。PPT 放映出海神庙、占鳌塔的图片。

生 A：海神庙，仿太和殿……所用调查方法是实地考察、网上查询……

生 B：占鳌塔，海宁观潮公园，宋代初建……信息来源于海宁新闻、网上……

其次应该是**深入了解**。

因为如果只是浮光掠影地观看，恐怕这"参与"就流于浮光掠影了。重要的还在于，邬老师明显留心到这是语文活动，不是游览观光。尽管这种"深入了解"只能体现在"点"上，落实到"文"上。

PPT 放映出王国维的《虞美人》：

杜鹃千里啼春晚，故国春心折。海门空阔月皑皑，依旧素车白马夜潮来。山川城郭都非故，恩怨须臾误。人间孤愤最难平，消得几回潮落又潮生。

再放映出金庸《书剑恩仇录》中的语段：

这时潮声愈响，两人话声渐被掩没，只见远处一条白线，在月光下缓缓移来。蓦然间寒意迫人，声若震雷，大潮有如玉城雪岭，际天而来……

再让学生听读徐志摩《一条金色的光痕》：

来了一个妇人，一个乡里来的妇人，穿着一件粗布棉袄……

那么，海宁人看到这些文字的感觉与非海宁人的是不是会有些不一样呢？因为我感到的是羡慕，觉得这个地方真是厉害！我在上自己的"地方课程"，讲到孙诒让先生时，也是自豪的。

正如课后王宁教授所说的："听了邬老师的'走近海宁潮文化'课，感触良多……"

这种对家乡的感触，应该是我们中国人所特有的吧；培育家国情怀，在这种"文化参与"中，在这种相对深入的了解中，应该能潜生暗长吧。

我进而意识到，所谓的"当代文化参与"之"语文课"，是不是可以是类似于"潮文化"这样的专题学习，即基于学生对家乡人、物、风俗等的情感认同，确定一个主题，选择乡贤的若干篇文章，与学生一起研读、赏析呢？这至少应该是一种方式吧。

再次，就是**共建、传播**。

邬老师说："我们'海高'就有许多参与和传承文化的活动，比如诗词大会，比如徐志摩、穆旦诗歌朗诵会……"然后让学生齐读《海宁高级中学校歌》："千年文昌，万里风涛，壮我学子，猛进如潮……"

除了以上的"参与"方式外，邬老师的课还让我想到了另一重要的内容，它或许是"当代文化参与"学习"前置性"的内容，且更具当代意义、生本意识，这就是学生的"为什么"。

生A：说的是什么方言？朗诵者为什么乐意用方言去朗诵？诵读时心情如何？……

生B：为什么要保存这样的音频？徐志摩写作的背景是什么？

生C：海宁方言有什么特色？发展情况怎么样？方言翻成普通话有什么不同？……

......

正如邬老师的概括："同学们问的可能是……它们的价值是什么？"

我认为这可能是我们必须跟学生共同探究的问题：为什么要了解、深入了解、共建并传播包括"家乡文化"在内的"当代文化"？它的语文学习意义在哪里？

因为这方面的内容，之前的教材中并非没有，但基本上受到相对的"冷遇"……

换句话说，我们要把这个问题思考得更为透彻，更好地回答这个问题，**并让学生切实体会到"当代文化参与"或"家乡文化生活"的重要学习意义。**这或许就是我们在实践这个任务群时的"前置性"任务。

53 古诗诵读要"走向"哪里?

——2018年5月8日在湖州听文茵茵老师《将进酒》课有感

文老师准确地抓住了古诗学习的"根本大法"——诵读。

全课就围绕着诵读来展开——指导、个读、试读、分析、老师示范读、齐读、自由诵读。

其中,老师的示范朗读给人留下了深刻印象,体现了老师良好的诵读素养。老师对诗歌情感的精准把握,对学生的诵读也起到了非常好的引领、激励的作用。**诗歌,更多是"听懂"的,听着听着,意会了,就懂了;你若正儿八经地去分析,反倒有可能"绕了远路"甚至"走了错路",这个我们都懂的。**

在文老师的诵读后,课堂形成了一个众声诵读的高潮,听着就让人欢喜。自然,还有对学生朗读的指导,文老师可谓非常细致用心。不必多说。

于是想到一个问题,古诗诵读要"走向"哪里?

就《将进酒》而言,我们是要准确把握李白在诗歌中的情感吗?无疑是必须的,也是自然的。就如文老师带领同学们进行的探讨,无疑比较准确而深入,对领会诗人的情感很有帮助。

生A:第一句要有豪情,第二句要有悲壮感……

生B:从"古来"句看到了"怀才不遇"的万古之愁,有不被理解的同情、苦闷……

生C:"古来"一句,也有愤怒之情……

生D:"古来"句,有对以往的圣人的同情,也有自己的愤懑之情……

生E:"钟鼓"句,视金钱如粪土……

生F:诗人希望一直活在梦里,摆脱现实……

最后,教师用板书小结:

豪情，悲壮，伤感，希望及时行乐；内心矛盾。

但文老师"通过朗读达成学习目标"的努力，明显还不止于此。

因为古诗原来都是可以"唱"的，其音乐性是中国古代诗歌的重要魅力。少了平仄、押韵，少了字正腔圆，少了抑扬顿挫，诗歌意蕴、优美可能荡然无存矣。

"君不见黄河之水天上来，奔流到海不复回。君不见高堂明镜悲白发，朝如青丝暮成雪……"凭什么让人感慨？就在于"天上来"开篇之开阔、雄浑，就在于"不复回"语音之低回、惆怅；就在于"悲白发"之声音陡落而带来的感伤、无助，就在于"丝""雪"声音的细弱而带来的悲苦、痛楚。

"五花马，千金裘，呼儿将出换美酒，与尔同销万古愁。"怎么就令人神往？就在于节奏由快而慢，就在于声气由急促而决绝而豪放而悠远而余音绕梁而令人欲罢不能也！

说句夸张的话，有时候我们未必能听清楚说的读的是什么语句，但听到声音的特点，仿佛也就懂了它要传达的意思了。

且不论诗歌中间的众多轻重缓急、千折百回："人生得意……天生我材……千金散尽……烹羊宰牛……岑夫子，丹丘生，将进酒，杯莫停。……钟鼓馔玉……古来圣贤……斗酒十千……径须沽取对君酌。"能充分体现汉字声音的强大表现力，大概是李诗之所以伟大的一个原因吧。或者说，凡优秀的汉语诗歌，莫不如此。

这就是所谓的"因声求气"的读书津梁，"声气同一"，于是情寓于声，是谓音乐，这就是诗歌所以动人的"物质外壳"。

当然，文老师最终想要让学生收获的应该是"喜欢朗读"的"情感"。像《将进酒》这样千古传诵的作品，本身就具有打动人心的力量，而诵读无疑是让学生见识这一力量的最佳路径之一，它能够让人产生愉悦感，产生艺术的享受，进而喜欢上朗读，就像我们喜欢唱歌、喜欢运动一样。

所以文老师在用自己的"范读"，激发学生的诵读欲望之后，就给学生自由朗读的机会，让学生与经典在诵读中你我交融。这时候，所谓的诵读技巧仿佛已经显得不重要了。

54 让学生在"典型"练习中习得

—— 2019年9月11日在嘉兴听李玲老师
"传统文化经典比较分析题解题指导"课有感

复习课自然更追求"实效",这个实效从哪里来?细化一下就是:**复习课的有效教学内容从哪里来?恐怕就在练习的"典型"程度上。**

李老师先用PPT放映出学生做题的答案。然后让学生小组讨论,这样的答案有什么问题。学生发言后,李老师再用PPT对问题做出归纳总结。如:

生:……翻译了内容,没有自己的主张了;第二条太简单了……

PPT总结:

问题1:翻译为主,不提炼观点或观点表达不明。

之后,再让学生对自己练习上的答案做相应的修改。

由此可看出,李老师之所以接下来能为学生提供"典型"的练习题,是因为她能充分了解学情,能贴着学生的失分点来设计复习教学内容。

然后,李老师当堂发下富于"技术含量"的练习题:

读下面的材料,完成题目。

子生三年,然后免于父母之怀。夫三年之丧,天下之通丧也。(《论语·阳货》)

君子战虽有阵,而勇为本焉;丧虽有礼,而哀为本焉;士虽有学,而行为本焉。(《墨子·修身》)

(1)分别概括上述材料中孔子和墨子对"丧礼"的看法。

(2)结合材料,说说孔子和墨子对"丧礼"的看法有什么不同。

(3)你更认同谁的看法?简述理由。

这三道题的"技术含量"就在于"概括""结合材料说"和"你的看法"

175

形成了有层次的学习任务，分别对应"概括""分析""评价"的"文化题考点"。

"文化题"到底要考学生什么？又是怎么考的？李老师这个"典型"练习题做出了比较好的回答。

在课堂后半部分，李老师又提供了一道把三个"考点"合而为一的练习题：

阅读下面两段文字，完成后面的题目。

子食于有丧者之侧，未尝饱也。（《论语》）

庄子妻死，惠子吊之，庄子则方箕踞鼓盆而歌。惠子曰："鼓盆而歌，不亦甚乎？"庄子曰："不然。是其始死也，我独何能无概然①？……气变而有形，形变而有生，今又变而之死，是相与为春秋冬夏四时行也。人且偃然寝于巨室②，而我噭噭然随而哭之，自以为不通乎命，故止也。"（《庄子·外篇》）

【注】①概然：感慨。②偃然寝于巨室：偃然，安宁状。巨室，指天地。

结合材料，比较孔子和庄子面对丧事的思想情感，并说说你的看法。

我们不讳言高考复习要做题，但要坚决反对低效的"刷题"，而应追求做得高效。这就要求老师应给学生提供"典型"的练习题，那种能让学生举一反三的练习题，那种能产生"一以当十"效果的练习题。

这堂复习课的另一优点也非常明显，那就是整堂课的学生几乎都在讨论题目、做题目。

学生的做题能力，主要来自实践，来自思考与做题，而不是教师的讲解、分析。

我经常讲，看一位老师的水平高不高，最主要有两个方面：上一堂课，出一道题。

复习课上，要让学生有方向地、针对性强地做题，要让学生做优质的题，要让学生在做题中"习得"。这就是李老师这堂课给我们的启发。

55 落实写作之"扣题"引导

——2019年11月21日在格尔木听吕晓斌老师
"展开思维，书写家国情怀"课有感

"不扣题"是吕老师班上的孩子在这次期中考试作文中出现的一个较普遍的问题。

吕老师首先放映出两篇学生作文的照片。

师：这两篇文章分别写了什么？

生：中国的发展……用双手呵护来之不易的和平……

很明显，这类文章在"扣题"方面存在大的偏差，"一望便知"。吕老师简明扼要概括为：抛开主题，信马由缰。

然后让学生回顾这次作文的关键词——我和我的祖国。

吕老师说："我们应该把作文材料内容化大为小，化虚为实。"然后用PPT放映出两组考场作文的题目，让学生评价。

许多时候，当我们能把问题准确地提炼、呈现出来时，学生就能够做出判断、分析，并帮助解决；教师不必过多讲解。

针对第一组标题：

生A："侵略与被侵略"，显得空洞，没有写到主题上……

生B："新时代"，没有文采，也离题了……

生C："泱泱华夏，赫赫文明"，不具体，太宽泛，与主题也无关……

生D："追光""自强"，范围大，跟主题关系不大，若即若离，两个字的信息量太少，不足以支撑文章内容……

……

针对第二组标题：

众生：抓住了关键词，"奋斗是对祖国最长情的告白"，立意准确……

一番讨论后，教师对这个学习环节做出小结和评价，概括出"扣题"的几个技巧：巧用修辞，增添色彩；巧妙引用，意味无穷；大胆移用，别具风格。

接下来，吕老师引领学生展开了如何组织素材的探讨。

首先，PPT放映出学生的作文稿，学生评价道："停留在小学四五年级的水平""没有用到材料""完全是为了凑字数"……

老师做出小结、评价：空谈漫议，陈旧浅俗。

然后播放了两个小视频，视频的主人公从英雄模范黄旭华到某电视节目中的普通群众。吕老师点明：素材并不缺乏，只是我们不会运用它们……

接着，再让学生列举其他关于"我和我的祖国"的人与事。学生举出"汶川地震""黄大年""祖国接你回家"等例子。

最后，吕教师还提供给学生一个切实的视角——作为新时代青少年，你对自己和祖国的关系有怎样的思考？并且让两位学生当场演讲。在我看来，这很有难度。

毫无疑问，吕老师为这堂课做了非常充分的准备，也体现了较高超的课程研发能力，这堂课是比较难得的"典型"课例，至少有如下五点值得我们学习。

1.实例为基针对强。这是几乎所有"好课"的重要特征，它必然是"为解决问题而上"，为自己这两个班存在的较普遍的问题而上。

2.准备充分有提炼。课堂上PPT呈现出的诸如"抛开主题，信马由缰""巧用修辞，增添色彩；巧妙引用，意味无穷；大胆移用，别具风格""空谈漫议，陈旧浅俗"等，不仅高度概括，而且准确有力。作为一线老师，类似的"经验提炼"非常有必要，也见功力。

3.对立并举讲透彻。尤其是两组标题的对比，能较好地让学生较深刻地明白什么叫"化虚为实，化大为小"。

4.集中"扣题"有层次。全课聚焦"扣题"，从"信马由缰"的文章入手，再到标题，再到选材，再到"从当代青年"的视角看问题，有破有立，有议有写，内容丰富，且并非简单地把它们在一个平面铺开，颇不容易。

5.引导学生解问题。这是现场感受最良好的一点，即比较重要的学习内容，都交由学生讨论、交流、表现；吕老师虽然也有高度概括的"点明"，但都是在学生讨论的基础上得出的。

当然，这里也可以就写作素材问题，顺便强调一下，但吕老师这堂课的内容已经相当充实，不可能再涉及这个方面。

在我看来，对高中生来说，论述文的写作素材固然需要事例，但学生身边、脑中的人、事应该已经够用，正如吕老师也在课堂中提及的那样，素材不是缺少而是不会运用。**论述文的素材更需要的是分析、推理，高中生的论述文内容更应主张"想出来""推论出来"。**

56 有没有生成是教学真实与否的重要评判标准

如果存在"课堂尽在教师掌握之中""学生所有的想法、做法都在教案的预设范围之内"等现象，那么这有可能会是一堂封闭的乃至虚假的课。

如果课堂上的老师对学生超出自己预设的想法视而不见，有意回避，消极对待，那么这肯定不是一堂好的语文课。

比较典型的是一些所谓的"展示课"，比如全课都在展示学生的"作品"。如果是由学生展示，然后学生间相互参看、讨论，还有一定意义；问题在于，教师还要把它组织成一堂课，导入之后，用PPT展示学生的学习成果，课堂上还要学生"配合"老师，时而喝彩，时而做思考状，时而交流，弄来弄去，还是老师的"独角戏"。整堂课下来，学生没有提出什么疑难问题，学生的思维没有推进，师生之间没有思想的碰撞。就只见教师"一顺溜"地"上"下来，结构完整，内容充实、精致，学生配合到位，课上"高潮"迭起，"精彩"不断。

——表演的成分太大，假得不能再假，这样的课意义何在？

有些人也可能会说，"功夫在课外"嘛，这堂课就是展示师生之前多堂课和课外学习的成果。可是这些成果难道不是"生成"的吗？课与课之间又怎么可能断然割裂呢？难道就可以否定之前"生成"过程的存在意义吗？

相比之下，我希望老师能展示之前有"生成"内容的某一堂课。

"生成"是课堂的"灵魂"，课堂的意义就是要让学生在这40分钟里有成长，对高中生来说，尤其应有思维上的发展与提升。而虚假、虚伪的课则是败坏教学环境，不止于有没有收获的问题。

假设一下，这个问题可能会更清楚：如果我们把这堂课上的高中生换成小学六年级的学生，他们难道就不会在课堂上"配合"老师了？小学生的

"配合"可能会更用心用力。即没有针对课堂上这群学生而解决问题的课，能算合格的课吗？

这种展示完全可以不需要老师，换语文课代表、换一个学生、换一个其他学科的老师来，一样可以，因为他基本上点点PPT的放映按钮就可以完成它。

在这堂课上的老师，也是没有生气的，他就是一个被程序化的PPT播放员，什么时候说什么话，什么时候做什么事，估计都事先设计好了，无非就是"完美"地表演着度过这40分钟。说句偏激的话，最能展示教师教学才能的，或是他应对课堂"意外"，也就是教案之外内容的"应景""生成"的教学表现。

这里可能还应照例声明一句：并没有说预设不重要哦。

概言之，**有没有生成不仅是教学是否真实的评判标准，更是教学是否有意义的重要评判标准。**

57 如何对待课堂"意外"?

课堂教学的难处之一是，学生都是"活的"。一堂课40分钟，他们在不停地变化发展。同时，又因为教案是"死的"，是预先准备好的；还因为老师有时会被教案"框死"，心中并没有对待"意外"的预案。

首先要说的是，课堂上出现任何意外都是合理的。而之所以出现意外，是因为我们备课不充分，是因为我们把备课内容视作课堂内容。

我们做好下面三点，会有助于减少这种意外。

一是备课要"吃透两头"，即吃透教材、吃透学生，这是老话。"吃透教材"考验教师的学科专业素养，比如文本研读等"纸面实力"；"吃透学生"更多考验教师的实践经验，即对课堂中可能会出现的意外有比较准确的预判以及临场应变能力，即"实战能力"。当然，如果有学生"预习反馈"，则更为理想。

在课堂上，"教材""学生"难分彼此。**教师面对意外，最重要的是引导，把学生的"接嘴""插嘴"、提出的预料外的问题等，引导、转化为课堂教学内容。**这时的意外就不仅不是"旁生枝节"，还会成为课堂上的生成内容，它使课堂变得更真实有意义，它有可能会成为一堂课的精彩点、闪光点。

二是不要把课备得很"满"。**一堂课中，总要设计一定的"弹性环节""开放时空"；换句话说，就是给课堂的意外预留一个"出口"。**当意外是在我们"意料之中"发生时，我们的课堂进程就不会被打断或打乱。这个弹性环节、开放时空可以是大问题引领的"完成任务"，可以是重点内容的小组讨论，等等。这与动辄把问题抛给学生完全不同，教师不应该把自己想不清楚的问题抛给学生；否则，就是在制造潜在的意外，而且很有可能是你解决不了的意外。

三是不断提升自己的素养。这个不难理解，只是语文的麻烦在于它的学习内容几乎无穷无尽，真有所谓"备左则右寡，备右则左寡，备前则后寡，备后则前寡，无所不备则无所不寡"的意思。

所以，最后一招就是，老实地承认自己"不会""不懂"，然后回头认真查阅资料，给学生满意的答复；换句话说，**应对意外的态度可能比解决意外的能力更为重要，更能获得学生的认同**。

如果还有补充，那就是要改变理念，深刻理解课堂教学的目的是"帮学生学得"，其困难处在"学生学"，而不是要"完成教案"，这可以帮助我们从"具体的知识点、试题"的泥淖里挣脱出来。对语文学习来说，知道或不知道某个知识点的重要性，已经不像以前那么重要了。应把精力更多地放在提升我们的核心素养方面，即掌握那种能解决更多问题的关键能力。

58 "播音员朗读"能替代语文教师课堂朗读吗?

"播音员朗读"或"艺术家朗读",让有些语文老师自觉不如,于是他们中有人就放弃了自己在课堂上的"范读"。这应该是对"现象实体"教师资源的荒弃,比较可惜。

原因可能与我们把教师的课堂朗读叫作"范读"有关。范读范读,顾名思义就是"示范性朗读"。从读音标准等方面看,我们的"示范"应该比不得专家们,既然他们读得更好,那我们何乐而不让他们代劳呢?

问题就在于,课堂上教师的朗读,其作用是"示范"吗?

恐怕远远不是。

它是一种教学参与,能拉近与学生的距离。教师读不准字音、读不好情感,有时反倒未必一定是坏事;其最大的好处应是"真实",展示出老师也在学习的状态。不可否认,班上就有学生可能读得比老师好,在语文学习的高年级段尤是如此。

它是一种情景创造。朗读有高明的技巧,但更是情感的渲染,是情感与情感交流的途径。**教师的朗读,有时比解释、分析,更能准确地传达文章的意蕴。**学生未必能说出他听出了什么意思,但他也许已经听懂了。

它是一种重要引导。既表达朗读的重要性,也传递出应该怎么朗读。如果它能引发学生的朗读兴趣,引发学生自己去朗读,则是教师课堂朗读最重要的作用了。教师读着读着,读得兴致盎然,读得激情迸发,于是学生也就跟着朗读起来,不是课堂的美好状态吗?

录好音,到课堂上去播放,就情景而言,与学生自己在家里上网点播,有什么两样呢?

另一方面,我们如果仔细听播音员、艺术家们的朗读,可能会觉得"好是好，总感觉少了点什么"。

少了点什么呢？对，就是那种现场感，那种面对具体学生的有针对性的情感传达。

套用一句话说，那种朗读是"没有灵魂的"；没有现场感的朗读，再标准，再声情并茂，听来仿佛也是干巴巴的。

好的朗读绝不会只有一种标准，更不是字音读得准就是好的朗读。而课堂上的教师是鲜活的，他有表情、动作，能变化。**教师往教室里、课堂上一站，就是一个具体情境，就有了朗读的氛围，就"像语文"。**

当然，并没有说播音员或艺术家的朗读就没有价值——这里只是说它难能替代语文教师在课堂上的朗读，我们完全可以把专家们的朗读当作另一种朗读样式来看待，还可能会引出一些不错的课堂问题："同学们听，有人是这样朗读的，你认为他们读得好吗？为什么？""你认为是老师读得好，还是专家读得好？为什么？""如果你来读，你会怎么读？"

当然，这不是语文老师可以不努力地持续地提高自己朗读水平的理由。

59 要从 "我这里有东西给你" 转向 "我们一起解决你的问题"

最近又接连听了一共七节课，如题的想法又浮现出来。

这七节课，包括之前听的若干节课，仍有比较明显的 "我这里有东西给你" 的意思——老师从某个既有知识点出发，告诉学生："同学们知道这个知识吗？不知道吧？好，那么我们今天就来学习这个。" 如果是学习某课文，常常就是 "让我们走近（走进）某人某文"。

我们 "以生为本" 的主张提倡了多年，但课堂较大程度上仍是 "青山不改绿水长流"。究其原因，如下正反两方面不可忽视。

一方面是 "我这里有东西给你" 的课对老师来说，上得方便、稳当。这是一个新知识，这是一个学生应该还不知道的知识，比如论述文的 "逻辑推理" "几种论据类型" "怎么提出一个新观点" 等，有些甚至还来自某些教育理论，有出处有来头；当然也有些是教师自己的 "创造"，比如怎么推理，教师根据自己的经验，概括出两三个解决策略、实现方法，然后告知学生。这样课堂开始前学生基本处于 "无知" 状态，老师就是 "知识的授予者" "权威者"，这课上起来，自然 "我说了算"，于是方便、稳当。

另一方面则是 "我们一起解决你的问题" 的课很难上，效果也未必就好。"你的问题" 从哪里来？自然从学生的现实学习困难中来。怎么获知？就必须要从学情反馈中得知，比如批改学生作业，比如课前调查，比如了解学生之前学习过什么类似知识，等等，然后从反馈中概括出教学内容。如论述文写作，"你的问题" 是什么呢？教师就要去看学生的文章，概括出学生写作论述文时普遍存在的几个问题，比如说 "观点庸常" "以述代议" "主观臆断" 等，然后根据某个问题，设计解决对策。这才是 "我的" 课堂教学内容，是不是很困难呢？何况提炼学情需要较高超的技能。更要命的可能还在于，我们的老师存在这样的疑惑：这样的课是不是感觉比较低级啊，没有什么"高端"的知识给学生啊……

"我这里有东西给你"的课，基本上否认或漠视了学生的"已知"。课堂内容以"新知识"为主，学生听着就好；上课时就需要学生"配合"。当然，学生"被"上了多年的课，老早就学会了在课堂上察言观色，辨别"老师需要什么答案"。如果老师"鼓动"得好，"引导"得好，学生也未必就不"活跃"。虽然，从学生的对答中我们能体会到，他们较多时候只是在"猜"——想起了《同桌的你》中的歌词"猜不出问题的你"，原来答题是靠"猜"的，而少有"思考"。如果老师的临场把控能力弱一些，上课就容易变成"讲座"。"来来来，我说你听，我说你记，记下了吗？记住了吗？"如果老师确实有"有价值的东西"，也是不错的；然而可惜的是，这种"有价值的东西"可能并不都是高中语文学习应该有的内容。

"我们一起解决你的问题"的课，虽然看起来不怎么"高大上"，但却"低奢有"。如果老师对学生的问题拿捏得到位，就能很快抓住学生的目光、心灵，虽然很难做到"兼顾人人"，但却可以最大限度地做到"调动学生积极性"。比如试卷讲评课中，如果每题都能说到学生的"问题处"，学生还会神游物外吗？这样的课上起来，必然是"活泼泼"、有生命力，从而较轻松、能互动的。

"我这里有东西给你"貌似高端，实则理念较落后，它还有一个弱点就是不知道课堂目标最终实现了没有——一堂课下来，对老师传授的知识掌握得怎样了呢？学生心中无数，较难明了。因为学生并不是很清楚这个知识要到哪个程度才算"掌握"。

"我们一起解决你的问题"则是放下教师的身段，从学习者角度切入，和学生一起探讨。当然，教师是"有备而来"，它有明确的学习目标——解决问题。问题有没有解决，学生容易做出明确的判断。

"我这里有东西给你"更适合知识的传授，更适合语文学习的"低段"。比如识字教学，那是"从无到有"的阶段，学生的学习确实需要模仿老师，按老师说的去做。

　　到了高中，语文教学中老师知道而学生不知道、老师不说学生就不知道的"知识"已经大大减少，但学生的问题却可能会越来越多，这是学生语文知识、能力不断丰富、提升必然带来的"高级局面"。如果高中语文课堂还是抱着"我这里有东西，你来学"的态度不放，一直如此下去，恐怕高中语文的学习道路就不可能越走越宽阔，不可能越走越有意思。

第三章
从任务设计看课堂

60 梳理与探究"这一篇"
——兼评陈大勇老师《奥斯维辛没有什么新闻》教学

《普通高中语文课程标准（2017年版）》在学习方式方面创造性地提出了"阅读与鉴赏""表达与交流"之外的第三种——"梳理与探究"。这种学习方式有可能会深远地影响之后的高中语文教学形态。

梳理是建构知识，探究是发现问题。梳理是由散到聚，由乱向整，是找联系，成体系，是把外在的、外入的知识吸纳、归整到自身已有的知识体系中，是回忆、辨析、整理的过程。这过程中也有扬弃，即会有一些难能归整的知识慢慢被遗忘。梳理就是建构知识，经过梳理的知识彼此间才能产生联系，才能成为体系，才能变为自己的东西。"梳理"之所以与"探究"连在一起，是因为对学生学习而言，它更多的是一个由旧知向新知的发展过程。表2-1试图对三种学习方式，从学生学习角度进行比较，或能更清晰地认识"梳理与探究"的特点。

表2-1 "阅读与鉴赏""表达与交流""梳理与探究"三种学习方式的要素对比

学习方式	学生的任务	功能特点	需要的能力
阅读与鉴赏	"什么意思?""好在哪里?"	由外而内的接纳、吸收	感知、理解、审美
表达与交流	"想说什么?""该怎么说?"	由内而外的言说、揣摩	措辞、连缀、修饰
梳理与探究	"如何归类?""有何规律?"	内外连通的对接、比较	整理、归类、发现

相比而言，就对学生能力的要求来说，"阅读与鉴赏""表达与交流""梳

理与探究"的能力层级逐步提升。自然，三种学习方式背后都离不开学生的体验、思考。

就具体课文教学而言，"梳理与探究"的内容应该是什么，又该怎么"使用"呢？恐怕还是要指向"这一篇"。无论是以人文主题，还是以语言体裁，抑或是以任务要求组合课文单元，在优秀的教材体系中，每一篇文章都有其独特的教学价值，发挥着其他任何一篇课文所没有的作用。这种特点与它作为语言作品的独特性往往是一致的。比如《奥斯维辛没有什么新闻》是新闻报道，但它的独特性、教学价值不应该在新闻报道的"通识"上，而在它作为新闻报道的独特性上，即那个能让它与其他新闻报道区别开来的"个性"内容。

【教学实录】

《奥斯维辛没有什么新闻》

重庆市第四十二中学　陈大勇

一、导入新课

师：请问新闻的结构一般包括哪些内容？

生：标题、导语、主体、背景和结语。

师：对，这是新闻的一般结构，也是新华社新闻惯用的结构，所以被称为"新华体"。大家阅读《奥斯维辛没有什么新闻》，找出它的导语。

生：第1段，导语都在第1段。

师：导语都在第1段，那本文的第1段能概括后面的内容吗？

生：第6段，它对后面各段起了概括的作用。

师：第6段能总领下文，那能概括上文的五段内容吗？

（学生都陷入迷茫状）

师：这篇新闻没有导语！并不是所有的新闻都有导语，也不是所有的导语都在第1段。请大家把书翻到教材的第38页，读一读"单元要求"的第3段。

……

师：这里告诉我们，新闻的结构具有多样性，不止新华体一种，今天，我们要学习一种新的新闻结构。

190

二、把握结构

1.教学阅读方法

师：如果我们不考虑本文是一篇新闻，而把它看成一篇普通的文章，你觉得它属于什么文体？

生（七嘴八舌）：游记散文。

师：对，是游记散文，那么，游记散文应该怎么去阅读呢？

学生一片茫然，教师提示，想想初中学过哪些游记，是怎么阅读的。

学生回顾、交流后，教师指导：先找到作者的游踪，然后看在每个游踪都观察了哪些景物，这些景物有什么特点，从中把握作者所抒发的情感。

2.阅读第7—15段

教师让大家就用刚才归纳出的方法阅读课文，填写表格。经过学生阅读、筛选、填表、讨论、修改、全班汇报交流后，形成表2-2（宋体字为原表已有）：

表2-2　《奥斯维辛没有什么新闻》中作者的游踪归纳

游踪	观看景物		不同人的反应		
			参观者	解说员	管理者
囚徒处置地	毒气室焚尸炉	毒气室的复制品	（有的）恐怖难忘		
		废墟上雏菊花怒放	（一些）终生难忘		雏菊花怒放
		毒气室焚尸炉	（一些）表情茫然		
	玻璃窗内	成堆的头发和婴儿的鞋子	（一些）浑身发抖		
	关押被判处绞刑的死囚的牢房		（一些）浑身发抖		
	女牢房中的睡觉盒子		（一个）惊惧万分	快步走开不值得看	
不育试验地	（未能进入）		庆幸没有打开避免了羞红脸	试推一下	门被锁着
长廊照片墙	数以千计的囚徒照片，大多表情木然，一个美女温和地微笑		（一个）思考：她彼时在想什么		
地下绞刑室	让人窒息的地下室		（一个）跪下祈祷（大多）恳求离开		没有祷告的地方
全过程	整个集中营，很安静		默默迈步，慢下步履	不多说话	

191

3.阅读首尾段

师：大家再看看首尾两段有什么特点？

生：内容相同。

师：首尾两段可不是内容简单的重复，有首尾的呼应，更有内容的加深，你们能体会到吗？

生：我体会到了。作者来这里参观，看见阳光明媚，绿树成荫，儿童在门口追逐游戏。作者参观后离开时，门口仍然是这样，既是呼应，更是强调。

师：大家想想，这里特意写儿童，而不是幼儿，有什么用意？

生：儿童代表未来，成人带他们来，应该让他们去参观，去记住历史教训，而不是在这里打闹嬉戏，这里也不是打闹嬉戏的地方。

师：作者对这种现象有怎样的态度？

生：第2段用了四个"不该有"、一个"应当是"表达了强调的情绪。在曾经的人间地狱，儿童们应该来接受教育，而不是在门外嬉戏，更不应该在这样的地方嬉戏。

师：这一段是作者在第1段的客观叙述见闻后的主观评价，是作者对新闻的"零度写作"原则的突破。新闻应该客观报道新近发生的事，而罗森塔尔却加进了主观色彩，突破了记者应持有的客观立场。为什么？

生：因为他也是游客之一，游客的态度、反应也可以是报道的内容。

师：所以，他是客观报道了主观感受，仍然是在写新闻。

4.阅读第3段

师：如果说第1—2段是集中营门外的所见，那么第3段写的是哪里的见闻呢？

生（迟疑地）：是游客中心吧。

师：对，游客中心，就是我们买票、等待进入的地方。作者看见了什么，有什么见闻？

生：看见了很多游客，了解到这里每天都有游客来，但是他们的目的各不相同。

师：对，有人是来这里验证惨剧的真假，作者把他们排在第一位，说明这种人还比较多。

5.阅读第4—5段

师：那第4—5段写的是什么内容？还是作者的参观所见吗？

生：应该是新闻的背景吧？

师：对。我们阅读新闻要能分清新闻事实与新闻背景。本文的新闻背景有：地理背景，集中营的独特位置导致了它被选作"杀人工厂"；历史背景，这里屠杀的惨状被幸存者、刽子手、波兰人讲述得很清楚了。

6.把握全文结构

师：所以，全文的思路是？

生：集中营门外—集中营游客中心—新闻背景—集中营内—集中营门外。

师：对，是按游踪安排的。从这里可以看出，这篇新闻与我们以前学习的新闻不同，它没有导语，它是用散文笔法写的新闻，被称为散文体。散文体的新闻应该按照散文的阅读方法去阅读。

三、专题研讨

把握了新闻的结构后，教师引领着学生开展一些专题研讨。

专题1：这篇文章以揭露纳粹的暴行为目的吗？

学生有的说是，有的说不是。

师：看所填表格的第二列，它是作者报道的重心吗？

生：报道的重心不是集中营的景物，而是通过对集中营这些景物的参观，重点报道参观者们的种种表现。

师：对，还有解说员和管理者的表现。本文的重心不是报道纳粹的暴行，纳粹的暴行14年来已经被揭露无遗了，继续报道它，就不是新闻了。

专题2：这篇文章报道的新闻是什么？

师：从参观者、解说员、管理者的表现，你看出罗森塔尔报道的新闻是什么？

生A：从参观者看，有恐怖难忘、惊惧万分、跪下祈祷的历史铭记者，但这样的人为数不多。更多的是表情茫然、对雏菊花怒放感兴趣、对不育试验地插科打诨、不愿意再深刻感受而急于离开地下室的历史漠视者，也有开始表情茫然，通过参观看见纳粹暴行的残忍而浑身发抖的转变者。

生B：从解说员看，他们只是在做导游工作，带着人们走完过程，很少解说，走得比较快，甚至认为没有什么值得看的，有的参观地打不开门就算了。没有借景点详细为游客介绍纳粹的罪恶和受害者的苦难，引导人们铭记历史。

生C：从集中营管理者看，任随废墟上雏菊花怒放，有的景点锁着让人无法参观，没有供人祷告的地方。

师：谁来归纳一下，罗森塔尔报道的"新闻"是什么？

生D：纳粹暴行结束了14年后，虽然仍有少数人铭记历史，但多数的人已经渐渐忘却这段残酷的历史了。

师：对！奥斯维辛的悲剧不仅是犹太人的悲剧，也是我们全人类的悲剧，对它的漠视，与纳粹当年的屠杀一样可怕，忘记历史教训，历史就可能重演！

专题3：明明发现了新闻，作者为什么三次说"没有新闻"？

众生迷茫。

师：大家再次阅读第3段，思考回答。

生："每天都有人从世界各地来"，有的来验证真假，有的来铭记历史，有的来凭吊受难者，罗森塔尔参观的这一天也是这样，早已不新了。

师：他发现的新闻，在奥斯维辛已经不新了，但对作者来说还是新的，对还没有去过那里的人们来说也是新的，那他为什么多次说"没有新闻"呢？

生：说这里没有新闻，则是对这种现象更深刻的揭露，更痛心的表达。

师：这样残酷的漠视，居然天天都在发生！太让人痛心疾首了！

专题4：罗森塔尔参观完后"非写不可的使命感"是什么？

师：阅读第6段，作者为什么觉得不写点什么就离开，会对不起在这里遇难的人们？

生A：参观者的漠视、解说员的漠然、管理者的淡漠都使他不安，他觉得要写点东西来唤醒人们，牢记历史，不让历史重演！

师：那么，大家从作者对细节的选择、材料的安排中，能看出这个意图吗？请举例说明。

生B：对各种漠视现象进行揭示，比如"雏菊花在怒放""庆幸他没有打开门进去""用恳求的目光彼此看了一眼"等。

生C：对仍存的良知进行彰显。如，"她在温和地微笑着"，面对死神也不卑怯。再如"她跪了下来，在自己胸前画十字"，也许是祈求死难者解脱，也许是祈祷这样的灾难不再重演等。

生D：对唤醒的良知进行张扬。有的参观者"很快地望上一眼"，在了解了纳粹罪恶后"不由得慢了下来"。有的参观者"表情茫然"，当看到对妇婴的屠杀和对死囚的虐待后"浑身发抖"。

师：分析得都很到位，都是从细节的选择来观察的，能从材料的安排中发现作者的意图吗？

众生（茫然）：……

师：就参观过程看，先看的是囚徒处置地，这是对现在活着的人的毁灭。

生E（突悟）：不育试验地是对未来的人的毁灭，纳粹想彻底消灭犹太民族。

师：是的，但是他们消灭了吗？你从哪里看出来的？

生E：姑娘的微笑表明，纳粹虽然可以消灭我们的肉体，但我们的精神你消灭不了。

生F：地下室参观者的祈祷也表明，人类没有忘记历史，纳粹的阴谋永难实现。

师：大家的理解都很深刻了，那么罗森塔尔的"使命感"是什么？请归纳一下。

生G：唤醒人们不忘历史。

师：奥斯维辛不是一段尘封的历史，纳粹屠杀的不仅是犹太人，更是对人类及其伦理的毁灭，需要用它警示后人，永远不能让这样的灾难重演。这也体现了散文围绕主题选择和安排材料、"形散神聚"的特点。

四、总结延伸

师：这是一篇用散文笔法写作的新闻，没有导语。它具有新闻的客观、真实、及时的特点，也具有散文的形散神聚、表现手法灵活多样的特点。怎么阅读这一类新闻呢？

生：按照散文的阅读方法，先看写了哪些材料，再看这些材料表现了什么主题。

师：对。我们学习了新华体、散文体的新闻，知道了它们的阅读方法。但是新闻的结构不止这两类，还有倒金字塔体、华尔街日报体等，我们后面再学习。

（本文为重庆市教育科学规划课题"以课例研究提升青年教师专业技能的策略研究"的研究成果，课题编号2017-04-487）

【课后评析】

《奥斯维辛没有什么新闻》是非典型但优秀的新闻报道，其优秀处正如陈老师的结论一样，这是一篇有"游记散文"特点的新闻报道。陈老师准确地抓住"游记""散文""新闻"等"这一篇"关键词，运用"梳理与探究"学习方式展开学习，内容与方式匹配度很高，效果较好，主要表现在以下几点：

第一，集中梳理，明晰"游记"体例。

陈老师从"新闻"入手，指向这篇新闻"不像新闻"的地方。学生根据自己的知识、经验，认为这是一篇"游记散文"。既然是游记，于是陈老师就给学生提供了一个表格，要求学生通读全文后，用归纳"（作者）观察了哪些景物，这些景物有什么特点，从中把握作者所抒发的情感"的方法，填写"参观者""解说员""管理者"的表现。

这个表格的设计是陈老师对教学内容精心选择的成果，其匠心体现在教师给学生提供了"游踪"和"观看景物"两列内容，即教师认为这两列内容比较容易达成，不应该作为教学要点；从而让学生有更多时间关注其他三列表格内容。同时，第7—15段是文章主体内容，人物、事件相对复杂，特别有集中梳理的必要。而这部分内容明晰之后，文章的首尾段、第3—5段的概括就变得容易，最后全文结构也就"水落石出"了。表格无疑是"梳理"学习方式的常用且高效的工具：它提供"脚手架"，使学生学习方向明确，学习内容比较集中，思维起点较高，能为紧随其后的探究奠定基础。

第二，深入探究，走向"新闻"内核。

这节课中专题研讨的部分有重要的教学意义。陈老师带领学生探讨了四个问题："这篇文章以揭露纳粹的暴行为目的吗？""这篇文章报道的新闻是什么？""为什么三次说'没有新闻'？""'非写不可的使命感'是什么？"。每个问题都指向文章"要害"，正是这些问题，使学生对文章的理解在梳理内容的基础上，在探究中更进一步，使课堂教学内容走向深刻、丰富。

且看师生的讨论内容："报道的重心不是集中营的景物……重点报道参观者们的种种表现。""奥斯维辛的悲剧……也是我们全人类的悲剧，对它的漠视，与纳粹当年的屠杀一样可怕……""说这里没有新闻，则是对这种现象更深刻的揭露，更痛心的表达。"……

本节课的设计亮点在于尝试进行"梳理与探究"，以期深入挖掘"这一篇"的学习内容，达到教学内容和学习方式的双重转型。但在"梳理与探究"的过程中，呈现的问题也较明显，具体说来有以下几点与陈大勇老师商榷。

首先，"游记"需要"梳理"，但梳理欠精准。

为"梳理"而设计的表格内容还不够精准，有些甚至可能还有错误，这使得梳理内容的效用大打折扣。现举其中一例加以说明：

"参观者"一列中，"（有的）恐怖难忘"，原文则是"每一个参观者都感到……恐怖……终生难忘"。"（一些）表情茫然"与"（一些）浑身发抖"在原文中属于同"一些"人的"开头"与"一看到……"后的不同表现，而表格中把"茫然"与"发抖"分为上下两行，可能会让人误解为他们是不同的"一些"人。"（一个）思考：她彼时在想什么"，从原文看，这个"一个"应该就是作者，与表格中"（一个）惊惧万分"中的那"一个"明显不同，都用"（一个）"没能做出应有的区分。

"梳理"这种学习方法，强调的就是归类清晰、逻辑分明；而且，可能就是因为这里梳理得夹杂不清，导致接下去的"探究"难能到位。

其次，"新闻"需要"探究"，但探究不到位。

师生的探讨很难说"到位"，甚至也存在一些错误，现就其中一例再行"探究"：

如探究"为什么三次说'没有新闻'?"部分。从课文看，应该只有两次说"没有新闻"：第一次在第6段，"没有可供报道的新闻"；第二次在第16段，"没有新鲜东西可供报道"。若是硬要说三次，得把文章标题算上。再者，"可供报道的新闻"与"没有新鲜东西"的含义难道是一样的吗？都是"没有新闻"的意思吗？未必。

学生对"说这里没有新闻"的理解是"对这种现象更深刻的揭露，更痛心的表达"，陈老师的回答是"这样残酷的漠视，居然天天都在发生！太让人痛心疾首了！"很可能完全误解了文章的意思。综观全文，相信更多的读者看到的应该是参观者们的"恐惧""震惊""难以置信""悲伤"等，更多看到的是纳粹的残暴、灭绝人性，如："参观者默默地迈着步子，先是……接着……步履不由得慢了下来……""每一个参观者都感到……特别恐怖，使他终生难忘……""……一看到……一看到……停下脚步，浑身发抖。""一个参观者惊惧万分……""参观者被带到执行绞刑的地下室去看一眼……他们感到自己也在被窒息……她跪了下来……参观者们用恳求的目光彼此看了一眼，然后对解说员说：'够了。'"

简言之，陈老师在教学"这一篇"时，设计很有新意，注重"梳理与探究"。但在"梳理与探究"的过程中，立足文本的功夫做得不到家，探究得不够到位，更多的是师生浮于表面、依据自己经验的"想当然"，而这种现象在当前的语文教学中普遍存在，当引起广大教师的重视。

【改进意见】

从整体上看这是一节值得肯定的课，也是一节有探索精神的课，尤其表现在探索教学方式和教学内容转型两方面。教学无止境，教学方式也很难说哪种最好，为了能更好地体现语文学科本位，"梳理与探究"好"这一篇"，提出下面两方面的参考意见，仅供大家讨论。

一、自主、开放、发现是探究应有特征

探究不是"放羊"，不可能完全由学生"自主"，但这并不意味着探究学习只能在教师的指令下、规定的范围里打转转。比较好的探究应方向明确，

但一定能留给学生充分的探究空间，即它必然是教师引导下的自主探究，且以学生的开放讨论，以学生有突破已有认知的新发现为标志的学习活动；否则，探究的成色就值得怀疑，甚至有可能会沦落为假探究、真问答。

这篇案例第三部分的"专题研讨"，先后由教师提出四个问题，它们的方向是明确的，但留给学生的探究空间却比较狭小，它更像是师生间的一问一答，探究的结果也显得表面化，泛泛而谈，更无"发现"可言。究其原因，可能是教师提供的探究问题过多，短短时间内要回答四个问题，事实上并没有给学生充分的思考时间，也没有让学生与同伴有展开讨论、交流的机会。

如果把四个问题缩减为一个提纲挈领的既能统领重要教学内容又有探究广度、深度的大问题，比如"为什么多次说'没有新闻'？"，那么学生的思考很可能就会涉及"没新闻算什么新闻报道""没新闻为什么还要写"等相关内容，而且可以肯定的是，学生发现的内容应该会比教师预设的内容要丰富；更重要的是，这种自主、发现的学习价值远高于"回答教师问题"。退一步说，即使学生在自主探讨过程中没有涉及教师认为的重要内容，教师也还可以当场加以引导；再退一步说，就算真的有某一方面没有涉及，也并不会影响自主探究、思考本身就具备的学习意义。同时，"一个大问题"在课堂呈现上会使得内容更集中，课堂结构更简洁，也才更像案例所说的是"专题"研讨。

二、研读"这一篇"是教学前置性要求

案例中师生的"梳理与探究"紧扣文本，紧扣语句，比如"儿童"、四个"不该有"、一个"应当是"、"每天都有人从世界各地来"、"不安"等，都使课堂学习显出血肉丰满的一面，都能显示出教师想把教学落到文本实处的努力。

但我们会发现，这些语句较多指向它们的内容即所谓的"写了什么"，比如学生认为"雏菊花在怒放""庆幸他没有打开门进去"等是"对各种漠视现象进行揭示"，对"她在温和地微笑着"解释为"对仍存的良知进行彰显"等。这种"以意会意"常常会使师生在学习过程中以自己的经验来替代基于文本语境的分析，进而出现这样那样脱离文本的理解。

相比而言，**对言语表达方面特点即所谓"怎么写"的关注如果更多一点，肯定会使课堂教学内容更有意义，更加精彩**。比如文章开头竟然用"最可怕""居然""还有"等词来陈述"阳光明媚""儿童在追逐游戏"；比如参观者们在执行绞刑的地下室说的全文唯一的两个字"够了"；比如"从长廊两边的墙上，成排的人在注视着参观者"，而没有说成参观者在观看挂在墙上的"成排"的已死者的照片，又说"他们都死了"此刻却"面对着照相机镜头"；比如说那个"二十多岁的姑娘"，"当时，她在想什么呢？现在她在这堵奥斯维辛集中营遇难者纪念墙上，又在想什么呢？"；还有贯穿全文的"隐形对比"，如当时集中营的残酷与当下的平静（恐怕并不能用乐景写哀情概括）、没有新闻却一定要写；等等。这些写法都比较特殊，值得仔细体会。**仔细揣摩"怎么写""为什么这么写"会引导我们发现更多的"语文教学内容"**。由此可知，**阅读教学的前提是文本研读，是教师"读出""这一篇"课文的语文教学内容**。

（本文发表于2019年第12期《中学语文教学》，略有改动）

61 对高中语文统编教材学习任务设计的五点思考

统编教材教学是课程改革内容的集中、具体的体现，承担着"辞旧"和"开新"双重任务，同时还要克服一些认识上的误区、实践中的盲点。从教学的角度看，它又集中体现在"学习任务设计"上——它比"教学设计"更能体现这一轮课改、这套教材进入课堂的要求，更有利于落实"立德树人""核心素养""自主学习""考试评价"及"学情调研"等目标。下面以统编教材必修上册为例试作分析。

一、强化立德树人目标

"立德树人"在这次课改中得到特别强调。语文课程在这方面有得天独厚的学科优势、不可替代的重要作用。这个育人总目标只能加强，不能弱化——使用多年的多样语文教材被"统编"取代就是一个明确信号。

以人文主题贯穿、结构诸单元，是统编教材在育人方面的重要体现。必修上册八个单元主题大致为：青春、劳动、人生、家乡文化、乡土中国、学习、自然、词语。之所以说"大致"，是因为它的主题看起来并不像之前的苏教版那么"纯粹"。比如第三单元的"人生"范畴相对宽泛，可以理解为曹操、陶渊明、李白等对人生追求、境界、价值取向等的诗意表达；比如第四、五单元的"家乡文化""乡土中国"，一个立足于学习者的家乡风土人情，一个提供的是具有普适意义的中国"乡土"特点；比如"词语"单元，既指向新词，又指向"旧语"，事实上是借对词语的梳理、积累，进而了解其演变、相互联系，接触到的是汉语背后的文化内容。但无论如何，这些单元传递出非常清晰的"文学育人""文化育人"理念，要给正在"成人"的高中生以美好、积极的成长教育。

但语文课程不是用它们说教，而是借精美的语言作品"移情"。这种

"情"是学习任务的精魄，是设计"安身立命"之所在，要让学生看到丰富，让学生感到优美，让学生热爱生活。 要努力让高中生在这些高品质文字的陪伴下、感染中、潜移默化里长大成人：毛泽东"青春的乐观的革命豪情"，茹志鹃"青春与战火中的悲壮、崇高与温暖"；《喜看稻菽千重浪》中袁隆平的"劳动不倦""创新不已"，《以工匠精神雕琢时代品质》中的新时代"劳动精神"；曹操雄阔的"周公吐哺，天下归心"，李白卓立的"安能摧眉折腰事权贵"；倍觉亲切的家乡风土人情，令人欣喜的家乡文化建设；中国的"乡土"情结，"乡土"的中国特色；荀子形象生动地阐述"学不可以已"，鲁迅精辟深刻地论述"运用脑髓，放出眼光，自己来拿"；郁达夫任性地"愿意把寿命的三分之二折去"，苏轼旷达的"物与我皆无尽也"；还有那藏在方块字中说不尽、道不完的文化密码、民族基因和对汉语言文字深沉的爱恋。

二、对接核心素养内容

从"语文素养"到"语文学科核心素养"可能是当代语文教学研究最有意义的收获之一，它有可能会解决长期以来语文学习内容"漫无边际"的问题，使它聚焦到"少数有用"的正确价值观念、必备品格和关键能力上。

"核心素养"有四方面，粗看似乎比之前的"双基""三维目标"要多，但仔细思考就会发现："双基""三维目标"指向所有基础课程，并非针对高中语文而言；"双基""三维目标"下位内容相对广泛，"约束"较少。**而语文学科核心素养关注学科内容，且四方面"核心素养"下面还有12个"内容点"，教学内容显得"诚意十足"，落实的可能性也得到提升。** 这12个内容点分别为："语言建构与运用"下的"语言积累与建构""语言表达与交流""语言梳理与整合"，"思维发展与提升"下的"增强形象思维能力""发展逻辑思维""提升思维品质"，"审美鉴赏与创造"下的"增进对祖国语言文字的美感体验""鉴赏文学作品""美的表达与创造"，"文化传承与理解"下的"传承中华文化""理解多样文化""关注、参与当代文化"。它对学习任务设计的启示是：所有的学习任务，都应指向四方面"核心素养"，都要能与12个内容点对接得上，从而切实规范长期以来语文教学相对随意、随性的内容，牢牢把握"少数有用"的科学方向。比如第一单元的学习任务"……这些意象有怎样的特点？激发了你怎样的情思？如何通过意象来欣赏诗歌？记录下自己的思考，写一则札记"，就可以对接"鉴赏文学作品"中的"感受和体验文学作品的语言、形象和情感之美……"。而如果把学习内容设计成"《百合花》故事发生在怎样的时代背景？小说的开端、发展、高潮、结局分别是什么？结尾有什么含义？"，则可能离核心素养内容有些远了。

特别值得提醒的是，**核心素养内容不是静态的知识，而是处于发展变化中，准确地说是不断提升中的解决问题的能力，它是在"具体情境"下完成"典型任务"的能力**。即我们所设计的学习任务不应该指向"搜索可得的知识"或"教师兜兜里的唯一标准答案"，而应该是多种多样的"解决方案"、丰富多彩的"学习成果"。

三、转变课堂学习方式

转变学习方式是课改的关键，但实施中依然存在这样那样的不到位情况。其中一个原因可能就是教学中缺乏"得心应手"的学习方式。而"学习任务"有可能填补这个"缺位"，简单地说，**它能够把课堂学习方式从"教师教课文"推向"学生完成学习任务"**。

统编教材貌似还是我们熟悉的"单元结构""选文式"，但蕴含其中的教学理念发生了深刻变化。据之前试教统编教材的老师们反映，按照传统的"教一篇课文再教一篇课文"的方式，很难完成教学任务，而应该按"学习任务群"的思路进行教学，重视每个单元的学习任务，"从后头教起"，即用"单元学习任务"来统率、串联单元课文，使课文成为完成学习任务的"学材"。如果说"人文主题"是教材编写的一条思想内容线索，那么"学习任务群"就是教材编写的另一条更为清晰的学习方式线索。必修上册八个单元与人文主题、学习任务群对应关系见表2-3。

表2-3 必修上册各单元对应的人文主题、学习任务群

单元序号	人文主题	对应学习任务群
一	青春	文学阅读与写作
二	劳动	实用性阅读与交流
三	人生	文学阅读与写作
四	家乡文化	当代文化参与
五	乡土中国	整本书阅读与研讨
六	学习	思辨性阅读与表达
七	自然	文学阅读与写作
八	词语	语言积累、梳理与探究

换句话说，**单元教学任务不是教师"教一篇篇课文"，而是让学生"完成单元学习任务"**。比如第七单元主要不是为了单独地、割裂地学习《故都的秋》《我与地坛》《赤壁赋》等课文，而是要用它们完成单元学习任务，如"选取你认为最精彩的段落，反复朗读，细加品味，写一段评点文字"，"写一篇不少于800字的散文。……与同学交换阅读……把全班的习作编辑成册……"。因此，"任务式""大单元"应该成为统编教材的学习方式，同时也应是学习任务设计的重要特点。

这里特别需要加以说明的是**"学习任务"并非"课堂问题"**，学习方式的转型绝非把"问题"改为"学习任务"就算完事。"任务"至少有与"问题"未必相同的三个突出特点：其一，"任务"要求学生有一个持续思考、实践的过程，大多需要较长一段时间来完成；不是"你问我答"就能完事，所以一堂课如有多个"任务"，那么其质量就值得怀疑。其二，有一个任务完成后相对物化的成果，比如梳理出一张整本书内容结构图，写出一篇文学评论，编辑完成一本散文集，而不是"头脑风暴"一番、"对话"一番后，就了无痕迹了。其三，它往往是"开放"的，即虽然有对学习成果的评价要求，但却常常并没有"标准答案"更不应有"答题模式"，而是把创新、创造作为优秀成果的关键指标。

四、关注考试评价变化

《普通高中语文课程标准（2017年版）》中提出了"学业质量"概念，对它进行了相对细致的说明，并对学考、高考提出比之前详细得多的命题建议。之后，相关文件又明确说明不再提供所谓的"考试大纲"或"考试说明"，课标成为唯一的"考试评价"标准。综观2017年版课标，可以清晰地看出其"学教考一致"的理念，课标希望能充分发挥考试评价在引导教学方面的"指挥棒"作用，从而走出之前几次课改由于"教考分离"而影响课改效果的困境。

我们有必要重新审视以考试为重要内容的课程评价系统：它肯定不只是导向应试，而是指向育人、核心素养；**评价系统以能考查的"客观"要求，努力给学习效果相对模糊的语文课程建构一个评价的"科学指标"**；它是多元的、过程的、开放的，也应该会随着时代发展而变化……从这个角度看，笔者愿意把**"考试评价"看作是从人才培养"出口"这个反向角度来深入理解"立德树人目标""核心素养内容""自主学习方式"**：国家需要这样的人才，然后按人才的"样子"描述评价要求，再要求教学根据评价要求，调整自己的教学内容、方式。这样一来，我们就好理解看起来有点矫枉过正的从"以教定考"到"以考定教"的重大转变。也就是说，随着考试评价改革的不断深入、渐趋科学，我们紧扣"考试评价"而进行的教学活动，就既不会脱离语文课程的正确方向，同时又将会做得更加规范，更加有效。

当然，虽然课标上的"学业质量"分出"四方面五层级"共20个"评价点"，但相对浩瀚的高中语文学习及其评价来说，这毕竟只能是方向性的引领，它们具体化为考试乃至试题后究竟会是什么模样，无疑值得我们密切关注、深入研究。基于此，笔者认为"先研究考试再研究教学"并非危言耸听，而可能更切合这次课改要求。这就要求教师**在设计学习任务时，应优先考虑其"评价"**，把学生完成教师设计的学习任务究竟应该且能够达到怎样的"评价目标"思考得透彻、清晰、具体、可操作，使之能切实发挥"近处"保证学习任务完成质量、"远处"培养学生应试能力的积极作用。

五、重视具体学情调研

这并不是新事物，但对学习任务设计却分外重要甚至必不可少。设计学习任务要求教师能集中地、准确地提炼出一个核心学习内容，而舍弃相对次要的、学生自学能够完成的、思维含量不高的内容。而能为教师择用或研发学习内容提供参考的，只能是学情调研。换句话说，只有这样，"以生为本""先学后教"等理念在"学习任务设计"中才能得到更好的落实。同时，这也是学习任务设计中唯一完全由一线教师掌控，或者说完全依赖教师去完成的因素，也是前头所说的四方面内容最终顺利进入课堂、产生学习效益的切入点。

这种依具体学情不同而进行的学习任务设计，进入操作阶段是"可选择"的。统编语文教材每个单元后都有三个学习任务，有的学习任务下还有更细化的任务，但这些任务并非都要求学生不折不扣地完成。如果教师认为自己有更适合自己班级学生的学习任务，也完全可以自己研发教学内容。这就是笔者经常提及的新课标理念下新时期高中语文教师的"核心素养"——课程研发能力，即这次课改对教师的课程实施能力，提出了更高的要求，要设计好学习任务，教师就要努力从**"教材有什么教什么"转向"学生缺什么教什么"**。

但是调研学情却并不容易，"先预习、再反馈、后设计"可能是比较务实的做法。所谓"阅读教学从学生阅读后开始"也是这个意思。建议如下：让学生先通读单元所有文章，对大多数高中生来说，即使是阅读文言文，基本读懂并不难。然后要求学生回答两个简单问题：一是初读感触，让学生用一两句话来表达；二是让学生提出一两个最重要的疑难问题。然后教师收取学生的反馈，以初读感触为基础，以解决学生疑难为主要方向，设计学习任务。

打个未必恰切的比喻，如果把"学习任务设计"视为"驾车出行规划"的话，那么"立德树人目标"可视为"导航仪"；"核心素养内容"则是承载坐车人出行的"车身"；"学习方式"自然就是发动机，不同水平的学习任务将带来不同的动力值；"考试评价"可看作"仪表盘"，一路伴随，提供各种相关数据；"学情调研"就是驾驶员——越是优秀的设计中，这个驾驶员越可能是学生，而教师则坐在旁边的教练席上。

（本文发表于2020年第3期《教学月刊·中学版（语文教学）》）

卷 三

想教学，领悟语文内涵

导语：语文是从课堂教学"大数据"中提炼出来的

如题的话说得武断了，但对"身在其中"的一线老师来说，未必就没道理。语文作为"实践性"课程，老师们对语文的认识，一定程度上来自"听课"经验的累积，颇有"操千曲而后晓声，观千剑而后识器"的意味。我们尤其明显地"听到""看到"，语文学习内容一直随着时代的发展、教育理念的更新、课改的深化而变化。

对高中语文来说，我们还应该明辨其与义务教育阶段语文课程的差别。这种差别归根到底是学生成长阶段的差别，它落实到语文上，则是思维发展的差异。高中三年，是学生理性思维大发展的三年。核心素养之"思维发展与提升"应该是高中语文特别重要的内容，或者说，由于较长时间里未能受到语文教学的深刻认识和应有重视，它在当下变得分外重要。

"实践性语文"的另一大特性则是"挥之不去"的考试评价问题，它有时甚至在语文课程中发挥着支配性作用。毫无疑问，准确地认识它在语文课程中的地位、作用，将有助于我们更科学地把握语文内涵。

第一章
难点是学习内容的创生

⑥② 抓出问题并试着解决
——2019年12月12日在北京听田园老师"反对记叙文'新八股'"课有感

"抓出"指敏锐、精准地提炼出学生学习中存在的问题，而这个问题通常还具备"见怪不怪"甚至"熟视无睹"的特点——它不止于所谓的"发现"，而是"于不易见处看见"。

对高一的学生来说，一篇写得并不差的甚至都得到老师表扬的记叙文，问题在哪里？这篇"例文"还必须是"好文章"，否则，就少了探讨的意义、学习的价值。所谓"有难度的才叫学习任务"是也。

摘录开课班级班长写的题为《通关密语》作文的两个片段，如下。

画面中，梅花错落有致，深浅自然，疏密得当，浑然天成，我终于领悟了画梅花的通关密语——天人合一。

……正值迷惑间，老师突然邀请我去赏梅，我虽不明白老师的目的，但还是跟着去了。来到园中，老师指了指远处那片梅花，示意我去看看。我还以为老师有什么独特方法……硬着头皮走上前去，突然被一种神奇的力量所吸引。抬头观察：有些梅花正高昂着头，无惧凛冽的寒风；有些梅花正低下脑袋，思考着自己的心事；还有些梅侧着脸，在和别的梅花交流。眼前的世界突然活了起来，我瞬间起了兴致。远观，朵朵梅花错落有致，大小形态各不一样；近观，花瓣颜色由深及浅渐渐变化，花蕊探出脑袋，样子甚是迷人。枝条交错间，远方夕阳渐渐西下，霞光万道，映黄了花瓣。我沉浸其中，一片宁静祥和，我第一次体会到这种超脱世俗之外的淡泊怡然，这种天人合一的境界带给自己的提升，与自然融为一体，方知何为自然。我顿悟了画国画的真谛，也理解了自己画的不足之处，朵朵梅花蹿进我的心中，打开了我的心结。……

这堂课内容"归属"于统编教材必修上第六单元，该单元共有六篇课文，依次是《劝学》《师说》《反对党八股（节选）》《拿来主义》《读书：目的和前提》《上图书馆》。

根据田老师课后说课的意思：这个单元从"读写相关"看，应该让学生写论述文，但考虑到学生还在高一，正处于记叙文写作的"后期"，这时候来反观"记叙文'新八股'"比较合适；重要的是，学生中确实普遍存在这种问题；而且提升记叙文写作能力也完全可以从思辨角度进入，于是，就把这堂课定位为"反对记叙文'新八股'"……

而且，这堂课前，田老师还让学生自己概括"记叙文'新八股'"。我相信，当高中生回首自己的记叙文写作时，再结合《反对党八股（节选）》课文——据说，这篇文章学生普遍比较喜欢，这与我们的"预判断"有出入吗？——应该都会有感触、反省的，更不用说这还是人大附中的学生。且看如下学生的整理，未必就不如我们老师概括的：

选材——素材老套，老生常谈

结构——格式套路，千篇一律

语言——堆砌辞藻，言之无物

立意——揠苗助长，适得其反

可见，我们所看到的课堂教学是整个单元教学的冰山一角。

于是，田老师要求同学们从"新八股"角度议一议这篇《通关密语》。

生A：结构上比较套路……

生B：写的是学习绘画的事情……这篇文章中却说"天人合一"，比较高深……我觉得比较奇怪……赏梅，然后悟出了秘密，显得太高深……

生C：比如说，赏梅的过程，前面都很正常，突然被一种"神奇的力量"所吸引，这个"神奇的力量"挺神奇的……

师：记得上节课，你说了个四字词语，还记得吗？对，事情分离，是

"事、情分离"哦……

　　笔者不认为只有少数老师能发现甚至"抓出"类似的写作问题，但之所以这类教学内容还是不多见，可能在于老师们"懒得"深入思考、仔细揣摩，"懒得"尝试给出解决方案，即由于它的"老大难"，我们就"算了"。于是，田老师的"试着解决"就很值得我们学习了。

　　田老师让学生针对刚才的课堂内容，小组讨论"修改方案"。

　　生A："天人合一"，高度很高，可以"降"下来，到"人与自然和谐相处"上，调不要定得那么高……

　　生B：……中间那段对梅花的描写很好，可以保留；"天人合一"，或可以转向"格物致知"，就是观察事物，把事物表现出来……

　　生C：被"一种神奇的力量"所感染部分，可以加一些描写，从不同感官的角度，写出梅花给我的各种感觉，慢慢达到那个较高境界……

　　师：……如果是高手，可不可以不放弃"天人合一"呢？

　　在学生的"众口一词"中，这种"反拨"非常及时，很有必要，它会带领学生的思维实现"否定之否定"，从而走向深入。

　　生D："天人合一"没有问题……问题是，"天"有了，"人"在哪？……就是作者自己……当时你在哪？……哦，在卧佛寺……看梅花，如果看不出新奇的东西，就难能上升到"天人合一"的境界……

　　师：看梅花，很难看出"新奇"……但"我"是在卧佛寺看哪……我给同学们一句话（PPT放映出），老子说："人法地，地法天，天法道，道法自然。"

　　生E：这可能是在讲一种意境的关系，是人和自然的关系。它是过程性的，但作文中却一次到位了。……如果能把这个过程讲充分了，未必就不能达到"天人合一"的境界……

　　师：这是写记叙文的高级阶段，这关系到作文中的"我"，同学们说，他应该是一个怎样的人呢，还是我们的班长吗？

　　众生：……道士……和尚……李白……妙玉……辛弃疾……

　　最后，田老师要求学生结合刚才的讨论，对文章的关键段落进行修改。

让人颇能产生"教学相长""教学相得"感慨的是，一位同学提出了这样的意见：

这是班长的作文，我们能修改吗？他写的是他的"画梅花"，我们不能"替"他来写的……我们不知道他的"天人合一"……我们只能写我们自己的"画梅花"……

于是田老师大大夸赞了这位同学，把写作"自然"归结到"写自己的文章"……

那么，最后，田老师把这个问题"解决"了吗？

仔细的老师都已经看出来了，**这种"解决"绝非定一个调子，给一个"标准答案"；而恰恰只是"试着解决"，但事实上并没有"解决"，最后那位同学甚至还"推翻"了这堂课所进行的"解决"努力。**"解决"之妙，可能就在这里。

63 从音乐的角度赏析写音乐的诗歌

——2019年12月11日在嘉兴听苏丰华老师《琵琶行》课有感

在苏教版教材中，《琵琶行》与《蜀道难》《登高》《锦瑟》编排在一起，作为唐诗的"典型代表"出现；综观高中教材（无论是苏教版还是统编版），它也是唯一的"长篇叙事诗"，这是笔者对《琵琶行》"特点"的认识。所以我教这首诗歌时，侧重于赏析其"用诗歌讲故事且写得很长"。

统编教材这个单元的编排内容与苏教版颇为相近，也指向古代诗歌的阅读与鉴赏。

但苏老师明显有与我不同的新构想，听了令人激动。唯有创新，才能使课堂充满激情。

这种创新构想就是：它是写音乐的诗，要从音乐欣赏的角度来学习。我们一旦突出了"音乐性"，再来看诗歌的其他叙事内容，比如送别朋友、交代琵琶女身世、诗人自述等，仿佛在其他许多诗歌里都有"影子"，确实并非这首诗的独特之处。

课堂一开始，苏老师先播放流行歌曲版（注意：不是古典乐曲版的）的《琵琶行》。

笔者对此的第一反应是难免有点"俗套"。但苏老师接下去问学生"这样的演唱好不好?"，几位学生基本都说"好的""喜欢的"，这引起了我的注意：如果学生喜欢这样的音乐，那是不是就说明我们往这个方向去还是合理的甚至是应该的? 我又想，我未必认同把这首诗歌"唱成这样"，是不是也说明我比较"落伍"于当代高中生了呢?

苏老师接着偏又"宕开一笔"，径直"突入"诗人与琵琶女的情感，让两人形成"对话"。

PPT放映出：

琵琶女：夜深忽梦少年事，梦啼妆泪红阑干。

白居易：春江花朝秋月夜，往往取酒还独倾。

伴随着苏老师的提问：

在浔阳江头的秋夜里，他们为什么如此感伤？

这种大刀阔斧、大开大合的教材处理明显来自教师的深思熟虑甚至"反复试验"：全诗篇幅太长，一堂课不可能面面俱到；叙事诗内容的掌握，对海宁市高级中学的学生来说并不困难，也没有必要面面俱到。在学生齐读"寻声暗问弹者谁……"后，老师用比较简略的方式处理好"外围"内容，然后将教学的"目光"集中到了"音乐描写"：

师：其中表示白居易动作的词有哪些？……

生：移、邀、呼、唤……

……

师：我们要感谢白居易，千年前用无声的文字凝固了优美的音乐，让我们今天把它唤醒吧。

这里有一个特别亮眼的设计、处理：

师：琵琶演奏这部分的节奏，比起"邀相见"的节奏要复杂得多，我们一起画画看。

接着，苏老师在黑板上画"坐标"，跟学生一起读诗歌，像画心电图一样来画琵琶弹奏的起伏变化。比如音乐节奏、声音高低之"急、私语、错杂、落、滑、难、凝、歇"等（我进而想到音质区别之"雨、语、珠、玉盘、莺语花底、泉流冰下"等）。然后让学生根据这种节奏再一次朗读这一段。

非常明显，学生读得比第一次"有节奏"得多了，颇有"立马见效"之现场感；这种朗读指导，难得！

师：真正好的音乐是有灵魂的……

音乐节奏真是"心电图"也！

接着，PPT放映出下一个问题：

音乐人生，你听到了琵琶女怎样的人生和心声？

苏老师让学生结合这段音乐，联系琵琶女的人生、情感，谈谈二者的"契合"处。

琵琶女有那样的情思，于是她的琵琶演奏中就会有那样的"节奏"；现在我们"倒推"回去，听到这样的琵琶声，然后揣摩演奏者的人生历程、情感变化。这无疑是"贴着音乐解人生"了，精妙！

然后，师生探讨的话题中再加入诗人这位听众，他怎么就会有"同是天涯沦落人"的感受呢？他又是怎样的人生、情感呢？他的人生、情感又是怎么与琵琶曲"节奏"一致的呢？

最后这场讨论归结为：**琵琶曲在这个特定场景中，成为演奏者、听众的人生、命运的交响曲！**

真所谓：

一曲肝肠断，天涯何处觅知音；

千载沦落人，琵琶声中见衷情。

64 怎么把课文变为"学习材料"？

——2019年10月30日在温州听黄惋莉老师
"常与变：战争语境中的死亡讲述"课有感

课文不是"教"的，而是"用"的。这句话讲了很久，但怎么用，却很难。黄老师这堂课是非常漂亮的"用课文教"的例子。

首先就是被谁"用"、怎么"用"，不是简单地说让师生来"用"，让教学来"用"——它应该被"教学主题"所用。即**要选取足够"有力"的主题，来贯串专题（单元）所有的文章**。

苏教版《语文·必修二》第二专题"和平的期盼"的单元导语给了我们提示，指明"叙述"是一个重点："……当我们沉浸在故事中时，请注意叙述就是选择，作者用'我'的眼睛讲述他看到的故事，让我们通过他的视角去看人生与世界；摄影者用他的镜头叙述故事，让我们看到了难忘的瞬间。"

我们来看黄老师的课题——常与变：战争语境中的死亡讲述。

即"叙述"只是一个大概念，它必然要落实到这个专题课文中，于是有了"战争""死亡"的思想内容限制，也有了"常与变"的艺术手法的提炼。

这个主题到底能不能涵盖专题内容、形式，一是要看主题的选择精准与否（一般说来，教材都会有大致的方向，但精细处还需要教师自己确定）；二是要看教师能否在课文群中发现、挖掘出与之相呼应的内容，这就是我们常讲的"文本研读"的功夫了。

其次就是要根据教学主题择用课文相关材料。

梳理全课，黄老师把这个专题中四篇课文的很多"有用"材料都提取出来了，如果没有对专题内容的精熟，恐怕是做不到的：

《落日》之最后"讲给子孙听"这一段："我们将来也要讲给子孙听……

否则，我们将无面目对子孙后辈讲述这一段光荣历史了。"（朱启平《落日》）

《百合花》之"常态描写"与"隐藏血泪之'变'"："……这时这位同志叫我们快趴下，他自己就一下扑在那个东西上了……""……给他们拭洗身上的泥血迹。""我急拨开他们上前一看，我看见了一张十分年轻稚气的圆脸……"

《一个人的遭遇》之索科洛夫看到阿拿多里尸体不哭，见到凡尼亚哭，在夜里又哭："我的儿子躺在里面……我的阿拿多里的同志们，朋友们，擦着眼泪，但是我没有哭，我的眼泪在心里干枯了。"

《图片两组》之上海火车南站婴儿在血泊中哭、小男孩走在贝尔森集中营遍布尸体的路上。

《落日》是新闻报道，所以它的"讲述"就是纪实，黄老师高明地抓住了语段中的"讲述"这个关键词，有点题的作用。《百合花》《一个人的遭遇》是艺术的讲述，教师所选取的语段明显地是在"用"课文服务于"常与变"了。《图片两组》是摄影作品，教师则比较巧妙地把它设置为一个检测学习效果的任务：用刚学过的"常与变"的手段，来"叙述"第二张图片的内容。

黄老师对四篇课文语段的"使用"手法颇多变化，使得课堂呈现没有重复之感，而显得多样而丰富。这与这个专题课文的"新闻报道""小说（还分别是中国与外国的，且风格差异较大）""图片"所呈现的"多姿多彩"的材料形态是一致的。

就课堂教学效果来说，还要有一个给学习材料设置情境的问题，即让学生与专题课文内容产生"亲近感"的问题。黄老师所选用的材料只能用"用心"来形容了。这就是课堂开始时播放的慈溪中学2018届10班的同学瞻仰烈士陵园的德育"社会实践"活动录像——《踏着血迹前进》，于是课堂非常自然地从同学们的社会生活内容，简直是"无痕"地过渡到聆听和讲述"血泪"这个主题。

一堂课里对专题课文的"使用"看似有限，但如果从整个专题设计的角度来看，就能感觉到"整体大于局部之和"的效果：

轻与重：战争语境中的情节逻辑

隔与通：战争语境中的人物塑造

显与隐：战争语境中的写实笔法

常与变：战争语境中的死亡讲述

我与我们：战争语境中的主题升华

光看标题，是不是就很"变"，又挺"常"呢?！这或者就是"大单元设计、任务式驱动"与"教了一篇再教一篇"的区别，也应该就是"把课文变成教学材料"的效果吧。

65 从"任务不同于是内容相异"看"教材是学材"

——2019 年 12 月 10 日在金华再听朱建杭老师《百合花》课有感

2019 年 10 月底在慈溪中学，听朱老师第一次上《百合花》一课。

彼时的《百合花》在苏教版语文教材必修二"和平的期盼"专题中，与其他三篇即《一个人的遭遇（节选）》《落日》《图片两组》放在一起。朱老师那堂课的题目为"叙述就是选择——'和平的期盼'群文阅读"。这里且称为"课一"。

两个月后，再听朱老师上这一课时，它出现在新版统编语文教材必修上册第一单元，单元内共有七篇课文，依次为《沁园春·长沙》《立在地球边上放号》《红烛》《峨日朵雪峰之侧》《致云雀》《百合花》《哦，香雪》。单元主题为"青春"，属于"文学阅读与写作"学习任务群。这次朱老师的课题为"百合花——硝烟背后的青春"。这里且称为"课二"。

"课一"是以"选择"为主线、"战争"为材料："2020 年是世界反法西斯战争胜利 75 周年，两幅作品参加'遭遇战争'主题摄影作品展，为你最欣赏的作品投票并说明理由。""同学们的预习反馈中，有些'我'是带引号的，但也有些是不带的，为什么呢？""如果你出演话剧《百合花》中的'我'，在下列台词中加一个语气词'哎'，你会加在哪里？为什么？"（详见本书另文《能选择就有精彩的可能》）——这堂课立足于"叙述中的选择"，指向"鉴赏"。

"课二"中"青春"的人文主题无疑更为突出：

一开始，朱老师就让同学谈"对青春的感想"：

众生：在矛盾中成长的……有梦想……为之拼搏……有爱情……

师：青春与战争相遇时，青春又会激发出怎样的火花呢？……小说中的人物有个共同点……

众生：青年人！

师：对，跟同学们的年龄都差不多呢……

然后，让学生选择文中某一场景，为小说配一幅插图，陈述选择的理由。

生A：新媳妇把新被子盖到通讯员身上，……这是一个最美的坦白，爱的宣言……

生B：第47段的场景，"皎洁的月亮……"左侧是……右侧是……战争中……吃月饼……

生C：第56段，新媳妇……缝补衣肩上的破洞……

虽然这样好像也是"选择"，但远了"叙述"，近了"人情"。

接着，老师再让学生任选一组人物关系，结合细节描写，讲述人物心理变化。

生A：通讯员和新媳妇——前者对后者的影响，通讯员牺牲后，新媳妇对革命理解得更深刻了，比如缝补细节，之前是笑，之后是"庄严"……

生B："我"和新媳妇——"那些妇女放不开手来……"，"我"跟她说了半天后，她就同意了，"我"对新媳妇的影响……

生C："我"和通讯员——开始时，对战争的理解，还不深入，之前是文艺的，之后认识到战争的残酷……

生D：新媳妇对"我"的影响……

生E：通讯员对新媳妇的影响——二者之间的关系是微妙的，新媳妇跟通讯员之间有对比，新媳妇对小通讯员有可亲可爱之情，关怀、爱怜之情。牺牲之后，感情上受到强烈的震动，所以她会献被……从关怀到悲痛、崇敬，这是一种情感的升华……

这番问答，听起来更着意于"成长中年轻人的情感交流、相互影响"。朱老师把作为同龄人的当代高中生、小说的阅读者，"拉"到小通讯员、"我"、新媳妇的"关系群情感群成长群"里，希望教室里的青春与硝烟中的青春能形成情感共鸣。

最后，朱老师让学生"作为和平年代的青年人"，为这篇小说写一段推荐词。以当下青春"看"战争中的青春，设计比较巧妙。

众生：纯真的挽歌，歌颂了青春的使命，青春的永生，我们新一代人……三个平凡的年轻人，那是光照进来的地方……百合花是三个年轻人无关风月的纯洁情感……我们的青春是不懈追求，小说中的青春是战火中的百合花……

课堂中，朱老师努力想做的，应该就是让年轻的读者去感知、思考青春的美好、珍贵、崇高和伟大的意义。

我不禁想，如果《百合花》放在"革命文学"专题，与《红岩》《荷花淀》等放在一起，它的学习内容恐怕还可以有"变化"。又想，如果出现在课一、课二中的不是《百合花》而是《谁是最可爱的人》，恐怕也未必会影响"叙述就是选择""硝烟背后的青春"两课的学习效果。

以上至少想说明两个意思：

往小了讲，教师面对教材，要有"课程研发"的意识和能力，要选择内容、角度，创设适合学生的学习任务。课文可以从多个角度去学习，越优秀的文本，这种可能性越大。

往大了说，**语文学习中，我们需要的只是优质的文本，而不一定非某个文本**。学习李白与学习杜甫、读《红楼梦》还是读《三国演义》的语文学习效果应该并没有什么差别。我们要逐渐正确认识教材的"地位"：不是教学目标本身，而是到达教学目标的"材料"。

66 模范不久远，精神永流传

——2020年3月20日听钱菁老师
"人物通讯的典型性与时代性"网课有感

这个单元无疑要突出袁隆平、张秉贵、钟扬三位人物对当代高中生的教育意义。事实上，据我所了解，当代高中生对模范人物并不像我们想象的那样排斥，而是比较佩服、尊重乃至喜欢的。

这些模范人物与"小鲜肉"们对青少年的影响似乎不能用"吸引力"来衡量，更不应用"市场占有率"来比较。他们应该可以是并行不悖的两个方向的"内容"，没有必要做非此即彼的取舍。即佩服袁、张、钟与喜欢某娱乐明星，对当代高中生来说，应该是不矛盾的。

当然，基于教科书立场，宣扬他们的事迹，让更多的中学生知道他们，是正常的、必要的。更何况在"劳动"的内涵已经发生了"时代性变化"的当下，必修上册第二单元出现袁隆平、张秉贵、钟扬等人，另具针对性意义。

作为家长，我当然更乐意孩子学习这三位，而不是其他人——这就是教材内容的"民意"基础，也是钱老师这堂课的现实意义。

课堂一开始就让学生"从内容角度学习"，让学生梳理三位劳动模范的事迹及其精神。见表3-1。

表3-1　袁隆平、张秉贵、钟扬三位劳动模范的典型事件与人物精神

人物	典型事件	人物精神
袁隆平	1. 袁隆平发展并培育杂交水稻 2. 袁隆平敢于挑战权威，证明培育杂交水稻的理论设想是科学的 3. 面对质疑，袁隆平凭着他的杰出的学识和大量的实践，用事实说明"杂交稻既能高产又能优质" 4. 袁隆平将杂交水稻带向世界	坚持不懈　勇于冒险 不畏艰险　不惧困难 敢于探索　敢于挑战 坚定不移
张秉贵	1. 给哭闹的小女孩糖，想得周到 2. 帮助赶火车的顾客提早买好糖 3. 热情招待遇事不顺心的女顾客 4. 回忆做伙计时遇兵痞受辱一事 5. 去糖果厂采访，主动了解糖果知识，热情为顾客推荐糖果	体贴入微　善良敬业 和蔼可亲　热情温和
钟　扬	1. 15岁考上大学并利用课余时间旁听武大生物系课程 2. 辞去武汉植物所的工作来到复旦大学 3. 主动到西藏采集种子，高原反应也无法阻止他向上攀登的脚步 4. 参加各种科普活动，撰写、翻译、审校了10本科普著作 5. 乐于接收任何热爱植物的学生 6. 突发脑出血后更加拼命工作，依旧申请援藏	勇于冒险　不惧困难 刻苦努力　勤于钻研 永不放弃　乐观豁达 敢于献身

如此可谓起点颇高，即这堂课任务设计的重点不在内容，而在"梳理"之后的"探究"。钱老师高屋建瓴地抓住了两个关键词——典型性、时代性。

师：通过梳理，我们找出了这三篇文章的许多共通之处……

然后师生探讨得出相关答案：典型人物、事件……赞扬人物精神……多角度多层次……

然后就是展示学生的许多"我"的疑问。这就是实事求是——"劳动"似乎真有点遥远，学生对学习这三位劳动模范的事迹也必然有疑惑：为什么写这些而不写那些？

1. 为什么要写钟扬"胁迫"领结婚证的事情？

2. 在视频中，袁隆平爷爷称自己为"80后"，非常幽默，为什么这样一个能使人物生动丰满的事例却没有选入课文？

3. 我觉得钟扬穿一条从地摊买的29块钱的牛仔裤的事情也很好啊，为什

么没有重点写？

4.课文在写张秉贵时，为什么不写他独有的"接一、问二、联系三"销售法？为什么他反复刻苦练习技能的事例课文只是一笔带过？

老师还特地呈现出两段文本，要求学生对比、探究，为表现典型性，人物通讯在选材上有何特点。

野外科考的艰苦超乎人们想象，经常七八天吃不到热饭。钟扬和学生们饿了啃一口死面饼子，渴了就从河里舀水喝，"食物不好消化才扛饿，饥饿是最好的味精"。晚上，住的是牦牛皮搭的帐篷，因为严重缺氧，煤油灯很难点亮；冬天，盖三床被子也无法抵御寒冷，早上洗脸要先用锤子砸开水桶里的冰；路上，常常被突袭的大雨冰雹困在山窝窝里，车子曾被峭壁上滚落的巨石砸中……

——《一粒种子的初心与梦想》

"那次，我们跟着钟老师去采集高山雪莲。我们从海拔5200米的珠峰大本营出发向更高的山地挺进时，钟老师出现了严重的高原反应，头痛欲裂，呼吸急促，全身无力，随时都会有生命危险。"这位同事回忆。

大家都建议钟扬待在帐篷里，他却说："我最清楚植物的情况，我不去的话，你们更难找。你们能爬，我也能爬。"最终，钟扬带着学生在海拔6000多米的珠峰北坡，采集到了被认为是世界上生长在海拔最高处的种子植物——鼠曲雪兔子，也攀登到了中国植物学家采样的最高点。

——《"探界者"钟扬》

学生纷纷在评论区发言：

生A：体现他们的社会价值……

生B：这篇文章主要是想突出钟扬作为科学家的品质，因为想要突出的点不一样，于是选择的材料也不一样。

生C：感觉文章主要体现工作上的品质……

……

师：《喜看稻菽千重浪》主要想表现袁隆平的科学探索、创新的内容，《心有一团火，温暖众人心》则围绕张秉贵的"暖"来写的，《"探界者"钟扬》则是围绕钟扬的多重身份来写的，突出其工作拼命……袁隆平的幽默风趣、张秉贵的练习本事、钟扬的29块钱牛仔裤，可能都不是很重要，所以都可以舍弃……

再用PPT呈现出表3-2。

表3-2　三篇人物通讯的选材

人物	主要事迹	人物精神
袁隆平	发现天然杂交稻的杂种一代但试种失败 寻找并发现天然雄性不育株 用事实反驳对杂交稻的贬斥 提出战略设想，规划并选育超级水稻	注重实践 探索创新　敢于挑战 实事求是　平和大度 勇于担当　不断进取
张秉贵	关照抱小孩、赶火车的顾客 耐心热情对待情绪不好的顾客 自己孩子生病依然微笑面对顾客 通过多种方式熟悉业务 只顾买得多的顾客，受质问后检讨自己 受到顾客回馈关怀	体贴入微　大度热情 隐忍奉献　积极进取 懂得反省　懂得感恩
钟扬	考入少年班后转入植物学研究 自作主张开结婚证明 不挑剔住房 挑战极限采集种子，建立种子方舟 以多种方式科普 "接盘"落选研究生，招收西藏研究员	倔强坚定　开拓进取 雷厉风行　不重物质 责任担当　关爱学生 工作拼命　甘当先锋

接下去就是"时代性"问题了。

PPT放映出以下问题：

张秉贵离年代已经很远，为什么要学习他？

班级将发起以"张秉贵与时代"为话题的讨论，你将从哪些方面来阐述张秉贵的时代意义呢？

225

学生在评论区纷纷留言：

生A：当时中华人民共和国刚刚成立……他身上的精神品质以及工作态度，这些对当下我们每个人都适用。

生B：希望能带动社会中的正能量、好风气……

生C：应突出张秉贵的贡献，他对当时人民影响很大。

生D：百废待兴之时……激发人民的奉献精神……为祖国建设做贡献……

然后钱老师做出小结：袁隆平、张秉贵、钟扬三人虽有不同，但都有共同的特点，"我们的时代"需要他们这样的精神——自然地从这三位模范"延伸"到当下。

PPT提问：

我校拟举办以"战'疫'"为主题的征文活动，请你根据钟南山院士和李兰娟院士的事迹，拟写一则人物通讯的标题，并思考将选择哪些材料。

学生在评论区纷纷"留言"：

生A：时代的楷模

生B：战"疫"前线的司令员——钟南山

生C：疫情冲锋者——钟南山

生D：挡在新冠病毒前的大山——钟南山

生E：人类的天使，病毒的克星

生F：逆行者——李兰娟

……

当然，袁、张、钟三位的人物通讯，分别写于2001年、1977年、2018年，就文章时间看，他们可以算分别属于三个时代的典型人物、模范人物。但是，他们同时又都具有"穿越时间"的力量，有某种属于我们民族所特有的精神传承。

正如钱老师在课堂上引用《让时代精神在凡人情愫中升华》中的话一样：

典型是时代的一面旗帜，人物典型必须具有鲜明的时代性。这种时代性首先表现在人物的时代精神上，不同的时代有不同的时代特点，每个时代都需要与时代精神相适应的典型来弘扬时代精神，推动时代前进。

67 考点需要 "教学化"

——2020年5月23日在湖州听余晨阳老师 "补写句子题复习" 课有感

当然，首先要 **"有考点"**。

对一位年轻教师来说，这并不简单；但余老师在课堂上体现出与她的教学年龄不大相称的 "老教师的考点意识"，且看她的课题。

讲到 "课题"，又要吐槽一下了，在我看来，优秀的课，总要有一个独有的题目。它不应是课文的题目比如 "《祝福》第一课时"，不应是 "考题" 的名称比如 "文学作品复习"，而应有辨识度，就像文章总有一个标题一样，如果我们承认自己的工作富有创造性的话。（详见本书另文《我们的教学设计应该取怎样的标题？》）

余老师这堂课题目的全称就叫 "瞻前顾后细斟酌，上串下联补佳句——补写句子题复习"，尤其是 "瞻前顾后" "上串下联" 算是扣住 "连贯" 这个语用考点了。

之所以还要提一下 "有考点"，是因为现实中可能有些复习课还是 "做题＋校对答案" 的模式，而不少高一高二的课还是 "只见课文难见考点"。

考点，相比于宽泛的素养，更具系统性、科学性，它是 "切实" 的素养。 真正高明的教学，往往 "自然" 包含考点；没有考点的教学，则容易流于泛泛。

其次，考点还需 **"事实化"**。

正如余老师接着呈现的内容一样。余老师先用PPT放映出近五年浙江语文高考卷中语用题的考查情况，以及2019年高考语文全国卷Ⅰ、卷Ⅱ的语用题。

因为写在《考试说明》上的考点毕竟是 "纸上的"，它讲求 "合理"、讲

227

求"体系"，却不一定在考试中都能拥有"平等的地位"，受到"同样的重视"。

比如"语用"这个考点，近些年的《浙江省普通高考考试说明·语文》上罗列了五项：

①语句的扩展，语段的压缩；②句式的选用、仿用和变换；③常见修辞方法的正确运用；④常见修辞方法：比喻、比拟、借代、夸张、对偶、排比、反复、设问、反问；⑤语言表达的简明、连贯、得体、准确、鲜明、生动。

然而，随着教学理念的发展，随着学生语文素养的提升，"事实上"前四点已经越来越少出现在考试中，重心则落实到第五点上。换句话说，"语用"这个考点，就是侧重于考查学生表达的"简明、连贯、得体、准确、鲜明"，而"生动"由于难以评价，也越少见了。

明白了这点，教师在语用题的复习中，就知道重点在哪里，不会把战线拉得过长，不会把内容铺得过宽，乃至"草木皆兵"。

余老师这堂课的内容应该就是从这些年的"事实"考点中概括出来的"连贯"。

然后，余老师在"事实"考题基础上，进行比较细致的"规律总结"：以说明性语段为主；围绕一个明确的中心话题；一般为3句，内容贴切，逻辑严密；句间关系多为解说、递进、并列、承接、因果……再让学生"提炼"解题方法，形成结论：通读，明对象，定中心；精读，看提示，定内容。

这种"规律"未必很精准，但其可贵之处在于，它们是教师、学生自己概括出来的，而不是从哪里照抄照搬，于是颇有探讨、发现的意味，与"照背"然后"遵守"几条既成的答题要求，在学习价值上相去甚远。

再次，则自然而然地落实到**考点"学情化"**。

在复习课中，它一定程度上就体现在学生的"做题"上，其关键在于教师能否针对学生的答案，给出切实的指导。

接下来，余老师用PPT放映出2019年浙江卷第五题，让学生在三分钟内解答。

在下面一段文字横线处补写恰当的语句，使整段文字语意完整连贯，内

容贴切，逻辑严密。每处不超过15个字。（3分）

　　考古学是利用古人遗迹遗物重建古代历史的学科，尽管先民的物质遗存作为古史研究的直接史料有益于重建古代物质文化的历史，但仅满足于人类物质文化历史的建设，①　　。理由很简单，人类社会的历史不仅包括物质文化历史，也应包括精神文化的历史，我们不仅要关心古人是如何生活的，②　　。这意味着真正的考古学研究，③　　，同时更要通过这些物质遗存研究先民精神文化的成果。

　　学生回答第①处填空：

　　生A：远远不够的。

　　生B：不能建立人类历史。

　　生C：还要关心古人的精神世界。

　　生D：不仅要研究……

　　教师的指导是：内容提示、关联词、句式、标点、指示代词……

　　再用PPT放映出2016年高考全国卷Ⅲ的语用题："自第一颗人造地球卫星进入太空以来……"

　　学生回答，教师指正：

　　生：甚至地球上的人类生活也会——受到威胁……

　　师：可能只能给你1分……

　　生：——受到影响。

　　最后是当堂进行"新题练习"。余老师在这个阶段有一句话给我留下深刻印象："我认为同学们的措辞还可以更讲究一点……"这就对了。"语用"考点从《考试说明》到事实上的试题要求，再到学生答案的"提分空间"，具体到"填空句子"这个层面，就在于"讲究措辞"，就在于寻找那一句"瞻前顾后""上串下联"的，合乎前后文内容和逻辑的"那一句""那一词"。

　　近想2023年，"连贯"的"考点"可能会消失，但"讲究措辞"这个素养点却一定会留下来。

68 考点约等于"核心素养点"

——以文学作品阅读题为例谈研究考点的重要性

有些老师虽然"应试"的弦绷得紧紧的，但对《考试说明》的研究却并不深入，对考点较难做到心中有数，无疑是比较遗憾的事。

之所以这样，可能是因为老师们对《考试说明》的重要意义认识得还不充分。

《考试说明》是政策性文字，表达凝练，含义丰富、深远。编制《考试说明》的专家们，对其表述肯定是字斟句酌，反复推敲；相比"吟安一个字，捻断数茎须"，恐怕也不遑多让。《考试说明》既要秉承课程标准的精神，又要遵循考试的科学要求，还要顾及高中教学的实际，关系到广大考生利益，需要非常周全的考虑，绝非易事，需要极为慎重。

以高中语文文学作品的阅读考点为例。据我观察，学生对这类考点并不很清楚，在答题中虽然知道要"分点答题"，但对于这个"点"怎么"分"却一直比较茫然，这可能与老师对考点的认识也欠清晰有关。

这里有两个问题：**一是如何读懂考点，二是如何使考点"教学化"。**

所谓"读懂"首先要明辨其"虚实"，即哪些是实在的考点，哪些是"虚设"的考点。比如2017至2021年的《浙江省普通高考考试说明·语文》中，列出文学作品阅读题的考点总共八条，如下：

1.作品结构的分析，作品主题的概括。

2.作品体裁基本特征和主要表现手法的分析。

3.重要语句丰富含意的体会，精彩语言表达艺术的品味。

4.作品形象的欣赏，作品内涵的赏析，作品艺术魅力的领悟。

5.对作品所表现的价值判断和审美取向的评价。

6.从不同角度和层面对作品意蕴、民族心理和人文精神的发掘。

7.对作者的创作背景和创作意图的探讨。

8.对作品的个性化阅读和有创意的解读。

这些都会考到吗？那我们就要从理念上、实践上进行推敲、归纳。

考察历年题目，我们会发现，几乎所有的题目都集中在前四个考点，后四个考点几乎没有涉及，这是为什么呢？

因为它们很难考，很难评价，"出不了题"。那为什么还要罗列出来呢？

因为作为考点，它们并不是都要出现在试题中，但必须成系统地反映这部分的考查指向。

或者说，后四个考点都是间接反映在我们的试题中，我们不能因它们没有明确考到就忽视它们的存在意义。

如果细致起来，"结构的分析"会怎么分析？"主题的概括"出现的次数多吗？之前多一些还是近几年多一些？"作品形象的欣赏"到底指什么，又怎么"欣赏"？"个性化阅读""有创意的解读"与所谓的"探究题"是什么关系？"探究题"怎么探究？……这些莫非没有研究的价值？

一线老师对这些内容如果能心中有数，自然就更容易把它们"教学化"，于是我们的教学就会更有"准头"，就会更从容、自信，效果应该也会更好。

比如我们教学文学作品时，心中就要有内容、主旨、手法、结构、语言等五方面"考点"，教学中有意识地指向这五个点，引导学生熟悉这五个点，要求学生答题时多多顾及这五个点。相比我们每篇文章总是讲写作背景、作者介绍、相关链接等，这样不是会有意义、有效果得多吗？于是，就引出另一个问题：用考点来引导教学有必要吗？有意义吗？

我们提倡核心素养，而到达核心素养的主要途径不外乎阅读与鉴赏、表达与交流、梳理与探究三条，但落实到具体文本阅读上，情况要细致、复杂得多。即这五点是不是学生阅读文学作品的关键能力和必备品格呢？这五点是不是学生核心素养的"最大公约数"呢？

答案是肯定的。

因为高中语文课程中的文学作品阅读，并不是漫无边际的"文学阅读"。

顺便说一句，语文和文学是两码事。语文指向所有高中生而不是指向少数偏爱文学的、在文学方面有造诣的学生，它要兼顾"公平"，要指向"基础能力"。

不仅文学作品阅读，其他考点也是这样。

换句好理解的话就是：如果我们不明确什么是核心素养，那么可以从研究评价、考试开始，从读懂《考试说明》及《考试说明》之后的"学业质量标准"开始。

69 读古人书，所为何事？

——2020年5月22日在嘉兴听张红霞老师《诲人不倦》、赵洪华老师《秋水》说课有感

当然是为了应试，好吧，"应试"最大。这个时候正是高考"热火朝天"的阶段，于是自然想到。

那么，"应试"之余呢？还有其他的吗？

海盐的这次教研活动居然与高考拉开了距离，立足于高一、高二的教学，也算是别开生面的"一股清风"。

张红霞、赵洪华两位老师的说课较好地回答了这个问题，给我以启发。

首先应是从"古人书"中获得较系统的经典文化知识。

正如张老师所说的："学生对几大思想观点的核心不熟悉……"张老师提出，要把"用联系的眼光探究文本丰富内涵""打通知识点，尝试设计问题并解答"作为《诲人不倦》一课教学的重点、难点，教学生"学会如何结合学过的知识，并融会贯通"。具体落实到课堂中，则是让学生"梳理课文主要知识点"，在"做练习"中联系《论语》其他内容。最后得出的结论是：要熟悉儒家基本思想并灵活运用，要回归课本！

即张老师把课堂教学定位在：用《诲人不倦》"联通"其他《论语》内容，把儒家主要理念"联成一片"。体现出老师具有可贵的系统思维、学以致用的教学理念，这对文化经典读本学习更是重要。

进而想，我们学习《〈论语〉选读》，如果难能整体上把握儒家的主要思想，建立起相对系统的认知，甚至，再由儒家到其他"家"，勾勒出古代思想家们给中华文化奠定的思想体系，可能就会有"入宝山而空手回"之憾了。

其次就是用"古人书"学得的知识解决现实问题。

张老师的《诲人不倦》课已经有这种意思，赵洪华老师的《秋水》课更是如此。

赵老师在说课中展示了非常细致、耐心的"落实"功夫。比如对"时、河、辩、之、于是、以为、焉、而、东、于、之、莫己若、我之谓、少、轻、弗、长、殆、见、大方"等文言字词的辨析，比如对包括词义、用法、特殊句式等诸多文言知识点的重视。

赵老师让学生自由诵读，通过小组讨论和借助工具书了解重点词句的含义，并让学生展示讨论结果。进而掌握"秋水、灌、天下、己、顺流、旋其面目"等貌似容易其实另有内涵的重要文言字词。

最后设置一个写作"拓展题"，要求学生就读完课文后的体验和思考写一篇文章，并提供"立意"参考：人外有人，天外有天；眼界决定境界；由人观己，突破自我，方能不断进步；大小可以相互转化；人贵有自知之明；自大由于无知；知耻近乎勇……

文言文学习对当代人"解决现实问题"的影响主要体现在如下这两方面：一是帮助学习者通过积累文言字词及其用法而读懂浅易文言文，二是让学习者获得思想上的启发。

赵老师最后说的也正是"读古人书""为当代人服务"的意思："学生通过本堂课的学习，对一些特殊的文言字词句能有一定的掌握，也应该能从课文中领悟到一些生活中的深刻的哲理。"

另外，两位老师虽然没有明确提及，但都已经体现出"读古人书"的第三个比较"内隐"的作用：**帮助学生积累习得知识的体验，掌握学习方法，培养学习能力**。即相对学生初中时已经学过的《论语十则》《濠梁之辩》，现在的《〈论语〉选读》《秋水》，无论内容还是思想高度，都有了较大的发展。

相信学生在学习这两块内容时，会自然地联系起之前的知识，体会到自己知识"前后呼应"式的"成长"，体会到自己阅读能力的提升。相比现代文阅读，文言文学习更具有基于"积累"的"融会贯通"特点，它的学习具有"滚雪球"的效用。比如张老师希望达成的"使知识系统化"、赵老师让学生借助工具书了解重点词句含义等，就是"授生以渔"。相信优秀的学生能够从中领会得到，进而慢慢地可以脱离"教"而自己去"读懂"，去"读得更多"。

读古人书，所为何事？

一曰了解先贤思想，二曰提高"读懂"古文能力并能"古为今用"，三曰习得古文学习方法。

70 每个单元都有 "必备知识"

——2020年9月11日在杭州听周燕老师
"意象选择与新诗创作初探"课有感

周老师这堂课启发我关注新课标、新教材下的"知识"。

因为现在比较强调"活动""任务""素养","双基"尤其是其中的"基础知识"仿佛受到冷遇，甚至讲"知识"有时都会被认为有点"不合时宜"，教师自己有时也会有点"不好意思"。

这里可能有"误解"：

其一，虽然语文学科跟其他学科相比，高中语文与义务教育阶段语文相比，"知识"的重要性确实不可同日而语，但知识并非不重要，更不是不需要；只是**从评价的角度看，"知识"有了"必备"与"非必备"的区分**。必备知识就像"核心素养"一样，虽少数但特别重要，需要透彻了解、掌握。

其二，对知识的考查方式已经与之前的不大相同，"记背"的内容越来越少，在"用知识"方面的考查越来越多。

周老师这堂课紧紧抓住的"意象"，无疑就是必备知识。

课堂导入开门见山："全诗不着'悲'字，却处处透出悲情，诗歌是通过什么达成的呢？"

高一学生在这方面的知识肯定不是空白，马上就给出了答案：意象。

接着，关于意象的探讨进一步深入：

师：《沁园春·长沙》《立在地球边上放号》《峨日朵雪峰之侧》等诗，都是通过意象……且看诗人在创作诗歌时，是怎么选取意象来表达情感的？

众生先后补充：符合自己想要表达的情感……意象之间相互关联，比如，立在地球，都要选取有气势的意象……要有相同的气质，要切合意境、情感……

师：意象从何而来？

众生：眼前看到的，眼前之景……想象……

从整堂课看，到这里算是对意象学习的"预热"，是"唤起学生已知"，接下去才是周老师希望引导学生深入、透彻掌握意象的新内容。

周老师先让男、女同学分别诵读《沁园春·长沙》和马致远的《秋思》，再让学生思考后讨论，回答问题。

师：这两首中有同样的意象吗？

生：层林、老树……

师：有同一意象，却寄寓着不同的情感，为什么？

生：主要是修饰词的不同，"层"林，"老"树……

周老师再让学生"实践"。

师：能否把"枯藤老树昏鸦"改得有朝气一点？

生：青藤绿树飞鸦……鸦，还可以换作燕子，轻燕，新燕……

然后PPT放映出"学习活动三"：

学以致用，激扬青春

1.自读自改，要求：选取合适的意象，营造意境，传达出情感。

2.以四人为一小组进行交流，选出佳作，全班交流展示。

即要求学生对课前已经写好的诗，根据这堂课的学习内容，在意象选用、修饰上做出修改，再行交流、展示，并用实物投影展示学生修改后的诗歌：

……秋云舒卷/秋水潺湲/常青香樟/金黄银杏/校园景色多美妙……

最后，周老师展示了自己写的一首诗《秋天之歌》，诗中可见满满的意象，满满的"意象择用、修饰"：

从池塘里掬一捧清凉/从果园里捎一股醇香/秋来了/唱着一支金色的歌/来到城里/来到村庄/没有春风杨柳的得意/没有落红飘零的忧伤/没有如火骄阳的狂热/没有寒霜飞雪的冰凉/你唱远行的艰难和苦涩/但并没有失望和悲伤/你唱秋收的喜悦和满足/但并没有自负和狂妄/啊！面对满地黄花/满园桂香/秋风啊——/我想和你一起唱

237

一堂课，不可能让学生把意象理解得既全面又深透，且这堂课听起来是单元学习的开头，周老师之后的教学中完全有可能把它导向更难的意象新内容，比如"意象内涵的发展、变化""意象的'传承'与'新铸'"等。

最后，呼应文题，借题发挥，罗列并说明"**每个单元都有必备知识**"，供学生参考，见表3-3。

表3-3　必修上册各单元的重要知识

单元序号	人文主题	重要知识（概念）
一	青春	意象
二	劳动	人物通讯、新闻评论
三	人生	知人论世、古诗词音乐性
四	家乡文化	采访、考察、查阅文献
五	乡土中国	整本书阅读（核心概念，全书逻辑思路）
六	学习	说理方式（比喻、对比，针对现实）
七	自然	情景交融
八	词语	词语积累、解释（源流、熟语、新词、一词多义、古今异义、辨析、感情色彩、语体色彩）

需要说明的是，这些"知识"颇具新课标、新教材的特点，按其"新旧面貌"分，大致可分为三类。

第一类是"**老知识**"。比如第一单元"意象"、第三单元"知人论世"、第七单元"情景交融"，都是"众所周知"且从小学到大，其"必备性"不用多说。

第二类是"**新的老知识**"。比如第二单元"人物通讯、新闻评论"、第三单元"古诗词音乐性"、第四单元"采访、考察、查阅文献"、第六单元"说理方式"、第八单元"一词多义""古今异义""感情色彩""语体色彩"等，它们是"老面孔"，但在新教材中，被赋予了新语境及学习意义，相比而言，其"必备性"有所提升，值得重视。

如第六单元"说理方式"，在"单元学习任务"中表述为"多以比喻阐发道理","大都运用了对比的方法说理",似乎更倾向于把比喻、对比作为修辞手法而不是论证手法来看待,虽然在《拿来主义》"学习提示"中确实出现了一次"比喻论证"的说法。

又如第八单元"词语"实在是"巨大的知识",它简直就是"微观语文",所以其"必备知识"也就不少。

第三类可算是**"新知识"**,是2017年版课标、统编教材"带"来的。比如第五单元"整本书阅读"相关知识、第八单元"词语积累、解释"中的"源流、熟语、新词"等。只能说,**时代的发展,使语文学习的必备知识有所"更新"而不是"增多"**。

⑦ 要的就是"独一份""这一篇"
——结合倪江、吴静、周秀娟三位老师
《游天台山日记》课堂谈纪实游记语文学习意义

　　不知道把《游天台山日记》叫作"纪实游记"合不合适。因为游记在古往今来的中国，大多数都是"不认真地游"，然后认真地"寄情山水"；而徐霞客的游记无疑是特别"不合群"的一类，它是特别认真地游，又特别老实地写——姑且这么说吧。

　　且看高中语文统编教材必修上册第122页"学习提示"中的表述："我国古代还有不少写景、记游名篇，如王勃《滕王阁序》、王禹偁《黄冈竹楼记》、徐霞客《游天台山日记》等，可以找来阅读、比较。"

　　细究之，其中《滕王阁序》虚饰不少，历史人文、个人感喟内容居多，更可归入宴游一类；《黄冈竹楼记》偏重建筑物描述，写景不多，记游寥寥。它们跟《游天台山日记》仿佛较难"捏合"到一处。

　　这个单元的选文之《赤壁赋》，有写景、记游，但写景、记游可能并非苏轼想要表达的重点；《登泰山记》，按倪江老师课上所说，该文确实有徐霞客游记的特点，但很明显，姚鼐在徐霞客之后，也就是说，**徐霞客之前，没有谁把游记写成他这个样子**。至于倪江老师在课堂上呈现的李白名文《梦游天姥吟留别》，那个游，更是纯粹的"虚构"，确实的"梦游"了。

　　据倪江老师课上展示的徐霞客的自陈：

　　张骞凿空，未睹昆仑；唐玄奘、元耶律楚材，衔人主之命，乃得西游。吾以老布衣，孤筇双屦，穷河沙，上昆仑，历西域，题名绝国，与三人而为四，死不恨矣。

　　令人印象深刻的是，周秀娟老师在课堂上呈现了一个重要环节——罗列

一些语段，让学生判断哪一个是徐霞客写的：

清风徐来，水波不兴……白露横江，水光接天……

萦青缭白，外与天际，四望如一……

适有孤鹤，横江东来，翅如车轮，玄裳缟衣，戛然长鸣……

跟"寺前后多古杉，悉三人围，鹤巢于上，传声嘹呖……""停足仙筏桥，观石梁卧虹……"放在一起，语段的风格差异就更加明显，简直一望便知：其他记游文字可归一类，徐霞客的是另一类。虽然，如前头所说，"极天云一线异色，须臾成五采。日上，正赤如丹，下有红光动摇承之……"也颇具徐文"纪实"之意，但毕竟是"徐第一"与"姚第N"的区别矣。

这也就是周老师这堂课的关键词"独美"之体现。

简言之，徐霞客身上，"我就是不一样"的特征，实在太明显了。

他出身官宦之家，读书，却不热衷仕途，看起来也难与当时的士大夫们走到一处，写的文章既不"致君尧舜"，也不清风明月，既不才子佳人，也不怀才不遇；同时，仿佛也并不"两句三年得"，也并不"语不惊人死不休"。

且看他的文章都有些什么。

有的是"流水账"：

癸丑之三月晦……四月初一日，早雨。……初二日……初三日……初四日……初五日……初六日……初七日……初八日……

……自宁海出西门。……三十里，至梁隍山。……行十五里，路有歧，马首西向台山，……又十里，抵松门岭。……自奉化来，虽越岭数重，皆循山麓；到此迂回临陟，俱在山脊。……又十五里，饭于筋竹庵。……从筋竹岭南行，则向国清大路。……行五里，过筋竹岭。……又三十余里，抵弥陀庵。上下高岭，……二十里，暮抵天封寺。……

当然也有所谓的写景抒情语句，但都只是寥寥数语，作者用意似并不在此，比如"云散日朗，人意山光，俱有喜态"，"而雨后新霁晴，泉声山色，往复创变，翠丛中山鹃映发，今人攀历忘苦"，"岭旁多短松，老干屈曲，根叶苍秀，俱吾阊门盆中物也"。

那么，"题名绝国"怎么"题"呢？从事实看，**肯定不是"我到此一游"，而是"此到我这里一游"**，即徐霞客要把自己的游历记录下来。于是语文学习的意义就浮出水面，就是用语言文字实现自己的终身理想：把祖国山川实录进"我"的游记中，或者就是服务自我人生。

当然，其他读书人也是用语言文字服务自我人生：书中自有黄金屋、颜如玉、千钟粟。只是他们"功名"多半是社会化的、政治化的，这也是读书、写文章历来被看作仕途敲门砖的原因。

不能说徐霞客写游记就不功利，但这个功利却是源自"我愿意""我喜欢"，即文字直接服务于自己的需要，这在"读书做官""货于帝王家"的古代知识分子中，很可能是"独此一家"。

因为徐的文字又不同于"寄情山水""浇胸中块垒"，所以它就是那么直愣愣、实打实的"初二日初三日""又三里又五里"，不媚俗，不从众，不做作，不夸张。

退一步说，徐霞客用《游天台山日记》这样的文字，**拓宽了写作的功能，使之可以"为我而写"**。

不要小看语言文字的这种功能，在一片"替圣人立言"的"众说"中、"人声鼎沸"中，它足够另类，足够"独一份"！于是，从当下语文学习的功能看，这也足够"超前"了！

我们为什么要学习语文？

为了满足自我的生命需求，远不止于为科举、为高考，而是借助它安放我们的生命。试想，如果徐霞客没有用语言文字把他的旅行经历写成《徐霞客游记》，他的生命可能也就在他的自然生命终结时而消散了，就像历史上无穷多的没有文字传世的其他人一样。

也正是因为这样，400年后的我们，能够通过文字，感受天台山的风韵。尤其是天台山的小伙伴们，对家乡山水更觉亲近。

华夏大地，优美山水多矣，但如果没有人文内涵，山水毕竟只是山和水而已。

正如吴静老师课上，让学生设计"旅游路线"。旅游，游的是什么？一定程度上游的就是人文内涵，游的就是山水背后的"故事"。

四组学生在课堂上呈现出了天台山旅游的丰富内涵——礼佛问道、山水休闲、亲子研学、徒步探险。

几乎没有例外，学生、老师们在呈现他们的相关内容时，离不开徐霞客的"旅游路线"，就是那个"摆在"《游天台山日记》中的时间、空间的"流水账"，只不过根据各自的路线特点，各取所需罢了。

在学生们对这些路线进行评点时，有同学特别点赞"徒步探险"的设计，他说："当年徐霞客游天台山时，就是徒步的，徒步无疑更具'文化'内容……"

因为徐霞客写了，于是就有"文化"内容了吗？答案是未必。

历史证明，只有那些独特的、能启迪思想的、能拓开新境界的文字，才更具文化价值。

徐霞客足够"独一份"，而《游天台山日记》对整部多达60余万字的《徐霞客游记》来说，又足够"这一篇"。

它是整本游记的第一篇，天台山是徐霞客游历生涯的第一站。徐霞客从天台山起步，走向祖国的山山水水，走向四百多年的历史纵深。

现在中国的"旅游日"就源自《游天台山日记》里的第一句"癸丑之三月晦（公元1613年5月19日）"——我们深切地感受到时间"流水账"的重要意义！

我们也从学生的路线设计图上深切地感受到空间"流水账"的重要意义：当年徐霞客就是这么走的。

所以在天台县育青中学举行《游天台山日记》教学研讨会，显得顺理成章；天台人与徐霞客及其游记产生关联，也自然而然。换句话说，天台人的家乡山水，因为徐霞客而注入了文化内涵，成为旅游资源，成为家乡文化中的无价之宝。

所以，吴静老师就是把《游天台山日记》作为"家乡文化生活"来进行教学，她的课题名就叫"漫漫霞客路，悠悠天台情"。

在课堂上，吴老师让同学们齐声朗诵"……对之清光溢壁"；第二组同学也不断引用文本内容，"人意山光，俱有喜态"……

同学们评价几组旅游方案时说："民宿文化，结合天台山旅游的实际。……亲子研学、打卡模式，非常适合我们当下的情境，我们旅游还是有目的的……"

旅游的目的在哪里？在山水之间，更在山水背后的语言文字中。正是那些实在的地名、当时的情景，在"流水账"中，不断带来遥远而熟悉的感觉。时间越久远，其魅力越大。天台县的语文教学，相比其他地方，应该是会多一块"天台山"内容，多一块"徐霞客"内容的。

落实到语文学习上，"家乡文化生活"属于"当代文化参与"学习任务群。那么，"当代文化"该如何"参与"呢？

首先是了解，然后是建设。家乡文化，无疑是最好的当代文化参与"切入点"。"家国情怀""家国一体"乃中华传统文化重要内容、特点，由"家"而"国"，在中国文化中，就像推己及人那么理所当然。或者说，只有先了解、建设家乡，然后才能了解、建设祖国。尤其在时代、社会越来越走向开放时，家乡的、民族的、国家的内容就越发显得重要。

"铸牢中国魂，打好中国底"，从何入手？家乡文化是自然路径。

一个地方，能有《游天台山日记》这样的"独一份""这一篇"，何其幸运！

当然，徐霞客及其游记的意义，其语文学习的意义，可能还不止于服务自我人生、培植家国情怀这么简单。

周秀娟老师的课，以"赏山水游记，编散文小集"为学习任务，让学生"读懂文本，取名和做封面，加点评，配图并写序"。而且，周老师非常敏锐地抓住了《游天台山日记》的"独一份""这一篇"：让学生在与《始得西山宴游记》《登泰山记》《赤壁赋》《后赤壁赋》等四篇游记的对比中研讨《游天台山日记》的独特魅力。

学生展示计划中的散文小集题目有"行阅""皈依""山水承情"等。

在谈及"山水承情"时，周老师说："山水承情，是这五篇游记的共性，《游天台山日记》的独特魅力在哪里呢？……能否把《游天台山日记》归并到其他游记中去呢？”

学生答："不能，它们不一样，《游天台山日记》更让人觉得'宁静'，徐霞客仿佛真的在与大自然交流，找到了自我……"

由此看来，学生应该能明显地感受到《游天台山日记》的情感与其他游记的"用山水慰藉心灵"是不一样的。

那么这种"不一样"到底是什么呢？用倪江老师课上引用英国人李约瑟《中国科技史》中的话说：

他的游记读来并不像是17世纪的学者所写的东西，倒像是一部20世纪的野外勘察记录。

又如学生课上所说的："……用史料，比如寒山、拾得遗迹……""徐霞客的更像是记录，少有主观情感进入……""写实，偏向日记……"

倪江老师说："徐霞客身上还有一个地质学家、地理学家的身份，这是很独特的……"

如果结合徐霞客游历中的"历险"，或许我们也会觉得他在"探险"。徐所处的明代后期，正是社会变化的重要阶段……我甚至臆想，"霞客"与"侠客"是不是有什么内在联系？

我们或许只能推断，徐可能发现了山水之中另有的内涵、意义乃至大欢喜，认为它值得用一辈子的时间去探寻，去撰写。

所谓"尽绘天下名山胜水为通志"，所谓"志士情怀"，是真的与山水的全面交流。这里代表着中国文人意识的新内容……它是探险精神？是创造精神？跟之后的大航海精神相近吗？

举办这次活动的单位中，有一个"天台山徐霞客文化促进会"。会前，我们与会者都收到了《霞起天台山》等三大本相关研究著作集。

作为"徐霞客及其游记研究"的门外汉，我只能结合三位老师的课，从语文学习角度，谈一点自己的感想而已。但我相信，它的意义正在专家们不断的研究中变得越来越丰厚、深刻。这里面应该有山水旅游价值的新发现，应该有人文内容的新创生。

《游天台山日记》，因为它的"独一份""这一篇"，于是显得分外丰富、厚重，在时间无尽的山水之间，愈行走愈秀美。语文教学中，抓住了"独一份""这一篇"，也就抓住了学习内容的重点。

72 教学不能止于操作创新，更应是内容创新

因为操作创新容易落入"技"的下乘，时间一久，教师就有可能变为"教书匠"。**没有了思想的光芒，课堂肯定就黯然失色。**这跟当下受人推崇的所谓"内容为王"，大概是一个意思。

又因为"怎么教"总是受制于"教什么"，当"教什么"已经确定好时，"怎么教"也常常受到局限，变不出多少花样。

有老师教《最后的常春藤叶》时设计了一个不错的问题："小说为什么从第三人称来叙述？如果从苏艾、琼珊、贝尔曼中，选某一人物的角度来叙述这个故事，可以吗？为什么？"

这是一个颇有想法的操作层面的创新，它能让学生从不同视角梳理这个故事情节，然后"看到"不一样的故事。

但这个问题能否有"内容创新"，可能就决定了它的"品质"。

如果只是停留在让学生掌握故事情节的层面，让学生明白小说用第三人称而没有用第一人称叙述，才可以保留意料之外的悬念，更有利于把故事"讲得好"，那么这个学习内容跟让学生读一遍、师生问答后就能把握的内容，并没有多少区别，即它难能带来"内容"上的突破。于是这种创新的意义就比较有限。

如果能沿着这个方向深入思考，突破原有的、平常的学习内容，创新的价值就会更大：

同学们从苏艾、琼珊、贝尔曼、医生（完全可以有这个人物）中选择一个角度，用第一人称视角，把这篇小说"重写"一遍。（可布置学生课前写，也可以课堂上写。）然后小组间相互交流、讨论，看看不同角度的故事有怎样的不同，哪位同学叙述得最精彩。最后，把写得精彩的小说结集成册，供全

班同学阅读。注意：不能改变原故事情节，并努力体现欧·亨利小说"意料之外，情理之中"的艺术特色。

这样就把原来的"掌握情节"的学习内容，升级为"创作小说""在比较中进行审美鉴赏""交流探讨"，学习内容就变得开放、生动，学生的学习主动性就有可能得到较大的激发。

这是内容层面的创新，也是操作层面的创新。

然后学生就会发现更多的学习内容——注意，是"发现"而不止于"把握"：用第三人称叙述并不是保留悬念的主要方法，而只是让作者"有利于叙述"，可以方便地选择叙述哪些情节，隐藏哪些内容；用第一人称，更方便于展开心理描写，在这个用"信念""希望"来战胜病魔的"诗化"小说中，心理的叙写必不可少，它甚至也有利于小说的"深化"；用第一人称，除了贝尔曼之外，其他三位的叙述也一样可以保留悬念，且更有利于从有限的视角做客观的叙述。在阅读其他同学的"创作"时，学生收获的内容应该会比读原文时多得多，也"多样"得多。

一旦学生的创作热情被点燃，他们的小说就有可能非常"可观"；你说，他们中有没有谁可能写得比欧·亨利还精彩呢？

顺便说一句，**这也就是从"问题式"课堂到"任务式"课堂的"转型"**。

举这个例子是想说明，如果我们高中语文教师能不被"既定的教学内容"束缚而止步不前的话，在课文"看得见"的教学内容背后、深处、远方，往往有更精彩的内容等待我们去"发现"，等待我们带领学生去"发现"。

高中语文阅读教学的重要意义，不能止于"理解""掌握"，而更在"发现"，发现疑难，发现新意。要给学生"发现"的机会，要给学生展示"发现"的空间。

73 从"有什么教什么"向"缺什么教什么"

"有什么"就是指教师手中的教学内容，它一般有教材、教师两个"出处"。时间越往前，教材的权威性越高，越不容置疑，甚至就是"唯一标准"，即使语文学科在教学内容上有较独特的"模糊"一面；时间越往后，教师因素在其中所起的作用慢慢变得重要，先进的理论者甚至认为，"语文教师所能教的只有他自己"。也就是说，优秀的语文教师，往往用"自己"这个"筐"来装教材，用自己的思考、思想"熔铸"教材内容，化为己出。

随着信息时代的到来，教师尤其是高中阶段的语文教师"垄断"知识的地位开始出现动摇，学习者可以从多渠道便捷地获取知识；教师传授知识的重要功能开始发生微妙却又根本性的改变，教师作为"引导者""助学者"的功能慢慢"见长"。

教学目标中，学生"获得知识"的重要性慢慢降低，而培养学生"创造新知识"——就是解决现实的、陌生的问题——的能力变得越来越重要。

这种变化的一个根本原因就是：当今时代，我们在为一个未知的将来培养人才。具体地说，**我们培养的学生，将会面对一个我们当下难能设想的世界；我们要培养他们适应"那个未知时代"的能力**。在那个时代里，现在"可见"的知识很可能都会"失效""过时"，那个时代的知识，学生要自己去创造。

比如，我们根据教材的要求，备好《老王》这堂课，并将在课堂上"实施"这个教案。这就是"有什么教什么"。但我们到了课堂上，才知道学生在初中已经学过《老王》了，并且所学的内容跟我们的备课内容，即"探讨'我'愧怍的原因"差不多。那该怎么办？

无视学情，按既定教案进行教学自然不足取，那么，就要了解学生已经知道了什么，还应该学习什么。于是我们决定在学生"已知"的基础上，探讨"愧怍的原因真的是这样的吗"，帮助学生"升级"对文本的理解，让学生获得立足文本进行"反思""质疑""探究"的锻炼机会，保证所教的内容正是学生所不具备而应该具备的。

这就是"缺什么教什么"。

照理说，教材内容与学生"缺什么"应该对应；但现实中二者的对应变得越来越难。问题还在于，我们难能教"缺什么"而常常只能教"有什么"，是因为把握学生"缺什么"是一个大难题，它需要的"专业"能力越来越高。

尤其是随着教材内容"非教不可"的权威性慢慢下降，而渐渐变为"一个优秀的选择性内容"时，它在面对不同地区、学校、班级甚至个体学生时，其"普适性"渐渐趋弱。

尤其是随着特别"确凿"的教学内容，即"考纲内容"开始慢慢变得"模糊"起来后，甚至没有考纲时，我们手中的"王牌"内容——学生"不得不听"的高考复习内容——也正在慢慢变少时。

尤其是学生的"缺什么"越来越有"个性"，即学生间的差异、差距越来越大时，我们面对水平、能力整齐划一的学习群体正在"分崩离析"时。而且，学生"缺什么"的变化发展的速度也越来越快。

当然，这并不意味着"缺什么教什么"就不能做到。

有老师可能会认为，如上内容比较矫情，危言耸听，什么从"有什么教什么"向"缺什么教什么"，一切都不会变化那么快，变化那么大的，"船到桥头""车到山前"，放心吧。

虽然，我觉得这种说法也不是没有道理的，但我还是要说如题的话。

74 教"这一类"还是教"这一篇"？

"类"归属的置后特性，决定它的"人为"，于是也容易"失真"；在语文范畴里，不是所有的"类"分得都准确、科学。

比如文学作品很难在"类"的指导下创造出来——越优秀的作品就越难"归类"。它只是在许多"个"的基础上概括而成，只是普遍特征。**任何作品都因为它是"这一篇"而卓立艺术之林，而不会是因为它是"这一类"。**

萧红的《呼兰河传》就很像散文；《安东诺夫卡苹果》就被有些人认为不是小说；鲁迅的《一件小事》是记叙文，小说，还是散文？鲁迅先生定义"杂文"时说，杂文就是诗。

落实到教材中，同"类"作品不少，如何区分它们？如何提炼它们的教学内容？或许只有"这一篇"的特征。

《祝福》和《我与地坛》的距离与《祝福》和《沙之书》的距离，谁能告诉我为什么前者比后者要"远"？在我看来，二者一样遥远，**都是"这一篇"杰作到"那一篇"杰作的距离**；而绝不会因为都是所谓小说于是"近"一些，都是所谓散文于是"近"一些。

顺便说一句，谁能告诉我什么叫散文？我认为许多学生所理解的"散文"与四种所谓文学样式的"散文"是不一样的。散文是相对韵文来说的呢，还是相对小说、诗歌、戏剧来讲的呢？再问下去，或者何谓诗歌、何谓小说、何谓戏剧，未必都是非常明晰的。细致起来，请问什么叫议论文？什么叫论述文？什么叫论述类（或"性"）文章？什么叫叙述类（或"性"）文章？恐怕不写一篇长论文，还未必讲得清楚；而且，你认为讲清楚了，却未必所有人都认同。**所谓的"这一类"很可能只是我们为了教学方便、指称明晰而"规定"的，它有"外加"于作品的嫌疑。**

251

用文体来分类文学作品，在当下越来越开放的学术语境中，已经显出其"生硬归纳"的一面。我们甚至可以怀疑用文体来分类文学作品的合理性。

或者还不如干脆用人文主题来分"类"，尽管这种方式恐怕也未必科学；或者还不如按白话、文言来分，但还有古白话，还有诗、词、曲、赋等，也未必就很清楚。

究其原因，因为**"类"是科学领域术语，而文学作品的科学性质相对微弱得多**。

文学之为文学，创造性是其生命。而创造性的东西只能有一个，不可能有两个、三个，遑论成"类"，这也就是我们常说"第一个把姑娘比作花的是天才，第二个就是庸才，第三个就是蠢才"的原因。

就文学作品而言，是教"这一篇"还是教"这一类"，是不是有些清楚了呢？

而且应该教"这一篇"中那种"只此一家别无分店"的艺术价值，而不是普遍的"你有我有全都有"的内容。

就像《祝福》中祥林嫂的"母爱"与《礼拜二午睡时刻》中的"母爱"、与《我与地坛》中的"母爱"怎么可以混作一谈一样。"母爱"谁不知道？难就难在你是否能把三者区别开来，讲出只属于"这一篇"的内容来。

所以，以文学体裁来分的"教学"，比如"小说类作品教学""散文类作品教学"等，其侧重点不应在"类"，因为"类"的内容是"普适"的，学生学习一次就够了，没有必要《祝福》也教小说的特征，《沙之书》也教小说的特征；而更应教学它们作为"这一篇"的特点。更不应该有掌握一种"小说类文章"的"教学法"，于是所有小说都可以用同样的教学方式"一网打尽"的想法。

75 略谈阅读教学之"学得准"

高中语文阅读教学内容仿佛是开放的、多样的，有时就显得"模糊"，但这并不意味着它可以随便，它应该是有"准星"的。

"核心素养"给高中语文学习内容方面的启示是：我们应花更多的力气去"抓核心"，就阅读教学说，它不应是全文、初中已掌握内容、"表面"内容，而应抓关键、抓根本、抓内在。这不仅要解决"学什么"的问题，更要解决当下越来越丰富的学习内容与越来越紧迫的学习时间的矛盾。即**核心素养下的阅读学习内容的"准星"更应是"小精尖"**。

1. 抓住关键语句

一是指那些对高中生来说"读不懂"的。

比如《今生今世的证据》的末句："当家园废失，我知道所有回家的脚步都已踏踏实实地迈上了虚无之途。"回家的心是迫切的，是真实的；回家的行为是实在的，总在发生的……当我们站在"那里"的家前时，却再也找不回"那时"的家了。

二是指那些高中生"发现不了价值"的。

比如《祝福》中"'阿阿，你……你倒自己试试看。'她笑了"。这句中的"笑了"，几乎不会有学生对此产生疑问：为什么是"笑了"？那么就要引导学生思考：这时候祥林嫂是"女人"而不仅仅是佣人，她应该也有对女人生活的想象……这时，她回想起的是她作为女人的"幸福"，她露出了女性天生的温柔甚至羞涩。即祥林嫂不仅应该是个人，而且她还应该是个女人啊！"哭了"，只是苦剧；"笑了"，才是悲剧，才悲苦深重，才更加血肉丰满。

这些语句必然会是文本学习中的"关键"，能切实提升学生的理解、审美能力。

2. 关注语言特点

文本语言千姿百态，每一种"姿态"都有其独特情感内涵、艺术效果，相比所谓"艺术（写作、修辞）手法"等，这种语言特点更应是高中语文学习的"根本"。

比如《拿来主义》论述部分的"曲折周密"："当然，能够只是送出去，也不算坏事情……（承上转，上面是说送出去不好）然而尼采究竟不是太阳……（再转，不是太阳）中国也不是，虽然有人说……但是，几百年之后呢？（三转，中国也不是太阳，即使怎样怎样富有，富有也是有尽头的）几百年之后，我们当然是化为魂灵……但我们的子孙是在的……（四转，我们死了，子孙怎么办）要不然……只好……讨一点残羹冷炙做奖赏。（五转，否则，子孙就可怜了）这种奖赏，不要误解为'抛来'的东西，这是'抛给'的……（六转，其实这也不是奖赏）"

再比如《想北平》"口语化""乡土化"的语言特点蕴含着的真切深情："好，不再说了吧，要落泪了。真想念北平呀！"

从"语言特点"的角度学习语文，是高中应有的关键能力。

3. 提升语文思维

思维是语言内核，离开思维，语言就没了灵魂，就是一地鸡毛。**语文能力的培养归根到底是语文学科思维的培养**，比较重要的学科思维品质有形象性、情感性、概括性、清晰性、完整性、敏捷性和创造性等。

比如《〈物种起源〉导言》中严谨细致的表达，仔细读来，都隐约可见科学家的"求真"精神："本书还是摘要的性质，未必完备；有许多论述，我没能指明它的来历和参考资料，但是我希望读者相信我的正确。同时，我虽然力求审慎，使一切能根据正确的证据，但是错误的窜入，还是不可避免的。"

再如《滕王阁序》凭什么流传千古——辞藻优美、景象伟丽的作品并非只有这一篇，而"动人心者"，"莫外乎"深切委婉的少年情怀也：一可谓"求见之自负，态度之谦恭"（求见是主动请缨、当仁不让。言辞却谦恭得有点肉麻：都督阎公之雅望……宇文新州……）；二可谓"失意真心酸，奋进出无奈"(怀帝阍而不见……时运不齐……)。面对萍水相逢的他乡之客,谁能体会"我"这"失路之人"内心的悲凉呢?!王勃提出了一个生命尤其是一个天才生命孤独的命题。他感受到了热闹、繁华、功名、权势等背后的彻底孤独!"关山难越,谁悲失路之人?萍水相逢,尽是他乡之客。"

——只有这种细致体会、不断追问,才能真正带领高中生的思维不断向前发展。

76 "课程语文"必须是开放的

任何课程都应该是开放的，即这些课程的学习，总是要走向"课程"之外才有意义。不过，相比而言，语文学科又有是"基础课程中的基础"的说法，讲的是它的"使用"在课程之外简直无所不在、无时不用；原因很简单，**无论做什么，我们总是要用思维，而语言文字是思维的工具。**

所以我们评价一堂课，如果只是立足于这堂课"可见可测"的当堂成效，恐怕还是不够的。尤其对已经有较好语文水平、较多语文积累的高中生来说。

优秀的语文课程，**它必然要往"宽处"去，见一知著也。**

比如学习《逍遥游》，就应该让学生在"回忆""濠梁之辩"等的基础上，了解庄子的相关思想内容；有课程往"宽处"去意识的教师，可能还会结合学生在中学时期的"诸子"文章，让学生比较一下他们的思想、文章特点等。最高明的效果，自然是让学生喜欢上庄子，然后自己去找相关的文章学习。

它必然要往"深处"去，由浅入深也。

这方面偏向于思维锻炼。比如学习《祝福》，老师们都比较喜欢引导学生去探讨"杀害祥林嫂的凶手是谁"：不能笼统地归结于"封建礼教"，更可能是"迷信思想"，是"愚昧"，再可能是"社会环境""那个人间"……**只要我们把握住"文本必须有"这个准则，就可以不断地带领学生往"深处"去。**最高明的效果，自然是让学生掌握"学会质疑""学会发现问题"。

它必然要往"情感"去，以情动人也。

语文课程中有大量文学作品，用语言文字表达情感，是语文学习的重要学习任务。"审美与鉴赏"常常以情感为先导：让学生在语言文字的揣摩、品味中，情感慢慢变得细腻、丰富，而不是除了"开心""难过""好好啊"等就没词了。当然，这方面最好的结果自然是让学生转移到对课程的喜欢上，让学生感受到语文的好玩、有趣。"亲其师，信其道"，这可能是语文教学的最高境界了吧。

它必然要往"学理"去，由术及道也。

如果套用一句话，那就是要从"语感"向"语理"，在《普通高中语文课程标准（2017年版）》中新增了一种学习方式曰"梳理与探究"。它更像是"做学问"的方式，是学生离开教师、学校后能够继续自学语文的重要能力，"在旧知中发现、创造新知"，那就非常了不起了。

总之，"可见可测"的课程（课堂）学习成果之外，我们还要判断，语文课程不能是封闭的，不能是离开了课堂情景就"用不起来"的，它的开放最后必然会体现于"在现实生活中用语言文字解决问题"的能力上。

当然，这里就有与课程相对的"规定性"相矛盾的地方，即课堂的开放，常常体现在"答案是丰富多彩的""学法是多种多样的"，甚至课堂的走向都是多向的、不确定的，甚至是解决不了问题的，甚至是产生越来越多的问题的……

77 从"教什么考什么"到"考什么教什么"

《普通高中语文课程标准（2017年版）》新意迭出，评价部分的变化是其非常重要的一点。

2003年版课标虽然也有"评价建议"，但它出现在第三大点"实施建议"下面，包含三块内容即"评价的基本原则""必修课程的评价""选修课程的评价"，约四页，没有涉及学考、高考。看其内容，多是原则性的"评价建议"，事实上，对一线教学的指导是宽松的。

因为一直以来我们都是"教什么考什么"，一线老师相信自己所教的内容就是"应该考的内容"：教都没有教，怎么可以考呢？

反映到学生那儿，就是他们的口头禅："这个老师上课都还没教呢，为什么会考？"

也就是说，考试作为检测教学的效果而存在，仿佛"天经地义"。

《普通高中语文课程标准（2017年版）》里，与评价相关的有两部分：

一是新出现了一个名词叫"学业质量"，它跟"课程内容""实施建议"等并列，为一级目录，成为课标"第五大点"，约六页内容。并对"学业质量内涵"做出解释：是学生在完成本学科课程学习后的学业成就表现。学业质量标准"是以本学科核心素养及其表现水平为主要维度，结合课程内容，对学生学业成就表现的总体刻画"。不过我们理解起来还是较困难。

但同时，"学业质量水平"还分出五级标准，每一级都有对核心素养四方面的"质量描述"，并明确指出"水平二是语文学科高中学业水平考试的依据，水平四是高校考试招生录取的依据"。可见，这个"学业质量水平"的评价是很认真的，有较强的"操作性"，是教学改革不可忽视的。

二是在"第六大点""实施建议"中再用约八页内容，分"教学与评价建议""学业水平考试与高考命题建议"两部分，进一步对"评价"进行阐述，这部分内容就具体、细致得多，直接涉及考试内容、试题样式、考试组织等，有很强的指导意义。

而且提出，之后的高考，不再编写《考试大纲》或《考试说明》，直接以《课程标准》为"标准"。

很明显，2017年版课标，想要补充之前课标在"评价"方面的"弱势"。这是很大的变化，也是一大亮点。可简要概括如下表。

表3-4 　"教什么考什么"与"考什么教什么"的对比

条目	彼此关系	检测方向、内容
教什么考什么	以教定考	之前教的内容掌握得怎样
考什么教什么	以考定教	之后深造需要怎样的能力

为什么"评价"内容会"从无到有"且"一管到底"呢？

基于我们对"评价"认知的巨大进步：教、学、考一致，以评价指导、改变教学；抓住"考什么怎么考"这根"牛绳"，引导教学改革。

其背后思维就是"从产出、产品回溯制造方法、过程"，即用**"我们需要怎样的人才"**的标准去引导、要求**"我们需要怎样的教学"**。相比"统一"教学端的内容、方式、手段，"统一"产出端的标准，这样无疑更加科学、有效，它对教学改革的指导意义是：只要达到这样的标准，怎样的教学内容、方式、手段，请自选，请自便，请创新。

这种转变的大背影自然是时代的发展、变化，已经使教学内容变得极大丰富、复杂、多变，也已经使人才的内涵产生了深刻的变化：**当代、未来社会更需要的是"适应、创造未来未知世界的人才"，而不是"掌握已知世界知识的人才"。**

新课标理念下的高中语文教学，要先研究评价（考试），再研究教学。这初看有点"偏激"，仔细一想，却并非没有道理。

第二章
关键是思维发展与提升

78 让学生展现理性、辩证的思维面貌
——2019年12月10日在宁波听程载国老师"礼治秩序与无讼现象"课有感

我认为"整本书"很难"教"，而更适合让学生去"读"、去展示阅读成果；但程老师"教"了，且教得很精彩，让人佩服，给人启发。

同时我对高一学生学习《乡土中国》这样的学术著作有一点担心：他们能读得懂吗？能懂到什么层面？但这堂课上海宁高级中学高一的孩子们基本上消除了我的疑虑。

学生们在课堂上展现了不同的思维面貌，令人欣喜。

之所以说"不同"，是因为之前类似于"文艺腔""文学范""人文情怀"的课听得太多了，印象太深乃至认为语文课上学生的思维面貌就是这样的。

准确地说，学生在程老师的"设计"中、引导下，展现了他们不同的思维面貌。

程老师上课伊始就说：

传统是宝贵的财富，但有时也是走向未来的障碍，《乡土中国》有助于我们走向前去……

听到最后，我们会发现这句话就是全课内容的"纲"，是"定调"：一是强调要辩证看待"传统"，尤其要看到它"障碍"的一面；二是学习《乡土中国》是为了"走向前"，要从当下看它的意义。

课堂上，程老师先是给出几个"概念"，让学生小组讨论后发言：

师：作者是借助概念来阐述的……礼治、人治、法治，说说这几个概念

的差别……

生A：维持的力量不同，礼治靠内在的力量，法治靠外在的力量……

师：人治呢？

生A：……

师：礼治秩序、无讼现象、差序格局，这三者又是什么关系？

生B：三者的联系就是，差序是基础，然后礼治，无讼是表现，三者都是因果关系……

生C：它们由于同一个原因而共同存在，即有了乡土本色，然后才有差序格局、人伦关系……礼治是规则……

我们要注意的是，学生的表达从"概念"出发，他们能把乍一看令人头晕的这两组各三个概念区分得很清楚，这是不简单的。程老师认为在这个层面已经"不需要教什么了"。课堂随后进入"思辨探究"环节。PPT放映出两个问题：

问题1：作为一种治理模式，"礼治秩序"有太多既不公平也不合理的成分，为何它还能在中国持续那么长的时间？

问题2：在当时的乡村，因妻子偷汉子而打伤了奸夫的案子该怎么判案？

我们还是侧重看学生的思维面貌：有的有自己的主见，不"听从"不"顺从"老师的；有的发现并反对问题的"预设"；有的反驳其他同学的意见；有的用发展的观点看问题……

生A：第二个问题，肯定要按照法律来判，打伤别人要负法律责任……

师：当时乡村的司法干部会这样判吗？

生A：不会……用现代人的观点看，"依法治国"是必然的……

师：我发现跟我对话的是一个具有坚定的现代法律意识的当代人……

生B：问题1有问题，所谓"不公平""不合理"都是从外面的、现代的眼光来看的，但"内部的人"看来，都是合理的、认同的……

生C：不同意前头同学对问题2的意见，在道德层面上要对奸夫加以惩罚……

生D：问题1中所说的"持续"也不很正确，礼治秩序也不是持续的，朝

261

代更替时就未必能"持续"……现代社会人口流动很快，就需要一个更普遍的东西来维护它，所以我们当代需要"法治"而不能依靠"礼治"……

我认为，正是因为程老师如此高屋建瓴，所以这堂课学生展示的空间才会显得这样"高远"；正是因为程老师的思维面貌是这样，所以这堂课学生也才会展示出理性、辩证、独到的一面：**我们不需要答案，而需要思考**。第一个是公平与效率的问题，第二个是法与德的问题……

课堂继续走向前去。

PPT放映出新任务：

运用从《礼治秩序》《无讼》中学到的知识，为下面这副中国古代衙门的对联续写下联。

上联：为士，为农，有暇各勤尔业；

且看学生当堂对的下联：

生A：以礼，以法，无讼各守其家。

生B：为工，为商，无事各安其家。

生C：循仁，循礼……

……

最后，程老师再让学生"形象"地看鲁迅小说《离婚》中的片段并进行评价……

只要我们"引导"得好，"任务"给力，学生是有能力读懂《乡土中国》，掌握其中的概念，并做出理性的、抽象的表述的。希望高中语文老师能发现与学生的"形象思维"不同，但同样高远、深邃、迷人的学习天空。

79 就是要让你们搞乱、否定自己之前的想法

——2018年9月14日在台州听屈伟忠老师《乡土中国》课有感

感觉学生在课上被屈老师"戏耍"了：他们对自己之前的认识感到迷惑了，进而又否定了之前的自己的认识……那怎么办呢？还有没有"可靠的正确的道理"啦？

全课两大内容，一是"读进去"，二是"读出来"。前者侧重于读懂《乡土中国》前三章，后者偏重于审视自己对文本的认识。

先是必不可少的让学生梳理各章内容，理清各章关联。

从学生呈现的学习成果的"各不相同"，就让人觉得——好！主要有三种：

其一"回环型"。

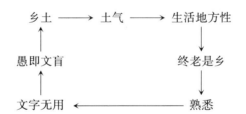

其二"并列型"。

```
        ┌ 1.不流动
        │ 2.孤立
乡土本色 ┤ 3.礼俗、法治社会
        │ 4.规矩与法律
        └ 5.熟人社会

        ┌ 空间  熟人社会
        │ 阻隔  语言足用
文字下乡 ┤
        │ 时间  个人的今昔之隔
        └ 阻隔  社会的世代之隔
```

其三"总分型"。

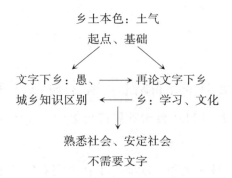

虽然屈老师还是提供了"老师的内容结构",但在我看来,老师的答案不是为了"统一"(事实上也难能"统一")同学们的"不同",而是丰富,是补充和建议。

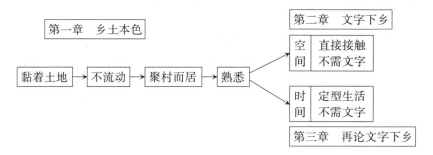

这种"开放"预示着学生之间、师生之间思想的碰撞,这正是其学习意义所在:"哦,原来其他同学、老师是这样梳理的啊,他们对内容的认识是这样的啊……"

如果说这里只是"碰撞",接下去就可以算是"否定",更有意思了。

屈老师让同学讲讲先后阅读费孝通、陈心想、郑也夫三位的文章后的感想:

三位专家的主要观点是:费孝通从乡土社会的特性出发认为不需要文字,陈心想从自己的生活经验出发认为需要文字,郑也夫从历史事实出发认为乡土社会是需要文字的。他们的论述各有"冲突",也"都有道理";但也都可能有这样那样的"局限"。

同学们热闹的、深入的发言、论述,听得我"绕来绕去",头脑发晕,认为同学们讲得都有道理……

生A：陈心想的观点是"乡土社会还是需要文字的"……

生B：反对陈心想在《走出乡土》中的说法……

生C：费以一个小时空的特征概括无年代区分的"乡土中国"历史，不合理……

生D：费可能受其"功能学派"的影响，不看历史的演化……

生E：陈心想提出"需求与供应"角度讨论，有一定进步，但也仅从自己的经验出发，失之偏颇……

生F：陈提出的观点很好，需求与供应，眼前的需求战胜了……

生G：赞成郑也夫的观点，但其举例的依据可能会比较局限……

生H：赞成陈心想的观点……

生I：郑也夫认为陈心想说"费是外来人对整个乡村了解不够"言重了……

然而屈老师用PPT放映出课前调查统计，说："同学们，我们再来看看大家刚开始读费先生《乡土中国》的感受：认为有启发的有243人次，反对费先生的观点的有57人次，说明多数同学还是认同费的看法的。但是，同学们读了陈、郑的文章后，我们再来看调查结果：支持费的只有1位同学了，支持陈的有19位，支持郑的有80位。"

这里的调查人数似乎有点对不上，但是屈老师前头说的是"人次"，后头讲的是"人数"；理解起来，应该是屈老师在他两个班上的一个调查，前后的数量统计标准不大一样，但比例是可以看得出来的，前后的变化也是可以看得出来的。

我的感受就是：同学们阅读《乡土中国》后，多数都比较认同费的观点；但看了陈的文章后，比较认同陈的看法了；再看了郑的文章后，不少同学又觉得郑讲得很有道理，前两者有不足之处了。总之，"书读得多了"，于是思想有变化了，"反正"了……于是，原来比较清晰的认识，"混乱"了，"迷惑"了……

但是，屈老师接着还说："同学们如果看得仔细一些，会发现，陈、郑事

265

实上并没有完全否定费的观点，你们看，比如……也就是说同学们赞同陈、郑两位的认识，实际上也是在部分赞同费的观点……"

于是，一些同学的思想仿佛又开始动摇了，认为费的说法其实也蛮有道理的……

虽然听得不是很清楚，但是学生们思想的"摇曳"我是看出来了，且认为这是学生学习这块内容最有意义的收获；同时，我似乎也看到了屈老师的"得意的会心的微笑"：就是要把你们的思想"搞乱"，就是想让你们否定自己之前的观点，再否定……

屈老师的微笑同时还"意味深长"：……那么，你们说，到底应该相信谁的观点呢？

80 在变换角度的"来回"中让学生把话说得丰富、全面

——2019 年 4 月 21 日在宁波听欧阳凯老师
"驳诘：思辨写作的理性对话"课有感

欧阳老师这堂课提供给学生探讨的话题是"校长陪餐制"，抛出的观点是"校长陪餐制是强化校园食堂监管的一剂良方"，要求学生"运用驳诘的手段对这句断言进行理性的探讨"。

老师先读几段学生课前对这个问题的看法，于是课堂很快进入"驳诘"的状态：

生 A：制度很难落实，不现实……

生 B：做姿态，一厢情愿而已……

师：看来同学们的"反驳"能力天生就有了……

接下来，老师要求学生根据自己的理解，梳理探究一下驳诘的方法：

生 A：发言前先要表明自己的观点，还有一些反问句，有大量的问句……

生 B：逻辑要严密，要有说服力，一些断言——对对方要有定性的评价……

……

老师整理归纳出"驳诘"的方法：归谬法、反证法……然后课堂进入比较有意思的环节：让学生变换角度，修改自己的"驳论"。从学生课前的习作看，较多都是"就事论事"，从旁观的角度发表议论，少有"角色感"。于是在课上，学生尝试或从校长的角度，或从学生的视角来看问题：

生 A：从校长的角度看，校长不是万能的，……校长并非饮食方面的专业人士，陪餐制更是形象工程……

生 B：校长神龙见首不见尾，很忙的，哪有时间去陪餐……

生 C：校长的判断，可能会发生错误，会导致主观意识，从而降低大家对食堂的信任，反而不利于食堂工作……

生 D：如果从学生的角度讲，校长陪餐，只是美好的幻想……

生 E：首先我们心里很慌，心里没底，压力大，美女校长还好，如果是严肃的老头等，就感觉很差……

……

插入说一句，听课者可能都会有这样的感受，即一旦涉及学生"自己"时，学生的发言往往就很有意思，常常能听到一些学生的心声。就我听到的课看，不少课堂教学已经比较重视课堂关系的民主、平等，许多学生即使在公开课上也能体现出他们的"真性情"。每每听到看到这样的话语、场景，我就能真切地感受到高中语文教学美好的一面。

这时，老师针对学生刚才"七嘴八舌"的"质疑"，提供了一个新的也是"正面"的角度，似乎又回到了课堂开始时"倾向性"的"赞同"："假如你是教育部的新闻发言人，你会怎么回应这种质疑？"

这种通过角色的变换带来的思维上的"摇曳"颇具"美感"，很有意思。它等于又要求学生站在"正面的""维护的"的角度回应刚才的质疑，且看学生如何"反转"自己的议论：

生 A：校长陪餐制解决了很多问题，自上而下地改进食堂质量，我们的初心都是要改进，体现出我们解决这个问题的坚强决心……

生 B：要经过实践后才能得出结论，还可以后续完善，任何事都不可能十全十美，一蹴而就……

生 C：校长虽不是餐饮专业的，但校长发现了什么问题，一定可以得到最快的解决。学校食堂问题，由来已久，不是一日之功，也不是只有校长陪餐制这样一种解决的方法、思路……

生 D：校长陪餐，至少可以推动这个问题的解决……

在这个环节，听课老师似乎突然发现，原来学生可以讲得这么全面、丰富，有逻辑，侃侃而谈，"像模像样"；即使在角色转换之间，"否定"自己刚才说过的话，似乎也是"面不改色心不跳"。听得老师们不禁莞尔，也在心中暗竖大拇指。

如果说学生课前所写的小评论还有点"情绪化"，多是旁观视角，那么课堂上聚焦"教师""学生"来阐述时，就颇有打开思路、提升思考境界的作用，到了"教育部的新闻发言人"时，学生思维方面的丰富、全面就显现出来了。

欧阳老师的总结也比较到位："驳诘，不是为了说服，而是为了理性的思考。"

我回想起前头另一篇"听课有感"《就是要让你们搞乱、否定自己之前的想法》中，屈伟忠老师先后给学生提供费孝通、陈心想、郑也夫三位先生的不同观点，让学生的思维经受大家思想的冲撞，然后使学生感到"迷茫"，再意识到自己独立思考的重要性；以及前头另一篇"听课有感"《让学生展现理性、辩证的思维面貌》中，程载国老师让高一学生展现出与之前文艺、感性的思考完全不同的，理性的另一面。而欧阳老师这堂课则要求学生就一件当下比较热门的社会事件，变换角度去议论，让学生在每个"侧面"都能发现新的评论内容。它对思维促进的作用可能有两方面：一是让学生"驳诘"当下社会现实，不盲从；二是让学生在"驳诘"中思考得全面，把话说得严谨。

这三堂课如果"连起来"看，会更有意义：程老师的课告诉我们，高中生的理性思考能力"本身就有"，只待我们去开掘；屈老师的课告诉我们，高中生的思维需要"冲击"，应该让他们建立独立思考的信心；欧阳老师的课告诉我们，怎么让高中生想得更多，思维变得丰富、全面。

在我看来，高中语文课堂走向"思维"，引导学生想得理性，想得独到，想得严谨……有可能也非常有必要这么去做。

81 难就难在"思维深入"

——2019年9月12日在嘉兴听谢昌霖老师 "议论如何做到思维深入"课有感

课堂上学生能否做到思维深入，是教学评价的重要指标，更何况这是一堂以"思维深入"为题的课呢。

谢老师首先呈现的是他在课前做的关于"写作上的困惑"的调查结果，以下就是同学们出现频率较高的几项：

1.作文怎么写才高级；

2.怎样写得更有逻辑、清晰；

3.写着写着就会偏离主题；

4.如何做到由浅入深；

5.如何解决写不下去、没东西写的问题；

……

不得不说，这些看起来都是我们熟悉的"老问题"；但课前调查依然很有必要，它奠定了全课教学内容的"合理性"。然后，谢老师用PPT放映出2018年高考作文之一的片段，学生齐读后，很快指出其问题在于"没有分析"。于是PPT放映出："论点＋事例＝作文失败"。师生展开讨论。

师：它把事例当作论据，即以叙代议……那么这段表述，该怎么概括？

生：要跟观点相对应……

师：那些跟观点不对应的，都要把它们删掉……

接着，谢老师呈现出修改后的作文文本，再问学生。

生：这个分析不行，第2段有点抒情意味，过于主观……

师：我们需要理性的表达。

……

师：你觉得哪里可以更上一层楼？……

生：那段排比，"如果没有心灵之书……"有点套话……

慢慢形成板书：

以叙代议——概括事例

缺乏分析——对点分析

感性分析——理性表达

表达空洞——呈现细节

缺乏思辨——多元思辨

……

然后，谢老师又引导学生给语段加上"关联词"，使之结构、语意上更加紧凑、连贯。再提供另一语段，让学生根据刚才的教学内容进行修改，使之做到概括事例、对点分析、理性表达、呈现细节、多元思辨等。

这堂课的特点很突出，就是提供一个语段，在不断追问中，让学生进行修改，使语段越来越像"论述类"文字。

这样的"修改+当堂练习"模式，在努力让学生的思维走向深入的同时，或许更多的是在解决诸如"以叙代议""缺乏分析""表达空洞"等表达上的常见缺陷，在努力提升学生的表达，也就是思维品质。

对高中生来说，表达的基本功应该已经不是大问题，更多的是怎么"写得有品质"，即怎样让学生**通过"咬文嚼字""推敲揣摩"等方式，在锻炼语言的过程中，不断锤炼他们的思维，不断提高其思维品质**，比如准确、清晰、深刻、创新等。

那么，这堂课上学生的思维深入了吗？不得不说，这种"深入"比较"难见难测"，却也未必无迹可寻。学生的思维深入，在课堂上常常会有这样的表现特征：有质疑，有反对，有辩驳；有发现，有新意，去表象……这正是谢老师这堂课的意义所在，能给我们很好的启发：

①带领学生"思维深入"很难，它必然需要教师能在思维的更高更深处"等待"学生，换句话说就是，我们的课堂必然要能给学生思维的深入提供更

宽阔更高远的空间，常表现为一个"好问题"、一个设计精良的"探究活动"。

②"思维深入"不会凭空产生，它必然要通过"语言文字"这条路径。像谢老师这堂课，通过对语言文字的调整，在提升语言品质的过程中提升思维品质，于是有了思维深入的可能。而且，这堂课还展示出借助语言文字的方式不是品读、赏析，而是追问、求证、讲逻辑。

82 锻炼语言形式，提升思维品质

—— 2020年5月30日在绍兴听刘立玲老师
"借'南方'之便，成一家之言"课有感

虽然刘老师的课表面上好像在讲如何借用《南方周末》"新年献词"来改善同学们的"论据"，但这是我听过的课中较少有的，关注"语言形式"并指向"思维品质"的课，佩服刘老师敏锐捕捉"语言–思维"关联并精准研发课程的能力。

有意思的地方还在于，这堂课上学生在"语言品质（即思维品质）"上有着很好的表现，这与我对高中生"理性思维"的判断一致：只要老师引导得好，优秀的学生可以很快地"看到"乃至"学到"理性表达的样子。

刘老师先呈现浙江省这些年作文题目，然后问同学们能否发现其中的规律、趋势。

第一位同学的回答就很准确，像"开篇点题"一样："都注重'你'有什么样的思考……"

刘老师说："我用什么来证明，说服他人，表明自己的观点是正确的？论据真的很重要。"

虽然刘老师说的是"论据"，但事实上她留意的应该是"论据的呈现样式"。

接着，刘老师用PPT放映出如下内容：

事实素材：自己的生活、社会现象、舆论热点——典例、泛例

理论素材：名人名言、文学哲学理论、概念

刘老师提出的这个"泛例"特别有针对性，它可能是学生从具象的、详细的描述转向抽象的、理性的表述的一个"关键词"，有助于改变学生普遍存

273

在的"以叙代议"的弊端。

刘老师接下来提出的问题更体现出她"凡事再问一下"的优良思维品质了:"我们有很多素材了,但为什么还是用不好呢?"从而引出PPT内容如下:

事实素材合理压缩裁剪,舍弃与论点无关的内容,变具体记叙为概括叙述。

你看,有很多素材用不好,为什么?因为我们不会"合理压缩裁剪",不会"舍弃",不会变"记叙"为"概括叙述",不会使用"泛例"。"压缩裁剪""舍弃""泛例",都指向怎么用概括、提炼等方法,使表达变得更准确(有用的)、简明、扼要。

之后,刘老师又用PPT呈现出2020年《南方周末》"新年献词"——《考验如火,正在淬炼真金》,这也足见其作为语文老师对语言形式(思维品质)的独到眼光、专业水准。顺便说一句,《南方周末》用事实说话,用"理性"表达,富于思想,多有创见,再加上它与社会生活、时代脉搏密切相关、息息相通,确实是很不错的高中生"课外阅读"材料、锻炼语言及思维的帮手。

考验如火,正在淬炼真金

是的,考验,在2019年来得有点猛。

这一年,贸易战陡然升级,中美关系承压,全球化发展从未如此晦暗不明。确定性与规则共识仿佛正在退场,权力政治似乎正在回头。世界会重新沦为草莽与丛林吗?大争之世已经开启了吗?……这一年,大到世界、中到国家、小到个人,都在承受巨大的考验,仿佛无所逃于天地之间。你在屏幕上笑说一句"我太难了",可知屏幕下有多少含泪的共鸣?

……

然后,刘老师带领学生一起来看这篇文章形式上的长短句、整散句,看它怎样化虚为虚、化虚为实、化实为虚以及"正反对比式"。分析仍然指向"同样的内容,怎样才能表述得更简明有力"。

我们且看刘老师在分析"句式特点"时,其"落脚点"基本都在"理性表达"上:

长句特点:表意严密,内容丰富,精确细致,宜于表达较为复杂的思想内容和严密精确的思想。

短句特点：能简明扼要地叙述事实，简洁有力生动地表现观点，反映事物的迅速变化，表现作者激越的情绪或果断肯定的语气。

整句特点：形式整齐，节奏和谐，富有气势，适用于散文、议论文等文体。

散句特点：表意灵活自然，可根据语境而灵活运用。

长短句结合：使整段句子错落有致，富有变化，读起来朗朗上口。

整散句结合：更有句式富于变化，生动活泼的效果，句式整齐中间见变化，语气急促中有舒缓，整散相间，使文章语势激荡而又意味绵长。

这种"从语言形式提升表达效果"的"语言-思维"练习，对于帮助高中生逐渐摆脱冗长拖沓的记叙、奶声奶气的腔调、平滑幼稚的语词，领略文艺之外"理性表达"的独特魅力，最终像一个会思考的人一样去表述，有重要的教学意义。

我还留心到一个有意思的现象，如果按比较机械的"一堂课老师讲的时间不能超过15分钟或20分钟"来看的话，这堂课上刘老师自己"讲"的比较多。这就涉及一个关于"老师课堂上到底讲还是不讲可以讲多少"的评判。

在我看来，它依然跟"思维品质"密切相关：如果教师在课堂上讲不出比学生高的"思想内容"，不能带动学生去思考，不能促进学生思维品质提升的话，除了组织教学的话之外，一句话都是多余的；反之，教师就是"满堂讲"，对学生而言，一样具有重要的学习意义，学生一样能有收获。当然，思维品质并不局限于"理性"，另话。

换句话说，**如果一位老师，在课堂上能讲出对学生而言有新意、有深意、能促进思考的内容，那就大胆地讲；否则，还是让学生做、问，老师来答疑，更见学习效果。**

刘老师的分析无疑属于能吸引、带动学生的，富有思维含量的那种，所以整堂课学生的注意力，以及听课老师的注意力，一直都比较集中。

原因只有一个：刘老师的思维品质是高的，至少在"语言形式-思维品质"这个内容上，与听者能构成"思想落差"，于是有学习意义。

83 我们应"站在哪里"引导学生?

——2020年6月30日在嘉兴听孙元菁老师"历史人物的文学影像"课有感

孙老师这堂课主要以《鸿门宴》及古今多首评价诗歌为内容,围绕项羽形象,让学生展开"群诗文阅读"。

首先想到的就是:群文阅读"群"的意义到底在哪里?

它肯定不是让学生"读了一篇""再读一篇",而是要让"群文"形成"群体大于个体之和"的学习意义,那么文本之间必然要有一个或多个"关联点",这些"关联点"能够"串起"众多文本。

另一方面,这些文本的观点、内容、风格不应该"同质",否则多篇也就相当于一篇,即在"关联点"之下,它们应是矛盾的、冲突的、多样的,这样的群文才能引起学习者的思考,而**思考发生,是学习发生的标志**。

孙老师这堂课就为学生提供了视角、观点各不相同、自相矛盾的材料:《项羽本纪》四个节选片段即《功业初就》《鸿门宴》《项羽之死》《项羽本纪赞》,与九首诗词即唐代胡曾的《鸿门》《垓下》《乌江》、宋代李清照的《夏日绝句》两首、唐代杜牧的《题乌江亭》、宋代王安石的《乌江亭》、宋代辛弃疾的《虞美人》,以及毛泽东的《人民解放军占领南京》,于是群文的学习意义就出现了。

材料的择用能看出教师的用心及学术视野、学识功底,能见出教师明白还是不明白自己应该"站在哪里",这是课堂学习能够发生的前提。

其次想到的是:在课堂这个"学习场"上,教师应发挥怎样的"临场"作用?

孙老师像所有优秀老师一样,思维敏捷,反应快,能很好地接起学生话头，且有全局观，既能"看到"教室中的所有学生，也能顾及课堂教学的整体内容、进程及其节奏。

最能体现引导作用的是，孙老师能够根据学生的回答，及时激励、促进学生往开阔处想，往深刻处想。

比如学生先讲毛泽东对项羽的评价"宜将剩勇追穷寇，不可沽名学霸王"，然后老师追问："事实上，'追'了吗？"学生答："最后好像也没有追到底。"老师继续追问："那么，不可学霸王的，是什么内容呢？"最后得出"要坚持到底""不可轻言放弃"。

比如学生讲到李清照"至今思项羽，不肯过江东"，孙老师适时"插入"：为什么李清照会特别提及"不肯过江东"呢？于是学生想到，李清照正是在"北宋南渡"背景下所思所感……她与王安石相对冷峻、客观的政治家思维"江东子弟今虽在，肯与君王卷土来"、与杜牧的诗人见解"江东子弟多才俊，卷土重来未可知"，有着"背景"方面的差异。于是，"群诗"就能相映成"理"，形成思考空间。

教师在思想上的"站位"，就应该比学生高；否则，课堂有可能会流于表面的"热闹""有趣"，而失却高中语文课堂应有的思维内容。

再次想到的是："多元""开放"应如何"收场"？

越来越多的老师认同类似课堂教学形态以及观点、态度等应该走向开放的理念，但不少老师可能都会有一个疑惑：多元、开放，学生只要"言之成理"都算对，那考试时怎么办呢？甚至可能还有老师因此开放一段时间后，又回归到"统一齐整"上来。

比如这堂课上，学生们意见纷纷，对项羽人物影像的看法，各有不同。那么，"项羽到底是怎样一个人呢？"

正如孙老师在课堂上所说的："我们今天这堂课上对项羽的看法，比材料上的历史评价要全面得多……"

我不知道老师们有没有注意到，类似内容的考试，其实早已不再追求"标准答案"或"参考答案"，而是越来越趋向于鼓励学生有"不同的答案"

"新颖的答案""创新的答案"了。如果不是受限于考试评价的"科学性",这方面会做得更好。

全班学生的观点个个不同,会"妨碍"他们的考试吗?应该并不会,因为**这些答案不是"知识",而是"见识"**。那么,我们何必对学生"开放""多元"的见解"不放心"呢?

正如孙老师课堂上"开宗明义"的PPT内容"一切历史都是思想史"一样,只要我们有思想,我们就能"有历史",我们有新思想,我们就能有"新历史"。

这有点像"从来如此,便对吗?"的考问。

当然,虽然师生的对话也时常闪烁着思想的光彩,但如果能把这些写下来,而不止于让思想仅存于"头脑风暴"中,仅存于课堂流程中,可能会更具学习成果的意义。

因为,从语文学习角度看,**从"口头语"到"书面语",是一个思想变得严谨、精密进而提升思维品质的重要过程**。在我看来,高中语文学习,主要应该是"书面语"、是"书面表达"而不是口头的"对话"。

概言之,孙老师这堂课给我的启发就是:**高中语文教师应站在"思维的高地",而不是"答案的先知者""材料的拥有者"之位来引导学生,去思考得深刻、开放,且努力形成思考成果**。

（本文发表于2020年第10期《教学月刊·中学版（语文教学）》）

84 题好课一半，思维重逻辑

——2020年11月20日在绍兴听晏丽老师
"从概念入手解读'差序格局'"课有感

"从概念入手解读'差序格局'"这个课题之所以漂亮，是因为它能统率全课内容，并且"点"出关键词："概念""入手""解读""差序格局"。

"概念"是学术著作的立足点、地基，于是准确地把《乡土中国》学习的"钥匙"抓在了手里。

"入手"说明"概念"不是终点，而是凭借，是路径。

"解读"，比较反对对文学作品进行"解读"而主张用"研读"；但学术作品却正可以"解"而"读"之，它们不同于"多义""模糊"的文学作品的主要原因，正是其"有一说一""语义清晰、准确且唯一"的语言表达特点。

"差序格局"，无疑是《乡土中国》中特别重要的内容。晏老师这堂课提示我们，"整本书"或许也可以"抓出"特别重要的某块内容，进行相对独立的教学。

而晏老师的导入语充分显示了她的"有备而来"：

同学们，《乡土中国》好读吗？估计比较难，因为它是学术性文本，"乡土中国"与同学们又有较远的时代距离。

这段导入语非常接"生（学生）气"，能准确地点出学生学习中面临的两方面困难。相比于费心费力地"设置具体情境"，这样干净利索、单刀直入，能抓住语言、内容两方面困难的导入，更贴合"学术"氛围。

导入之后，且看晏老师如何用课题"串"起全课。

因为题目有"概念"，晏老师就必然要呈现概念。

PPT呈现出一个问题：

279

什么是"团体"？

整本书阅读，在"读了""读懂了"之后，也要有重点地"击入"，要入乎其中，要有词句的个例，避免有可能出现的囫囵吞枣的弊端，和只见森林不见树木（没错）的缺憾。

晏老师先让学生朗读语段，然后再让学生思考着给"团体"下定义。接着，再指明三点内容：成员平等、成员边界及内容关系明确、社会单位。"团体"是"社会单位"，这非常清晰地体现出概念的上位、下位，概念的统属关系。

随即让学生接着练习：给"团体格局"下定义。

因为题目有"入手"，晏老师就必然要"延伸"。且看PPT内容：

任务1：细读文本，给"差序格局"这一核心概念下定义。差序格局是____的人际关系格局。

晏老师让学生在黑板上的关键词句中，择用更能体现"差序格局"本质的词语。最后，大家一致去掉"自我定义""形成联系或构成网络"两个词。

晏老师接着举例解释：刘姥姥为什么要去贾府？第一回是为"攀亲"去的……第二回是为报恩去的，带着瓜果蔬菜，都是掐尖的好东西……第二回去，刘姥姥的关系圈就从王夫人扩大到其他人，见到贾母，成了巧儿的干妈……

然后帮助学生形成"差序格局"的概念：

中国乡土社会以自己为中心，以亲属、地缘关系为主轴，亲疏有别，根据自身需要、伸缩自如的人际关系格局。

再指明下定义的方法：

找出一个恰当的属概念（上一层概念），找出并列概念之间的种差（即区分其与并列概念的差异，明确其内涵）。

注意：不能用比喻，不能用否定词。

因为题目中有"解读"，晏老师就必然要"分析""探讨"。PPT再次提出问题：

任务2：迁移运用——依据以上方法，给"自我主义"下定义。

晏老师给出了与"自我主义"相关的文本材料，让学生最后形成"自我主义"的定义……

且停笔一问之：从推论"差序格局"的定义，到让学生去定义"自我主义"，学生获得了什么？懂得了怎么下定义：属概念之下，并列概念之间的差异。这就是**思维的方法**，而不是记住什么叫差序格局，什么叫自我主义。

又因为题目有"差序格局"，晏老师就必然要深入《乡土中国》。于是PPT又出问题：

任务3：群文勾连——梳理《乡土中国》中其他章节与"差序格局"这一概念的关系。

　　……

所谓"题好课一半"，那是因为它非常清晰地"纲举目张"了全课教学内容，笼罩了全课，定调了全课，给全课划定了边界，规定了方式。

全课用思维发展的逻辑，一线贯穿：给"团体"下定义，再"团体格局"，再"差序格局"，再"自我主义"，再"差序格局"与其他章节的关系。

于是"从心所欲不逾题"，于是"纲举目张不枝蔓"，于是未必热闹却很冷静，不必动人却逻辑清晰，于是就像"学术作品"阅读了。

另一方面，课堂语言于是也呈现出一定的"陌生感""疏离感"，仿佛少了点我们熟悉的"语文味"，事实上却**更富语文的"理性精神"**，着眼于培育学生展开**"清晰有条理思考"**的思维品质。

85 让人听得尴尬的高中生回答之"大词""陈词""顺词"

比如《奥斯维辛没有什么新闻》课上：

师：大家想想，这里特意写儿童，而不是幼儿，有什么用意？

生：儿童代表未来，成人带他们来，应该让他们去参观，去记住历史教训……

且不说"答不对题"，"代表未来""记住历史教训"的用词，明显有些"大"了。

师：阅读第6段，作者为什么觉得不写点什么就离开，会对不起在这里遇难的人们？

生A：……唤醒人们，牢记历史，不让历史重演！

生B：对仍存的良知进行彰显……

生C：对唤醒的良知进行张扬……

如果说作者是出于"心里很难受"，"觉得自己有责任写一点"，是不是会更贴切呢？

以上学生的回答或可概括为"大词"。即不自觉地"往大处说""往上位靠"，"未来""历史""良知"乃至常见的"人性""爱"……我们需要的、更见功力的回答应该是具体的、落实的，"直面"这一个"小问题"的。大了，就容易"空"；小了，才能切实。

再比如《月夜在青州西门上》课上：

师：同学们读了之后有何感觉，请讲一讲。

生A：有一种顿悟的感觉，把情融入景中，情景交融，升华……

生B：氛围静谧，写景优美……

生C：在景物里迷失自己……

生D：对月光对水的描写很优美……

……

生H："睡在月光里"，用了拟人的手法，比较生动……

"优美""生动"等用词应该没错，但未必到位，更没有新意，换成另一篇写水写月光的文章估计也一样"套得上"。语文老师在这里是不是应该追问一句，引导学生说说怎么就"优美"了、怎么就"生动"了呢？

比如《老王》课上：

师：老师做了一个梳理……老王是真心实意、全心全意对待杨绛的，杨绛却用钱来对待老王，所以杨绛"愧怍"……

生：杨绛很后悔，觉得自己没有真心对待老王，杨绛心中还有一个等级、地位的划分，还有一个阶级的概念，杨绛对老王是很随意的，这是对老王真诚的亵渎……

杨绛真的是有阶级概念？她对老王很"随意"？

以上回答或可归为"陈词"。即说着说着就"一切景语皆情语"了，就"一百个哈姆雷特"了，就"大爱无疆"了……我们需要的，也更有意义的回答恰恰应该是"新语"，无论是"质疑旧认知"还是"发现新东西"。"陈"了，就容易"俗"，就平庸；出"新"，才是真正的学习。

再比如《最后的常春藤叶》课上：

师：先说琼珊，她是怎么看待藤叶的？

生：可怜的，因为很多的藤叶都掉下去了，从几百片，到最后一片，也是"厌倦的"……

师：如果你的心情好，你会觉得怎样？

生：我会觉得它很可爱，很漂亮。

心情好，于是看藤叶就觉得"可爱""漂亮"？是不是受"语境"的影响呢？

师："最后的常春藤叶"，最后的是叶子吗？

生：不是，是画。

师：同学们会爆发出很多疑问，什么疑问呢？

283

生：谁画的？为什么画的？什么时候画的？琼珊知道后会怎么样呢？……

对高中生来说，这些都不可能是"疑问"，课文一遍读下来后，这些还会是问题吗？那么，学生为什么会提出这几个问题呢？是不是受"同学们会爆发出很多疑问"的诱导呢？——这就是典型的"虚假"教学情境。

以上回答或可认定为"顺词"。即总是在揣摩老师的意思、班里多数同学的"主流"意见，比较容易放弃自己原先的观点、看法，容易被"招安"，于是我们会在课堂上听见底气不足的声音："这只是我个人的观点……""嗯……"。我们需要的、更有价值的回答，应该是能坚持己见且能为它找到更多充分的"证据"的回答。"顺"了，就没意思了，还不如老师早点"一统教室"呢；"逆"了，就有独立思考的可能，就有"翻出新意"的可能。当然，这种"逆"不是"死不认账"。

每每听到类似以上的"大词""陈词""顺词"时，就觉得非常尴尬，乃至如芒在背，只是想，要是能把课堂"快进"过去就好了。**其实，这些回答都是"寻常翻出新意""腐朽化为神奇"的好机会**。课堂上学生有怎样的回答，有怎样的语言品质，一定程度上"源于"老师，"源于"语文老师。

当然，所谓"大词""陈词""顺词"只是我的"生造"，分类也未必合理，只是想从不同角度说明它们共同的特点——没思考，不思考，不想思考，不会思考，即没想到要去思考，或没有思考得深刻的方法、路径、能力。

86 张嘴就来的回答很可能就是不好的回答

张嘴就来的回答很可能就是不好的回答，甚至就是坏的回答，在高中语文课堂上尤其如此。

这样的回答偶尔为之，活跃一下课堂氛围，也就算了；但如果整堂课上学生都是类似的回答，那么这堂课的教学基本就可以判断为"不好的教学"。

因为这样的回答不过是应激性不过脑、"从嘴到嘴"的，包括各种各样的讨论、交流等，除了吵闹，很难有高质量的思考。

顺便提及近些年比较热门的所谓"头脑风暴"。头脑风暴最早是精神病理学上的用语，指精神病患者的精神错乱状态，如今转而为"无限制的自由联想和讨论"，其目的在于"产生新观念或激发创新设想"。这种"无限制的自由联想和讨论"在课堂教学中的使用价值，值得怀疑。大家都是张嘴就来的主张、看法，真的能激发别人的思考吗？

在思维反应上，有所谓"快的心智处理进程"与"慢的心智处理进程"的说法。前者是这样的：我们调用的认知资源非常少，常常情绪化，依赖直觉，见多识广又很会联想，擅长编故事，经常下意识做出反应，但很容易被骗，以为亲眼所见就是事情全貌，任由厌恶、乐观、偏见之类的错觉引导我们做出错误的选择。（参见[加]斯坦诺维奇《超越智商：为什么聪明人也会做蠢事》一书。）

这与我们基于生活经验的判断相一致：有些人反应敏捷，能很快地回答问题，表达流畅，但这类人却未必能取得大成就；而学问做得好的人，较多的反倒是反应相对缓慢，表达未必快速、流畅的人。

因为后者是"慢的心智处理进程"："想得多一些，调用的认知资源也更多，动作比较慢，擅长逻辑分析……"

对高中语文课堂来说，**不经思考的回答，不是学习应有的特征，而有可能是"假学习"的特点**。包括语文在内的高中所有学科的教学，其育人目标中都有一条重要内容：培养独立思考的能力，培养创新的能力。很难想象，独立思考、创新能力，能在张嘴就来的回答中、讨论中产生、培养出来。

高中语文课堂，可以多一些"冷场"，多一些"冷场"后的思考，多一些课前课中"有备而来的、有深度的思考"。不要追求外在的热闹，不应放弃让学生思维走向深刻的追求。也正因为课堂时间有限，愈发显出给学生思考时间的珍贵。因此，教师要努力提出让学生思考得有意义、有价值的问题。

"同学们，我们来讨论一下，中国的首都在哪里？"——张口就来，就没有学习意义。

"同学们，我们来讨论一下，中国的首都为什么是北京？"——要思考了，为什么不在其他地方呢？怎么就是北京呢？这就有学习意义了。

"同学们，我们来讨论一下，如果中国的首都不在北京，你认为应该放在哪里？为什么？"——"我"认为？"我"可以认为吗？"我"要好好想一想，到底哪里最好呢？为什么呢？其他地方难道就都不好吗？这就有较大的学习意义了。

87 关键是，你怎么看？

而不是引一大堆某某怎么说，说了半天，就是不说你自己是怎么看的，或者就是说不出你自己是怎么看的。

比如有人比较喜欢引用某些"大师"的"通俗文"，看着或"高大"或"深远"，但其实它们既不学术也未必文学……这种引用也同样适合于一些或作清高状或作深沉样的鸡汤文、励志文，倒未必就是我们语文教学所适宜的。

我倒更希望老师们能引用一些教育专家、教学名家的话。当然，最好是老师自己的话。换个角度看，引用来引用去"名人"的话，学生如果有时间、有耐心，也是可以做的，甚至有可能比我们做得更好。这种"搬东西"式的教学，或可休矣。

倒不是说老师的话说得一定会比教授们更"好听"，而应该借此表明一种立场和专业追求：**语文学习，在语言表达上就应努力"讲自己的话"，这甚至可视为语文学习的应有追求。**

细致起来，我们也应该警惕那些"网红语词"，看似漫不经心地"自然而然""脱口而出"的语词。**习惯于使用它们有可能就意味着我们放弃了语言独立的追求，而自动屈服于"流行"的语言体系，这对语文老师来说，无疑是比较糟糕的。**

比如"一切景语皆情语"，学生从小学就开始"接受"了，到了高中，我们能不能就不要再说了。换种说法，才有可能换种内容。如果非用"一切景语皆情语"这句话不可，或许就意味着这种教学内容也没有意义了，那么就应该舍弃，不要再"教"了。

比如"不经历风雨怎么见彩虹"，比如"你若安好便是晴天"，比如"这是最好的时代，也是最坏的时代"……

287

这跟学生在写作文中引用爱因斯坦的小板凳、爱迪生的钨丝等典故，引用"成功是99%的汗水……"、苏轼之"也无风雨也无晴"、屈原之"众人皆醉我独醒"等话是一样的。这样会让高中生的作文立马"掉价"到小学生、初中生水平。

一旦养成这种滥俗表达的习惯，它常常就会成为我们思考的"依赖"，**这可能也就意味着我们缴了独立思考之械。**

这样久了，我们就不大可能产生自己的想法，于是我们就只能引来引去。这样的高中语文教学，还可能有什么专业品质吗？

我们要努力向学生展示自己的独立思考，努力展示怎么提出自己独到的见解。这样的"言传身教"，应视作高中语文教学的应有之义。所谓"自铸新词""别出新意"是也。虽然差的"新说"有时看起来好像比不上那种好的"照说"，但二者在语文学习上的差别，却判若云泥；前者是云，后者为泥。

这样说来，可能又会受到"世上有那么多的与众不同""世上有那么多的创新"的质疑了吧？又会被正告"关键还是要讲常识"了吧？这里还是就此打住吧，否则也要"滥俗"了。

88 让高中生在语文课堂上说"不"，为什么那么重要？

因为说"不"的学生需要思考，需要更全面、更深刻的思考。

因为学生既然说了"不"，他就要充分了解教师、同学、教材所说的"是"的内容；然后去寻找反驳的理由、证据，并努力组织好自己的表达，"说服"持"是"观点的其他人。虽然有时也会是先说"不"再找理由。当然，这里只讨论负责任的"理想状况"下的说"不"，不包括那种只说"不"而不负责阐释，那种为了说"不"而说"不"的情况。

话说回来，学生毕竟是"学习成长者"，是某知识的"学习新手"，不能苛求他们一开始就把"不"说得合情合理、完整有力。这里就包含着一项重要且较困难的学习内容：帮助学生把"不"说得有理有节，帮助学生把"不"说得漂亮。

说"是"则只是接受，增加或刷新自己的思想内容，它甚至不需要思考；准确地说，这种接受的思考是浅层面的，欠深刻的，对提升思维品质的意义不大。

因为说"不"更有利于培养学生的独立思考，甚至可以武断地说，独立思考只能从不停地说"不"中慢慢培养。认识上的一贯"服从"，怎么可能走向"独立"？当然，这跟政治思想上的"反对"完全不是一回事。

这里还包含着"用发展的观点看问题"的意思，即所有确凿无疑的"真理"，事实上都有一定的"时空"局限，"世易时移，变法宜矣""十里不同天"等，更接近真理。

所以我们要教育学生，说"不"，不只是反驳，不只是站在"是"的对立面；**"不"，更可以是"发展"，是"不同"，是"发现"，是"创造"。**

标题中之所以指明"高中生"的原因也很简单：高中生身心发展已经趋

向成熟，已经"是时候"学会说"不"了。让高中生们的思想变得独立起来，变得丰富起来，变得深刻起来，变得富于创造力起来，是高中教育的应有之义、重要内容。

标题中为什么还要指明"高中语文课堂"呢？答案也很简单：教高中生学会思考，是高中语文尤其是课堂教学绝对重要的学习任务。而这一点之所以似乎还没有被更多的老师所认知，是因为它是"新的""旧理念"，它在核心素养中作为"思维发展与提升"出现，使我们越来越深刻地意识到，**对高中语文来说，其重心应该落到思维上，尤其是"理性思维"上；而课堂无疑是说"不"的重要学习场所。**

比如，《前方》真的写得很好吗？《相信未来》的艺术魅力来自"青春的力量"吗？《江南的冬景》里的冬景真的是江南的吗？……事实上，当我们能提出这些问题时，只要能给当代高中生们回答的空间，相信他们中不少人都会说"不"，并且"找到答案"。

可是，让高中生说"不"，会不会使教学"乱套"啊？高考怎么办？难道不是"说是"才最有效率吗？难道不是"刷题"才最有效率吗？听过无数的"美好的教学样子"，可哪个在实践中见过？漂亮的成绩，哪个不是老师辛苦地用"是""盯"出来、"逼"出来的？

这个仿佛就是一线老师的撒手锏了，几乎是不接受反驳的。

但是，**我们要警惕总在寻找"替罪羊"的"惰性"思维**。比如无论怎样，总是习惯性地归罪于升学压力、应试教育，总是归罪于语文的标准答案，而放弃我们正面的努力、瞻前的研究。我们要努力分析，学会"归因"，就会发现，高考语文有标准答案的题目已经越来越少，同时，已越来越趋向于多元、开放；我们如果能学会"追问"，可能还会发现，培养学生说"不"的态度与能力，会更有利于缓解升学压力，能更好地应对应试教育。

归根到底，"迂阔"地说，**我们要教的首先并不是一门"语文课程"，而是高中生们，是一个个正在长成中的高中生，他们应该成为能独立思考的人，应该成为能提出、发现并解决"新问题"的人**；然后，才是"语文课程"，因为它能为高中生成为那样的人而提供有力的帮助。

希望能有越来越多的高中语文老师，相信让高中生说"不"的伟大力量。

这个观点对我们教学的启发可能是：**我们在"备课"时，在设计学习任务时，在留出"应然"的"是"的答案、优秀成果时，也要给"不"的答案留一个同样开阔的位置。因为对高中生来说，"不"的天空比"是"的要高远得多。**

89 让文言文课堂有"我"

文言文课堂有两个突出特点：

其一，总是比较"沉稳"。

篇目、知识能力要求、学生情绪、我们的课堂教学都长期"稳定"。

其二，有点"失魂落魄"。

"言"较落实，因为它好落实；"文"较受轻视，因为它可以轻视。学生对文言文与其说"怕"，不如说"无感"，不如说"累觉不爱"，文言文课堂仿佛失去了灵魂一般。

那么，能否让文言文教学起点"波澜"，变得面目可爱起来、现代起来呢？或者，"我"能发挥这样的作用。因为，相比现代文的"现代"、诗歌较强烈的主观色彩、小说及戏剧内容上的吸引力，文言文与学生就比较"隔"，"我"的投入少。

这里且用自己的教学案例来说明。更重要的是，**希望它们能较具体地展示一下教师"研发课程""创生教学内容"是什么"样子"的。**

一、找到起点，体验"我"的知识成长

文言文知识点多、稳定，呈一定"封闭"的特征，这有利于我们帮助学生在课堂上构建其知识体系，让学生体验"我的知识增多了、全面了、深刻了"的喜悦。当学生在课堂里找到自己知识的起点时，他就会觉得熟悉，觉得亲切，新知识也就成了"熟人的新面孔"。

我们从哪里寻找学生的起点呢？我不知道老师们是否同之前的我一样忽视了学生的初中语文这一"旧知宝藏"。

比如教学《寡人之于国也》。学生在初中九年级下册的语文课本中已经学过《〈孟子〉两章》（《得道多助，失道寡助》和《生于忧患，死于安乐》）

及《鱼我所欲也》，对孟子善于论辩的特点已有一定了解。本课就要唤起学生回忆，丰富乃至完善他们对孟子文风的认识。让学生齐背、回顾《得道多助，失道寡助》："三里之城，七里之郭……故君子有不战，战必胜矣。"然后"复习"写作特点：多用排比、对比手法，有气势。再借用《得道多助，失道寡助》，让学生比较两篇课文写作特点，得出二者相同的"严密（排比、顶真、反复、对比）""雄健（层进、呼应）"特点，再在比较中得出本文"形象（比喻、寓言）""翔实（具体展开）"的特点。

比如教学《师说》。学生在初中八年级下册的课本中学过韩愈的《马说》，对"说"的文体已有认识。让学生齐读："世有伯乐，然后有千里马……其真无马邪？其真不知马也！"然后提问：二者在表达上有何异同？相同点为都是针对现实而言，但《马说》是寓言，《师说》是事实。再顺势插入韩柳的"古文运动""惟陈言之务去"之现实主义精神。不同点则在于：《师说》有对比，《马说》不明显。一对比就突出，想突出什么？即"师之不传也久矣"。这就是从师的现实意义。

比如教学《逍遥游》。学生在初中学过《〈庄子〉故事两则》（《惠子相梁》和《庄子与惠子游于濠梁》），并在人教版高中语文教材中学过庄子《秋水》的开头几句，对庄子"借故事形象说理"的风格、气派已有所了解。在苏教版教材中，《逍遥游（节选）》编排在必修教材必修五的最后一个专题，我们或者可以借此来体验"我的知识成长"，通过横向的比较，对诸子言语特征做个对比认识。然后PPT放映出诸子文章：

王如知此，则无望民之多于邻国也。不违农时……数罟不入洿池……斧斤以时入山林……五亩之宅……百亩之田……然而不王者，未之有也。（《孟子》）

君子曰：学不可以已。青，取之于蓝……冰，水为之，而寒于水。……君子博学而日参省乎己，则知明而行无过矣。……吾尝终日而思矣，不如须臾之所学也……（《荀子》）

今有一人，入人园圃，窃其桃李，众闻则非之，上为政者得则罚之。此何也？以亏人自利也。至攘人犬豕鸡豚者……此可谓知义与不义之别

293

乎？（《墨子》）

而庄子的文章是这样的：

北冥有鱼，其名为鲲。鲲之大，不知其几千里也；化而为鸟，其名为鹏。鹏之背，不知其几千里也；怒而飞……南冥者……扶摇……九万里……野马……尘埃……杯水……芥……蜩与学鸠笑之曰……朝菌……蟪蛄……冥灵……大椿……彭祖……穷发之北……羊角……斥鷃笑之……宋荣子犹然笑之……列子御风而行……乘天地之正，御六气之辩，以游无穷……

让学生分别概括其他三子文章风格，然后再探讨出庄子的"逍遥"文风：思想自由，想象无涯，表达神妙。最后引材料证明：

吐峥嵘之高论，开浩荡之奇言。（李白）

文之神妙，莫过于能飞。庄子之言鹏曰"怒而飞"，今观其文，无端而来，无端而去，殆得"飞"之机者。（刘熙载）

往昔有人，名曰庄周。周之奇，不知其所以然也。化而为书，名曰《庄子》，书之妙，不知其所以然也。是书也，出于意想之外，而游于溟悸之初……（张潮）

二、发现疑点，考验"我"能力水平

高中课堂，我们不应再试图用"好玩有趣"来吸引学生，事实上它不能持久，同时失却了应有的高度、深度。发现疑难、解决疑难可能是课堂中持久且强劲的"动力"，与高中生心理发展特征相适应——高中生好奇心强，对未知内容有兴趣，尤其当他们能从"古板""平常"的文言文中发现疑难时。当然，疑难的起点很多情况下源自教师的研读。

比如教学《始得西山宴游记》。

为什么在西山能始得游玩之乐？这是我们常问的问题。把第1段"游众山"与第2段"游西山"的"情状"进行比较，是常见的教学内容。我们还可以这样提问："游众山"与"游西山"之间变化太大了，这中间发生了什么？

我们把探究指向作者心理的蜕变过程，这样或者能更全面、深入地读懂本文，读懂柳宗元。

可以提供相关材料，让学生更能体会柳宗元被贬时的凄凉：永州地处湖南、广东交界，在唐代还是个人烟稀少的荒蛮之地。柳宗元被贬后三年里，甚至连住的地方都没有，只能在龙兴寺寄宿。由于生活艰苦，其母卢老夫人在被贬同年"五月十五日，弃代于永州零陵佛寺"（《先太夫人河东县太君归祔志》）；而且"五年之间，四为天火所迫。徒跣走出，坏墙穴牖，仅免燔灼"（《与杨京兆凭书》）。政敌们还造谣诽谤，对他进行人身攻击，把他丑化为"怪民"。这些都严重地损害了他的健康，使他到了"行则膝颤，坐则髀痹"（《与李翰林建书》）的程度，也给他带来了精神上的无限痛苦。对少年得志、才华横溢且志向高远的柳宗元来说，真可谓"风波一跌逝万里，壮心瓦解空缧囚"（《冉溪》）。所以文章开头就说"自余为僇人，居是州，恒惴栗"，不可谓不沉痛！而且"纵逢恩赦，不在量移之列"（《旧唐书·宪宗纪》）则几乎已灭绝了他政治上东山再起的希望。但柳宗元只能无奈，能做的只有"其隙也，则施施而行，漫漫而游。日与其徒上高山，入深林，穷回溪，幽泉怪石，无远不到"，在逃避现实中苟活。但实际上，作者根本没有心思游山玩水，不过"到则披草而坐，倾壶而醉。醉则更相枕以卧，卧而梦。意有所极，梦亦同趣。觉而起，起而归"罢了！用今天的话来说，不过是找个人少的地方喝酒麻醉自己以消磨时光罢了。

还可再提示：被贬两年后，作者有一重要作品《江雪》（小学课文）：千山鸟飞绝，万径人踪灭。孤舟蓑笠翁，独钓寒江雪。（每句首字连起来为"千万孤独"）。而文中的"今年"为被贬四年后——又过两年，作者的心境又发生了一些变化。引导学生关注西山的发现，"始指异之"及之后的动作是有意识的寻求，与之前的游众山有所不同。

提出小问题：西山有何特点？唯高而已，不为人知，"不与培塿为类"，孤高而已！

如果说约写于807年的《江雪》，大约表达了作者决然于"孤"的心情；那么两年后的作者在西山则找到了自己的"高"。前者是孤寂和悲凉，后者也许已带有一点决绝和傲然。"虽万受摈弃，不更乎其内"（《答周君巢饵药久寿书》），是为"始得"。作者终于在苦痛之后，在孤独之后，找到"孤高"

的山水知己！然后，引导学生品读"悠悠乎"语句。再对应理解"心凝形释，与万化冥合"：心凝，找到了心的归宿，心安了；形释，放松，舒畅，轻松；与万化冥合，在山水中获得共鸣，找到知己。

再补充林纾评柳游记："每一篇必有一篇中之主人翁，不能谓其漫记山水也。"（《韩柳文研究法·柳文研究法》）说的就是每一篇中都有一个柳宗元，山水皆有个性，所以篇篇不同，篇篇精彩。

最后检测："我们现在来看《小石潭记》，同学们从中看到了一个怎样的柳宗元？"

PPT 放映出文本："从小丘西行百二十步……以其境过清，不可久居，乃记之而去。"

作者从石潭得"与鱼相乐"的情感，与《始得西山宴游记》文中的"与万化冥合"的"概述"性质的愉悦已不相同，他在每一细小情景中都能得到乐趣，看见了自我。但终究难脱冷清。

结语：柳宗元的生命重心，在这里完成了一次大转折——从前期在京城时直接从事政治革新活动，转到此时的思想、文学领域。柳宗元终于能够以相对平和的心情与"孤高"的姿态来看山水了，于是他看到了以前看不到的风景，看到了一般人看不到的境界；永州山水于是也仿佛一夜醒来，在柳宗元的眼前、笔下大放异彩。"文章憎命达，魑魅喜人过。"痛苦而无奈，无奈而孤高，孤高开慧眼，才有了"西山宴游"，才有了"永州八记"，成就了中国文学山水游记上的一次丰收。柳宗元始得西山宴游，我们始得山水柳宗元。

最后呈现板书：

$$柳宗元 \begin{cases} 众山—孤苦 \\ （江雪—孤独） \\ 西山—孤高 \end{cases} 始得宴游$$

再比如《陈情表》。

我不知道有几位老师、同学会读此文而落泪。真有落泪吗？这是重大疑点。

文章的侧重点在"孝"吗？

提问：李密陈的是什么情？

追问："陈孝情"之外，同学们在这篇"表"中还能发现其他内容吗？

教师准备的"脚手架"有：

①引导学生关注第2段、第3段前半部分、第4段；并带领学生一起朗读。

②还可以视情况进一步"提示"：教师自读第3段前半部分，重读突出"凡、犹、况、且、岂敢"等虚词。

③补充材料：

材料一：三国魏元帝（曹奂）景元四年（263年），司马昭灭蜀，之后不久，司马昭之子司马炎废魏元帝，史称"晋武帝"。蜀汉刚平，天下未定，南方吴国尚存，且有相当实力。晋朝采取怀柔政策，极力笼络蜀汉旧臣。（这个材料是想给学生时代背景，对晋武帝对原敌国旧臣的"亲热举动"有个说明；为表中李密惶恐地"表忠心"提供一个理由。）

材料二：李密的祖父李光，曾任朱提太守，他自己年轻时，曾任蜀汉尚书郎。（提供这个材料一是为表中"少仕伪朝"做注解，二是为后头的思考做铺垫。）

文章的另外内容可以分三方面分析。

一是措辞非常谦卑，甚至是自我"矮化"。全文"臣"字多达29个。（《出师表》的文章比这篇长，只有十余个"臣"。）"猥以微贱，当侍东宫，非臣陨首所能上报。""今臣亡国贱俘，至微至陋，……""愿陛下矜愍愚诚，听臣微志，庶刘侥幸，保卒余年。""臣不胜犬马怖惧之情，谨拜表以闻。"

二是对圣朝圣主的赞扬。"逮奉圣朝，沐浴清化。""诏书特下，拜臣郎中，寻蒙国恩，除臣洗马。""伏惟圣朝以孝治天下，凡在故老，犹蒙矜育。"

三是表达自己的忠心。"过蒙拔擢，宠命优渥，岂敢盘桓，有所希冀！""臣生当陨首，死当结草。"

分析完再让学生在思考中深化认识："结合材料，你怎么评价李密在《陈情表》中的表现？"

可提供《晋书·李密传》中的相关内容：

①后刘终，服阕，复以洗马征至洛。司空张华问之曰："安乐公何如？"密曰："可次齐桓。"华问其故，对曰："齐桓得管仲而霸，用竖刁而虫流。安乐公得诸葛亮而抗魏，任黄皓而丧国，是知成败一也。"

②常望内转，而朝廷无援，乃迁汉中太守，自以失念怀怨，及赐饯东堂，诏密令赋诗，末章曰："人亦有言，有因有缘。官无中人，不如归田。明明在上，斯语岂然！"武帝忿之，于是都官从事奏免密官。后卒于家。

教师大概可以准备这么几点思考：一、李密具有基本的政治操守，蜀汉对他有恩，他没有忘本，《陈情表》中的"辞不就职"可能也有对旧政权的怀念，他不是有奶便是娘的那种人。二、李密可能真如《陈情表》中所言，"本图宦达，不矜名节"，做官仍是其人生追求目标；但他仍能坚持在祖母过世之后做官，也算难得。

最后形成板书：

"臣"李密，陈"孝"情，表"忠"心

板书强调"臣"，突出"孝"，引出"忠"的复杂——忠于蜀的道德自律，忠于晋的功利软弱。

再比如《滕王阁序》。

在"抒怀"部分，诗人的情感是纠结的，是矛盾的，为什么会这样？需要细细追究。

望长安于日下，目吴会于云间。地势极而南溟深，天柱高而北辰远。关山难越，谁悲失路之人？萍水相逢，尽是他乡之客。怀帝阍而不见，奉宣室以何年？

这里并非我们"耳熟能详"的感慨怀才不遇。

嗟乎！时运不齐，命途多舛。冯唐易老，李广难封。屈贾谊于长沙，非无圣主；窜梁鸿于海曲，岂乏明时？

"非无圣主""岂乏明时"难道就不是自责吗？诗人的自负任性带来的不仅是对自己仕途的绝望，也影响到了亲人，甚至都有愧于自己的家族——他的祖父是隋末大儒王通，唐初大诗人王绩是他的祖叔。

所赖君子见机，达人知命。老当益壮，宁移白首之心？穷且益坚，不坠青云之志。酌贪泉而觉爽，处涸辙以犹欢。北海虽赊，扶摇可接；东隅已逝，桑榆非晚。孟尝高洁，空余报国之情；阮籍猖狂，岂效穷途之哭？

何谓"见机"？何谓"知命"？他"老"吗？但他确实已"穷"了，按当时情形看来，朝廷确实已不大可能再用他了！这对有强烈进取心的年轻人来讲，无疑是绝大的打击。

他一再说"扶摇可接""桑榆非晚""岂效穷途之哭"；但另一方面，又说要"舍簪笏于百龄，奉晨昏于万里"。

王勃的悲剧不是中国古代文人酸溜溜的"英雄无用武之地"，不是时代造成的，不是当时所谓的制度造成的。那是一个开放、壮大、意气风发的伟大时代，他本是可以大展才情，一施抱负的，但是……这是性格悲剧，这是命运悲剧。这也是《滕王阁序》能打动更多人的情感原因吧。

"文以气为主"，什么"气"？"不平之气""抑郁之气""悲壮之气"也！

面对萍水相逢的他乡之客，谁能体会"我"这"失路之人"内心的悲凉呢?！

千载而下，我们这些"萍水相逢"的"他乡之客"，能体会他内心的悲凉吗?！尤其当这是一位天才时！

其实，对所有人来说，生命中总有"失路之人"的体验，而周围的人——包括亲人朋友们——多么像"他乡之客"啊！他们很重要，但他们也很无奈，他们也有自己的人生，他们对你往往也爱莫能助，就像王勃的家庭对他一样，而那时周围的"他乡之客"能体会、理解其内心吗？这里，王勃是提出了一个生命的孤独命题吗？一个尤其是天才的生命的孤独命题吗？

他感受到了热闹、繁华、功名、权势等背后的孤独吗？

"关山难越，谁悲失路之人；萍水相逢，尽是他乡之客。"令人想起了陈子昂的名句："前不见古人，后不见来者，念天地之悠悠，独怆然而涕下。"也令人想起了李白的名句："夫天地者，万物之逆旅也；光阴者，百代之过客也。"呜呼！

三、提炼"今点"，表现"我"思想品质

有新闻报道，大学生在看"人艺"经典话剧《雷雨》时"笑场到底"，为

什么？基本上说是"太装了"！

比如《离骚》，学生怎么看待屈原的"多内美、重修能、自勉励"？学生有"笑场"吗？他们以为然吗？

他们是怎么想的呢？让他们说出来……

我们已经不可能再拿空洞的"高尚""深刻"等名词来说服他们。实际上，学生不断增强的"我"意识已经在逼迫我们提升乃至改变语文教学内容，文言文的改变更有其必要性。

同样，学生们认为《荷塘月色》真写得好吗？《边城》真的好看吗？

要让学生充分评论，我们再去想如何反驳他们。如果我们反驳不了他们，说服不了他们，就说明这篇文章确实"乏味"，根本没有与时代相呼应的"今点"。

我是这样做的，不知道老师们会怎么看，反正学生们基本上是"安静"了：学生七嘴八舌说屈原"矫情自恋太搞了"之后，我把《渔父》放映出来，让学生读。

当一个人用生命来捍卫自己的理想时，他矫情吗?！当然，可能还会有个别学生说他"傻"……

我们需要与学生进行思想冲突，不应该都是"和风细雨"，更不应该都是"顺"着他们，而是跟他们辩论，然后论赢他们。

在"谁的知识不渊博？谁的知识有百度渊博？"的今天，高中生对所谓"语文知识"的"崇敬度"已远不如小学、初中时期；当我们并没有多少新鲜的"知识""教"给他们时，我们靠什么维护、"更新"专业尊严?！尤其在古老的都是"死知识"的古文课堂上，诸如《文言一本通》等上面什么解释没有？

再比如《赤壁赋》。

"盖将自其变者而观之，则天地曾不能以一瞬；自其不变者而观之，则物与我皆无尽也"，你怎么看？

苏轼当然了不起，能够"破解"前人——比如柳宗元一辈子没能走出仕途失败的阴影——的"终极"难题；但"以今观古"，其认识未必就已圆满得无话可说。

变者，"天地不能以一瞬"，也就无所谓生死，于是不能把握，于是虚无。

不变者，所谓"物质守恒"，也就无所谓生死，于是不用把握，于是也虚无。

这只是一种豁达的人生观。是不去想，是不能想，"它就不是一个问题"而已。

这种豁达可能并非深刻、通透，而是无奈，或者说是勇敢。

再比如《兰亭集序》。

我的板书是：

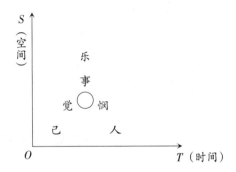

说明：

第2段中"痛"的内涵：（生）快乐不常之痛，（死）终期于尽之痛。

第3段中"悲"则是"痛"的深入：从一时一地到所有时空，普遍；推己及人，悲悯；感性上升到哲理，他看到了所有时空中的人类。

在此基础上，提出讨论问题：你怎么看无尽时空里的自己当下的"生命之悲"？

为什么要设计这个问题呢？因为从教材看，这个专题叫"心连广宇"，这个板块叫"我们头上的灿烂星空"。编者的意图就是想让学生思考"生命与宇宙"。

学生会消极吗？学生会虚无吗？让学生真实地讲出来。

然后回到课文，问：魏晋时代，士人多追崇老庄哲学，作者对此持什么态度呢？

作者否定了等同生死的老庄哲学。持"一死生"生死观的庄子，面对死亡，可以不哀痛，但是王羲之却深感沉痛。对死的痛惜，正可以反衬出他对生命的热爱与留恋、积极与奋进。

再补充介绍王羲之的生平：

魏晋时期，玄学兴盛，清谈成风，士族子弟及各级官吏浸淫于清谈，不以政务为要。王羲之却能从"事君行道"出发，认为"虚谈废务，浮文妨要"（《晋书·谢安传》）。担任会稽内史期间，勤政爱民，体恤百姓，面对繁重服役，"羲之每上疏争之，事多见从"（《晋书·王羲之传》）。在护军将军任上，他深入调查，发布《临护军教》，提出"公役均平"。在连年大旱、民生困顿之际，他说"百姓之命倒悬，吾夙夜忧此，时既不能，开仓庾赈之"，于是不等朝廷下令，果断开仓赈灾，救民于危难。

孔子说："不知生，焉知死。"而王羲之用他的积极用世向我们传递着"不知死，焉知生"的哲理。因为懂得生命终将消逝，所以就更加懂得珍惜生命！

如果有这样一个过程，相信学生就能消除课文所谓的"消极"影响，较深刻地认识"无尽时空中的那个我"。

不知道这样的文言文课堂会不会有趣点？

90 要努力让学生把话说长

目的就是提升学生课堂表达的"思维含量"。

因为在不少课堂上，"碎问碎答""快问快答""短问短答"的现象还比较普遍："总共有几个？""三个。""在课文哪里？""第十页第三行。""作者有没有这个意思呢？""有。""……好不好？""好。"……

即使稍长一点的，有时也往往只有一两句话："祥林嫂是被她婆婆'绑'走了，卖给了贺老六。""'心里颇不宁静'，是文章的潜在线索。"

这种问答，较多情况下是"为老师服务"，即老师需要学生的"配合"来完成一种所谓的"问答式探讨"，学生的学习任务是答出老师需要的那个"词"或"句子"。**这种情境下，学生往往是在"揣摩师意"，乃至是在"顺从""附和"教师的"明示"或"暗示"。**

当然，如果这个词、这个句子，是学生经过深入思考后得出的最终结论，或者还是有价值的；但遗憾的是，它们常常只是"即问即答""马上可见"的"答案"。原因也很简单：课堂上，哪有多余的时间让学生去寻找答案，去把话"说得长"呢？

即如果一堂课类似的问答过多，那么这堂课的"思维含量"就值得怀疑。

进一步说，学生的话之所以难以"说得长"，那是因为老师给他们的问题不需要"长的答案"。老师的问题往往只是指向"是什么""有什么""怎么样"，只需要学生去翻看课文，去"灵机一动"，去所谓"头脑风暴"一下；而没有指向"为什么""还有什么""还能怎样"，没有让学生去质疑，去发现。

"周朴园对鲁侍萍有没有真情？"之后，一定要加一个"为什么？"。

"《拿来主义》的观点是什么？"之后，一定要加一个"为什么？"。

"你怎么理解郁达夫《江南的冬景》中的冬景?"之后，一定要加一个"为什么?"。

"你有什么不同观点吗?"之后，一定要加一个"为什么?"。

诸如此类。

换个角度说，**要努力让学生少用"陈述"表达，多用"论述"说话**："我认为怎样，为什么呢? 是这样的……"**要努力让学生把话说满"一个论证单位"；如果能把这种"论述"先写下来，再表达，效果就会更好。**

于是问题来了：课堂上真没有那么多时间让学生"长篇大论"啊，因为总不能就让一位两位学生回答而不顾及多数学生吧?

是的。这提醒**我们或许应该考虑高比例地乃至彻底地放弃"师问生答式"课堂对话**的教学模式，而让学生自行分小组讨论，让每位学生在小组内都能畅所欲言地"论述问题"；再让小组代表在班上"论述"。

教师的任务就是"高屋建瓴"地设计一个开放的、有多元答案的，最好能有"物化成果"的学习任务，让学生思考、用"论述"表达、小组内交流、小组代表在班级内再交流。这种交流不一定是口头表达，书面表达或许更有意义。

比如，把学生已经学过的《逍遥游》《寡人之于国也》《季氏将伐颛臾》《劝学》《非攻》等文章放一起，要求学生先自行朗读，分别写出诸子写作风格，再小组讨论、归纳，最后由小组代表板书结论并说明原因。而教师或许只需要在学生讲"错"时"站"出来纠正一下。

简要言之，我们如果真的想让学生学会思考，学会深入思考，那么，就要给学生比较充分的思考时间，就要为学生设计比较优良的学习任务，就要给学生创设比较宽松的思考课堂环境。我们要真实有效地把课堂变为"学堂"，让学生能有很多机会"把话说长"。

91 语文的实用性就是帮助我们把问题想清楚

把问题想清楚，把一个比较复杂的问题想清楚，那么这个问题就解决了大半。这几乎是不必论证的。换句话说，任何问题之所以难以解决，就是因为我们没能、很难把它想得清楚。

因为语文学习，主要是书面语学习。而书面语中尤其是比较"实用"的像论述类、说明类的书面语的学习，特别有助于我们理清思路，探讨问题，想出办法。

说到底，解决问题主要取决于"想"的水平。能否思考得周全、深入、透彻、长远，对问题能否解决起决定性作用。

而思考的过程就是书面语展开的过程。思考，而又能有系统地、条理清晰地、有逻辑地展开，依靠的"工具"只有语言文字。问题越复杂、越艰难，越需要高超的书面语表达能力，有时甚至需要一个比较长期的、不断修改的书面语表达过程。这个过程以及结果的呈现，与写一篇论文、做一个课题，有相似之处。

"语言是重要的交际工具，也是重要的思维工具；语言的发展与思维的发展相互依存，相辅相成。"对高中语文来说，"工具性"自然应该偏重于"思维工具"，尤其是较复杂较抽象的"思维工具"。甚至可以说，**"交给学生一个高品质的思维工具"，是高中语文重要的学科育人价值**。

语文课程的实用性、重要性于是也就"浮现"出来了：**语文，就是学生学习语言文字运用（思维展开）的课程**。

语文课程的核心内容，就是引导学生在不断的语言文字运用过程中，提高语言文字运用的水平、能力、素养，让学生的语言文字运用不断地走向高端，也就是让学生的思维不断地走向缜密、清晰、富于创造性。

借助语言文字，把问题看清楚，想清楚，写清楚，语文课程有着得天独厚的学科优势。我想，怎么理解"语文很重要"，这应该是个"切实"的重要角度。

值得补充说明的是，语文学习主要不是学习口语，因为口语在反应敏捷、应对快速的同时，也呈现出相对零散、浅表化的特点。基于口语的思维，更多地来自生活中的"应激"锻炼，而不一定要到语文课堂上来学习。语文教学情境尤其是课堂学习情境，似乎很难与真实的口语情境相匹配。这也就是"口语"常常与"交际"联系在一起，而"书面语"多与"思维"同时出现的一个原因吧。

92 略论"语体"的语文学习意义

随着《普通高中语文课程标准（2017年版）》的颁布，统编语文教材的推出，以及高考改革中一些令人关注的新变化的出现，"语体"这个词被提及的频率慢慢增高。

通俗地说，简单地说，"语体"或可理解为语言文字运用时体现出来的"特点"。它具有针对性强、贴合具体情境、能发挥词汇"词典义"和语句"正常表达"之外的"特殊作用"等特征。夸张地说，从修辞角度看，每一种情境都必然有且只有一种合适的语体。

常被我们与之相提并论的另一个概念就是"文体"，这是就文章特征而分门别类的各种"体式"，比如从文学特征分的散文、小说、诗歌、戏剧，比如从表达方式分的所谓论述文、记叙文、说明文等。这是我们非常熟悉的。而"语体"可能要陌生得多。我们常常笼统地认为"文体"相对宏观而"语体"则比较微观，事实上，二者的区别远不止于此。

"语体"的出现与越来越受青睐，"大背景"是信息时代的到来，语言文字作为信息的"传统"载体，面临着"焕发新机"的机遇或说必然转变；"中背景"是语文学习理论的发展，理论界已经越来越清晰地认识到，语文是学习语言文字运用的课程，而不仅止于学习语文"既成"的相关知识、能力等；"小背景"则是语文教学发展的需要，我们会发现，"语体"有可能打开语文教学的一扇新门，乃至帮助教学进入新境界。

系统的、庞大的不说，这里也说不了，简单地从如下三个方面谈谈它的语文学习意义。

一、"语体"使学习内容更关注"运用"

最偷懒的论述就是抄课标上的话，当然这个也最权威；但是，要有"对比"才能看得清楚这个"更"。省略去相同的、关系不大的语句，两版课标对语文的"课程性质"表述如下。

2003年版课标：

……高中语文课程应……使学生具有较强的语文应用能力和一定的审美能力、探究能力……

2017年版课标：

……语言文字的运用……存在于人类社会的各个领域。语文课程是一门学习祖国语言文字运用的综合性、实践性课程。……应引导学生在真实的语言运用情境中……培养运用祖国语言文字的能力……

断章取义一下，2003年版课标中强调的是"应用"能力；2017年版课标中则要复杂一些，不仅多了"存在于……各个领域"，而且说"学习祖国语言文字运用……"。

且咬文嚼字一下这两段话中比较关键的"应用""运用"这一对近义词。二者都有"使用"的意思，不说。

"应用"有"应什么需要，然后使用"的意思；"运用"固然有"由于什么需要，于是使用"之意，但其比"应用"似乎另有"主动地使用"之意。比如"我要运用多年的功力来解决这个问题"，如果把"运用"换作"应用"，这话可能就不通了。"应用"相对"老实"一点，仿佛先有某种情境存在，于是"应用"，更像一种"技能"；"运用"可能就灵活一些，似乎先具有了能力，其后"运用"它面对多变的可能未知的情境，更像一种"素养"。

另一方面，2003年版课标说"使学生具有……应用能力"，这种应用能力与审美能力、探究能力并列，是"使学生具有"的一种能力，显得相对"局限"。2017年版课标则说学习"运用"，它不再提这种"运用"是哪种"能力"，而只是说去做什么，去解决什么。对，这就是语言文字的实用价值。

体现在学习内容上，2003年版课标对应更多的还是课文这种相对"封闭"的"成品"材料；而2017年版课标对应的则是一个个开放得多的学习任务，课文"降格"为学习需要的材料，其作为文章的"独立性"有所下降。

所以，我们在"三新"（课标、教材、评价）教学中，将会遇到越来越多的"语用"现象；教学中会越来越喜欢从现实生活中取材，并让学生在现实生活中"运用"语文能力。而且，这种"现实生活"还在不断变化、发展，"没个定数"，甚至还有可能是"未来生活"。

二、"语体"使考试评价更趋向"实战"

当然并不是说以前的考试就没有出现"语体"内容，只不过我们那时未必"认识"它，当然应该也不如当下表现得充分、"出风头"。

直接上题目吧，但似乎也不用多分析，只要看看其特定情境下的"语用"特点就够了。它怎么就做了"考点"了呢？

较典型的如2018年、2019年浙江语文高考卷中的三道文学作品阅读题，把"考点"落实在"语言特点"上。这种"语言特点"是文章情境赋予的，离开了特定语境，这种"特点"就会消失甚至就"不成话"了。

2018年浙江语文高考卷第10题：

作者的兴奋情绪在文中画横线部分表现为怎样的语言特点？（4分）

（"……而汴京人也果有奇术异能！你看那……真个是……那……真是……直教人……不信的话，此时你抬头望望……端端地消淡了许多光华。"）

"果有……真个……那……真是……直教人……不信的话，此时你……端端地……"，这算什么？

2018年浙江语文高考卷第11题：

文中画波浪线部分连用10个"一"，具有怎样的艺术效果？（5分）

（"……一幅教我怦然心动的景象——一间小木楼的门窗呀的一声启开，一根长竿软软地伸将出来……一盏八角宫灯……一时间……一簇飞花，一团流云……一个穿猩红雪衫的姑娘……一团艳艳的红云……"）

你不说我还真不知道这里有10个"一"，这个"考点"又算什么？

2019年浙江语文高考卷第10题：

简析文中画线部分的语言特点。（4分）

"太阳一出来了……一变而为温暖了……速率更快了……那丝蔓就长了，就向前跑去了……一天爬上了窗台，两天爬上了窗根，等到第三天就在窗根上开花了……那黄瓜梗经过了磨房的窗子，爬上房顶去了。……把那磨房的窗给蒙住了。"

每句都有一个"了"，感觉都"不通"了啊……

它们都体现出共同的特点，就是重视"实战"，让学生在千变万化的情境中"运用"；许多答题的"套路""套话"已经派不上用场，而需要具体现象具体分析，当场解决新问题。

至于语用题之贴近社会生活，取材各领域前沿内容，不在话下；写作题也特别重视情境，讲求"有用"。这也可视为"语用"的一个体现。

用2017年版课标的话，就是"让学生在复杂情境、多种角度和开放空间中充分展示其富有创造性的个性化的学习成果"。

三、"语体"使课程发展更重视"开放"

"语体"不是新生事物，比如较早时它就指相对"文言"而言的"白话"，然后分为口头语体、书面语体两类，再后来书面语体又大致按"专业领域"分出法律、科技、政论、新闻等。时至今日，随着现实生活的愈趋丰富、复杂，尤其是网络世界的自由、开阔，"语体"蓬勃发展。比如网上较常见所谓"蜜糖体""红楼体""纺纱体""梨花体""脑残体""走近科学体"等，它们都有自己特定情境下的"语言运用"的特点，具有较高的辨识度，并非"不要理它"就能"掩耳盗铃"过去的。

可见，语体不仅数量众多，而且还在不断发展；就像同样"蓬勃发展"的新词语一样。

这种语言的发展真是令人激动。**越来越多的语体可能正带着语文课程不断走向"开放"，为语言"创造"，即"思维"创新留出广阔空间。**

对在信息化环境中成长起来的高中生来说，他们熟悉诸多语体，而且，重要的是，他们还可能创造特定情境下的"新表达"，他们可能就是网络上某些新语体的实践者甚至是"创生者"。甚至，或者只有当他们具备了适应不断发展变化的社会环境而创新出新语体时，才意味着当代语文学习者的学习到达了高境界。

思维的开放，总是且最应该从语言文字的开放开始。

正如新课标所言：

学习运用祖国语言文字的资源和实践机会无处不在，无时不有……引导学生在……语文实践中体会、把握语文运用的规律……当代社会迫切需要高素质的创新人才……语文课程也需要不断创新。要引导学生……追求思维的创新、表达的创新。

将来的语文课程是什么样的？我们难能预知，但我们相信，它是在语言文字的运用中发展变化，且在越来越丰富多样的语言文字运用的不同特点中变得繁花似锦，一如这个伟大的时代，充满令人期待的无限未来。

第三章
从教材变化看语文发展

93 综合开放，自主建构

——谈《普通高中语文课程标准（2017年版）》
在高中语文统编教材中的表现

对照《普通高中语文课程标准（2017年版）》，根据教学实践，高中语文统编教材表现出两方面突出特点。以必修教材为例，试加阐述。

一、教学内容：在坚守中综合开放

1. 坚守本色，综合性，时代化

统编教材坚守语文教科书"经典文章""文选组元"的内容和结构样式，必修教材16个单元中有11个单元是我们"熟悉"的。比如必修上册第一单元的目录如下：

1. 沁园春·长沙

2. 立在地球边上放号

　红烛

　*峨日朵雪峰之侧

　*致云雀

3. 百合花

　*哦，香雪

单元学习任务

还有5个单元则显出"陌生"的面貌：必修上册第四单元"家乡文化生活"，第五单元"整本书阅读《乡土中国》"，第八单元"词语积累与词语解释"；必修下册第四单元"信息时代的语文生活"，第七单元"整本书阅读《红楼梦》"。此外，必修上、下册各附有一个"古诗词诵读"内容。

当然，这只是表面上的"熟悉"和"陌生"，如果具体到文本内容，教材的综合性、时代化特征就体现得更明显了。**这些新内容使高中语文教材变得宽广、丰富、多样、前沿，它似乎正在重新定义高中语文学习内容。**

比如，"家乡文化生活"单元要求学生带着语文这个交流、记录、表述的"工具"，进入当下社会生活。这次的访谈、调查、考察等，在显得"高大上"的同时，又有较翔实的"策略支撑"，仿佛照着教材做就能"落地"。之前教材也有类似内容，但较多情况下难以从纸面走到教学实践，这次能否真正"变现"，值得期待。

比如，"信息时代的语文生活"，把影响当下社会，与语言文字具有类似作用的"其他媒介样式"带入了教材，这是时代发展对语言文字"交流功能"的重要补充吗？它们会替代语言文字吗？这个学习单元的出现，是不是意味着其他媒介也是语文学习内容？又该如何掌握、学习？值得深入探讨。

比如，"词语积累与词语解释"，其学习内容实质上属于学习方法，并非语言文字本身，也不是文学、文化内容。这是让高中生语文学习从"语感"向"语理"、向"语用"发展的重要手段，是语文学习的"自觉"阶段，对形成学习者言语体系具有重要的建构意义。

比如"整本书阅读"，研究者较多，研究成果不少。从语文学习路径看，它应该与单篇课文教学"相提并论"，二者不可偏废。其宏大的篇幅、开阔的视野、丰富的内容、复杂的结构、深刻的主旨、多样的风格等，对提升高中生的语言、思维品质，具有特别重要的作用。

值得留心的是，教材中还出现了一些与传统教材内容颇不一样的、纯粹的材料类内容，比如"古诗词诵读"和为完成语文活动而提供的"知识类"文章。它们的存在，可能在传递这样一种理念：教科书不是要求掌握的教学内容，而是教学的相关材料，是教学的凭借，是学习的"帮手"。或许也正是出于这个理念，有专家主张把"教本"称为"学本"。

2. 紧扣课标，可选择，任务式

所谓"紧扣课标"指统编教材比较严格地遵循课标的相关理念、要求。比如切实"落实18个学习任务群的要求"，除了"整本书阅读""当代文化参与""跨媒介阅读与交流"3个任务群在学习容量与学分之间看起来一一对应外，其他4个任务群与学习内容之间有交叉、融合内容，未必能分得很清楚。这是语文学习的综合性特点所决定的。必修阶段7个任务群与统编教材16个单元的教学内容对应关系见表3-5。

表3-5　必修阶段的任务群与教学内容的对应

序号	学习任务群	对应单元	学分
1	整本书阅读与研讨	上五《乡土中国》、下七《红楼梦》	1
2	当代文化参与	上四"家乡文化生活"	0.5
3	跨媒介阅读与交流	下四"信息时代的语文生活"	0.5
4	语言积累、梳理与探究	上八"词语积累与词语解释"等	1
5	文学阅读与写作	上一、上三、上七、下二、下六等	2.5
6	思辨性阅读与表达	上六、下一、下八等	1.5
7	实用性阅读与交流	上二、下三、下五等	1
小计	共7个	共16单元	共8学分

教材的"可选择"也比较明显。整体上说，高中三年课程设置上分出必修、选择性必修、选修3类，分别对应高中生完成高中学业、参加高考、学有专长3个学习目标。从单元内容看，部分课文篇目上加*号，分出教读、自读的不同要求。

具体到细致的教学内容也是如此。比如必修上册第四单元"家乡文化生活"提供了3个学习活动供选择，分别是"记录家乡的人和物""家乡文化生活现状调查""参与家乡文化建设"。在这3个学习活动下面又分别做了详细表述，以"记录家乡的人和物"为例，也是"多选一"的教学内容："我们居住的家乡有着各色人物、多样景致和独特习俗……也许某个人物留下了动人的故事，也许某幢建筑有着不朽的价值，也许某个物件有着特殊的来历……

采访有关人物，了解家乡的人、物、历史、习俗等……写一篇《家乡人物（风物）志》。"

再细致下去，比如在《赤壁赋》《登泰山记》课后的"学习提示"中这样表述：

"……我国古代还有不少写景、记游名篇，如王勃《滕王阁序》、王禹偁《黄冈竹楼记》、徐霞客《游天台山日记》等，可以找来阅读、比较。""我们读古代诗文，有必要了解一些古人记录时间的方法……有兴趣的同学，可以从这两篇文章或此前学过的课文中，整理一些古人记录时间的方法。"什么意思？就是说这些学习要求，是比较宽容、相对轻松的"建议"，是"可选择"的，不像之前教材课后"思考与练习"那样"刚性""严肃"。

另一方面，我们会发现，**统编教材并不追求"知识体系"，而是紧扣高中语文的关键能力、必备品格、正确价值观念来"选取""设计"学习任务**。也就是说，即使是11个"文选式"单元，其学习内容也已经发生了重要的转变：不是学习文本，而是通过文本，要求学生完成指向语言、思维、审美、文化等方面素养的某一学习任务。

要之，就教学内容看，一个个单元只是外表，**要求学生完成一个个学习任务则是内涵**。

二、学习方式：在实践中自主建构

相比教学内容，学习方式方面的变化更为巨大、深刻，为了说得更清楚，这里且对照苏教版语文教材，稍稍展开论述。

1.强调学习活动：用做任务替代教课文？

用"单元学习任务"串联教学可能会替代"传统"的一篇接一篇地"教课文"。

统编版、苏教版每单元的教材容量大致相当。比如必修上册第七单元，有《故都的秋》《荷塘月色》《我与地坛（节选）》《赤壁赋》《登泰山记》5篇文章，其中《荷塘月色》《登泰山记》是加*号的自读课文。苏教版教材必修二第一专题"珍爱生命"，有《我与地坛（节选）》《鸟啼》《最后的常春藤叶》《说书人》4篇文章，其中《说书人》是自读课文。但整体上说，统编版的选文在减少。苏教版必修教材有20个"文选式"专题；如前所述，统编版只有11个"文选式"单元。问题是，在教学实践中，几乎所有的学校、老师都反映统编版"难"甚至"太难"，问题出在哪里呢？

问题在于"学习要求"。在11个"文选式"单元中，每课（不一定是一篇文章）后都有一个"学习提示"，每个单元后都有一个"单元学习任务"，且看它们分别是怎么样的。

《我与地坛（节选）》文章后的"学习提示"这样写道："地坛是明清时期皇帝祭地的重要场所……通读《我与地坛》全文……史铁生的人生感悟是独特的……学习时应当把这种思考作为一个重点……要在阅读过程中与作者'对话'，形成边阅读边思考的习惯。……还有一条线索是对母亲的怀念……欣赏文章是如何在清明如静水般的行文里，表达诚挚的感情，闪现思想的火花的。"

它从不同角度提示学生该怎么进行学习：先结合《我与地坛》全文来读课文；然后关注哲理语句，边读边思考；再欣赏文章是如何表达感情、闪现思想火花的。教材认为，识记类学习内容的教学意义不大，就直接"告知"学生了；然后在这个起点上，要求学生关注学习"重点"。那么学习重点是什么呢？请留心：读全文＋边读边思考＋欣赏行文中如何表达情感和思想。

对比一下苏教版《我与地坛（节选）》后的"文本研习"要求，会看得更清楚："1.为什么史铁生自从无意中进了地坛之后，'就再没长久地离开过它'？作者是怎样通过对地坛景物的描写，表达自己对生与死的思考的？""2.史铁生曾经给母亲出了一个什么样的难题？他对母亲的态度经历了怎样的变化过程？作者是如何写出这一变化过程的？"

对比结果或是这样：

统编版：要怎么阅读？阅读时要注意什么？

苏教版：这篇文章写了什么？是怎么写的？

再对比统编版必修上册第七单元的"单元学习任务"与苏教版必修二第一专题"珍爱生命"的"积累与应用"部分，可以得出与统编版教材更"强调学习活动"的相近结论：

统编版：把《故都的秋》《荷塘月色》《我与地坛》，用"城市的景物""多姿多样的美"的视角串联在一起；聚焦三篇文章"融情于景、情景交融"的特点；借鉴写法，写一篇散文，要求"交换阅读，互相品评，提出修改建议"，并"编辑成册，拟定书名，撰写序言"。

苏教版："搜集……论述，……交流……讨论"，相比之下，"做任务"意味要弱得多。但苏教版是 2006 年开始使用的，当年有这种理念已经非常前卫。

也就是说，统编版教材的学习理念比较清晰：单元的课文都是"合起来"从不同角度集中完成某一重要学习任务，可以基于单篇教学，但不应该忘记它们只是为了完成学习任务的"材料"。从教学实践看，也是如此，绝大多数老师教学时都从"单元学习任务"入手，引导学生进行所谓"大单元，任务式"的学习。

2. 突出自主建构：读、写加梳理与探究？

以上分析可能已经让老师们意识到，2017 年版课标强调的三种学习方式中，"阅读与鉴赏""表达与交流"的内涵跟我们之前所理解的"阅读"与"写作"要求已经有了一些变化。这种变化给笔者的感受，限于篇幅，可简单说明为：**阅读与鉴赏更"真"，不套路，不虚假。注重让学生去读，去多读；对阅读的要求不止于理解，更在于批判、发现。"表达与交流"更"实"，不套路，不虚伪。不苛求系统，注重讲求"解决问题"，关注"我"，关注"社会生活"。**而第三种学习方式"梳理与探究"，则是前所未有，它可能会使语文学习从长期以来的"靠两条腿（即读、写）走路"升级为"三足鼎立"，对高中语文学习的提升意义尤其重大，必须引起我们的高度重视。

根据字面意思，"梳理"对已有语文知识而言，相当于知识积累到一定数量后，把它们做一个"结构化"。在梳理的过程中，我们归拢相似、同类的知识，辨析相关、易混的知识，找到知识间的联系，澄清一些认识误差，从而使这些知识变得"科学"、有意义。2017 年版课标在对语文学科核心素养"语言建构与运用"方面的阐释中，有类似说法："……通过梳理和整合，将积累的语言材料和学习的语文知识结构化……"

如果说"梳理"是针对已有知识而言，那么"探究"则是针对未知领域来说，是从已知探求未知，从旧知探求新知的高级学习方式。高层次的梳理应该就是探究的一种样式，但探究并不止于梳理，它还应是"假设＋求证""联想＋验证"等，是探入黑暗的未知的领域里的求索。它对学生创造力的培养至关重要。学习语文需要"探究"，同时也确认了语言运用的科学性、专业性，传达出语文学习应立足当下、面向未来，探求当下正在发生的、未来可能发生的但尚未被语文课程认知、吸纳的鲜活的语言现象、规律的理念，这与2017年版课标中"在探究中理解、掌握祖国语言文字运用的基本规律""关注语言文字运用的新现象和跨媒介运用的新特点""……自主建构相关的知识。……学习从习以为常的事实和过程中发现问题，培养探究意识和发现问题的敏捷性"等阐述密切相关。

概言之，**"梳理与探究"是新的学习方式，它指向当下的、未来的语言现象，它指向发现、创新的高级能力培养，是对高中语文学习提出的新的、更高的要求。**

这个"梳理与探究"在统编版教材中几乎随处可见，其受重视程度一点也不亚于"阅读与鉴赏""表达与交流"。

比如必修上册第五单元的"整本书阅读《乡土中国》"，其"阅读指导"中有如下表述："先'粗'后'细'，逐步推进。所谓'粗'，一是阅读'序言''后记'等，了解作者的写作背景和写作目的；二是通过浏览目录大体了解著作的基本内容和章节结构。所谓'细'，即注重概念、材料、论证、推理等要素，深入思考，不断提炼。阅读《乡土中国》中的各篇文章，可以先读篇章标题，预测推想；再读各段，筛选重要的概念或语句，了解各段的内容；最后观照全篇，更好地把握作者的观点和论述的逻辑。"这几乎就是对"梳理与探究"的具体化说明。之后的"任务1"中的"填写下面的表格，并结合作者的论述和相关资料理解其含义"，也是类似的"梳理与探究"。

必修上册第八单元"词语积累与词语解释"则更加典型。简单地说，这单元的内容，是不能也不用"教"的，是学生一看就懂的，只能让学生去做——让学生在平时去做，长期去做，在做中思考、归纳，再形成自己的知识体系、认知技能。准确地说，它不是提供"学习内容"，而是要求学生按这种"学习方式"去学习。

"梳理与探究"明显已经是做学问的架势，是学术研究的方式，它希望高中生能够"像学科专家一样去学习"。

（本文发表于2020年第6期《语文教学通讯·高中（A）》，略有改动）

后 记
一堂课，一辈子

仔细一想，从教居然快满30年了，于是突然不知该说什么了。

上了无数的课，也听了无数的课。上课时、听课时总是情绪多多，想法多多，课后想去，偏偏又如提灯寻影，灯到影灭。然而，所有过往皆为当下，一旦停下脚步，各种各样的听课情景就会纷至沓来，难能停歇。

开始时我看到的是老师。

对，明明是"听课"，偏偏主要是"看老师"。你看这位老师，一看就像位语文老师，儒雅，有气质；或者，虽然长得不很像语文老师，但一开口，就知道是个语文老师。那家伙，真是功底深厚，准备充分，从容不迫，出口成章；那节课，上得是行云流水，生动活泼。学生反应热烈，回答踊跃，对老师端的是喜欢得紧。

我们自然也看得开心。一堂好课，有可能会成为之后几天讨论的话题。甚至多年后，一教到哪篇课文、什么内容，就想起秋光或春光明媚的某天下午，在哪所风景如画的学校里，一个明净的课堂上，看到的那堂课上的情景。比如某个"紧要关头"，教师如何机智应对，化危为机，峰回路转，柳暗花明，终于赢得满堂喝彩。

其实就是我们想要去听课，也往往冲着某某老师的"名头"去；参加什么教研活动时，专家的讲座再多再高端，如果没有"听课"安排，仿佛就觉得不过瘾。总要听几堂课才踏实嘛，看几位名师才算教研活动嘛。

听这种课，是包括我在内的几乎所有语文教师的必修课。我们多数是看到了名师们怎么上课，然后才慢慢明白好的语文课应该是怎样的，应该要怎样上。进而树立起自己的职业理想：把课上得像某某老师一样，成为像某某老师那样的语文老师。

然后听得多了，**我慢慢地听到了语文。**

对，终于"听到"了。你听，那琅琅书声，仿佛就是那无声春雨中，麦苗拔节的声音呢。那"对读""分角色读"、教师的"范读"，自然还有著名的"读出感情""有感情地读"，还有"再读读看""这次读得好多了到位多了"，以及诸多这样那样的"朗读指导"。当然，就连默读，也是好的，"你静静看书的样子"，就是好看。甚至"课不够，读来凑"，觉得也是不错的。语文课上，一读书，就"像"语文课了。"语文课不读书，那不是活见鬼吗？"

这些课堂上，课文"写了什么"似乎不再那么重要。比如思乡、爱乡的情感是"摆在那儿"的，反倒是"想北平"为什么是"想"而不是"思"不是"爱"，反倒是"不再说了吧，要落泪了。真想念北平呀！"更有意思。比如"意料之外，情理之中"是"一望便知"的，反倒是欧·亨利"怎么做到'情理之中'的"值得大费周折去探讨。比如理解窦娥之冤屈、苦难未必费力，反倒是"枉将他气杀也么哥！""要甚么素车白马，断送出古陌荒阡？"等更见情味。

当然，也慢慢听到了语文课的丰富内涵、多样表现。有朴实无华、扎实有效的；也有风花雪月、优雅动人的。有新潮活泼、讲求实践的；也有文质彬彬、古风古韵的。阳春白雪的赏析、感悟要有；老实辛苦的背书、默写也是要有的。锦上添花的助力、赞扬要有；雪中送炭的纠错、鼓励或者更为重要。

再后来，听得再多了，**我渐渐感觉到了教育。**

这是从我有意识地感觉到课堂上学生的存在开始的。之前较长一段时间里，我自然也是看到了、听到了学生的——有那么一次听课，我突然感觉到，教室里"听过去"主要是学生，甚至全是学生，而教师是为学生"服务"的。你看，教师的上课内容，是为解决学生的学习困惑而来的；教师这堂课成功与否，是看学生有没有学到课堂重点；教师虽然是"叫"学生起来回答问题，但教师偏偏不能直接把答案"宣告"给学生"周知"；学生若是听不懂，教师花再多的力气，水平再高，课的表现力再好，也是"没用的"。

于是感到研究学生学习才是顶重要的备课。比如，了解后才知道，原来在初中时，学生已经会写议论文了，已经学过陶渊明的《五柳先生传》了，已经学过孟子的《天时不如地利》了，已经学过鲁迅的《孔乙己》了，已经有"整本书阅读"了……

我于是认为听课最好坐在教室前头，关键是看学生的表现，而甚至不必去看教师在做什么，又是怎么做的。

有一些课，有教师，有语文，更有学生，师生共学，和气融融。教师的表现是低调的，是"存在感"不强的，甚至是"无声的"；但学生的表现偏偏很投入，很精彩，很出彩。这种语文课堂，大概就是"润物无声"吧，大概就是"春风化雨"吧。

当然，有些课令人如沐春风，也有些课让人如坐针毡；有些课听后余音绕梁，也有些课当场让人脊背发凉。

"课无完课"，"上课是遗憾的艺术"，甚至发生比较"惨烈的翻车事故"也是比较正常的。课堂教学是"现场直播"，师生又处于"不对等"而难"配合"的情形，何况还是高中语文这门难度不大但学习较难的课程，如果不出一点状况，"一溜地顺下来"，反倒有些奇怪了。

而且，由于评价的标准不一，坐在教室里听课的老师的"认识背景"各不相同，所以对一堂课的评价也未必都能统一，甚至有时还差异很大——即使是比较"权威"的老师去评课。

你上得很精致，有人认为有表演成分；你上得很接地气，有人认为没有"高度"。你上得"高大上"，有人认为与学情不对接；你从学生的疑难问题出发，有人会质疑"那么教材呢？""那么课标呢？""那么考试呢？"；教师活泼一些，有人认为过于"强势"了，学生才是课堂的"主人"嘛；教师"隐形"了，有人认为教师有点"不作为"，有"放羊"嫌疑……如此种种，有时让人觉得简直莫衷一是。当然，每位语文老师心中都有一杆秤，都有从听课中"取精华弃糟粕"的能力。同听一堂课，老师们的收获不仅不一样，收获多少也相差很大。

就收获来讲，就启发来说，我认为**这些"遗憾""不完善"的内容，对我们的启发意义一点也不比"好课"少**：

你看，这堂课的内容令人昏昏欲睡了，少有新意，难能引起学生的学习兴趣。《桥边的老人》的主旨有什么好讨论的呢？"以小见大"的手法对高中生还有什么新鲜的学习价值吗？《赤壁赋》中苏轼"自其变者……自其不变者……"的"辩证思想"，对当下的高中生来讲，真的很了不起吗？很高深吗？

你看，这些课整堂的关注点都是"从内容到内容"。《丹柯》是一个寻找"新乐园"的寓言，丹柯的英雄形象分析，丹柯与族人的关系……《祝福》中从过年习俗到鲁四老爷的书房，到童养媳，到封建礼教，到"资产阶级知识分子"，到捐门槛，到死后灵魂……却一句话都不涉及语言形式。这恐怕是有问题的啊。

你看，这堂课上老师的问题是不是太多了。一个接一个的"连珠炮"，还问答那么多学生。高中语文课堂，搞得那么"热闹"，真的有必要吗？或者，问来问去就那么少数几个学生，"弃"其他多数同学于"不顾"，真的好吗？

你看，这堂课上学生答不上来了，老师也是干着急，难能给出有效的引导，听课老师也为学生、老师着急：怎么办怎么办，课上不完了……然后，下课的铃声断然地响了，课堂的预设内容只能留待下堂课了，要不就只能用"拖堂"这招让听课者比较痛苦的"补救措施"了。

它们总在不停地提醒我们：语文课真难上啊……

然后我们会反思：语文课真是艺术啊，真是科学啊……我不也正是在犯这样的毛病吗？我总是把课备得太"满"了；我是不是难能抓住这一堂课的"主问题"于是满堂问问题？我是不是也一样对当代高中生的学情、心理状态缺乏了解呢？我是不是也一样对语文教学的重心把握不准，把它上成"纯内容"课了呢？

然后再想，这些林林总总的问题背后是什么呢？对，一定是与课听得太少有关，一定是跟教育教学理念没有及时"跟上"有关，一定是跟自己思考得不够周全、深刻有关。

这时，我们是不是感受到课堂教学的专业性，感受到高中语文学科的特殊性，感受到工作压力了呢？如果是，那就对了，这就是听课给我们的教益，尤其是"欠成功"的课给我们的教益。

就听课的学习意义看，凡给我们留下深刻"声音"，给我们带来久远记忆的，无论是美好的课还是有遗憾的课，皆弥足珍贵也。

听同行上课，一定程度上就是自己"代入"上课，感同身受着，随课堂的进程而激动、喜悦、懊恼、痛惜。相比于理性、客观地"观测教学"，这种情感的参与，可谓学科特色；这种基于情境的体验积累恐怕不是多看几本有关课堂教学的书籍就能收获的。

课听得多了，比较就多，对课的优点、不足就慢慢会有自己的看法，对自己的反思也就逐渐有方向起来：**我缺什么，我想解决什么，我就会"听"到什么。**

但这种从听课学习"转移"到自己实践却并非易事，它需要一个重要的、漫长的乃至痛苦的思考、内化过程。

比如，为什么人家老师的学生上课就那么投入，能够紧跟老师的思维？这实在是一个大问题，如果课堂上学生跟你"离心离德"，即使专家、学者来上课也是白搭。

是因为人家老师能准确把握当代高中生的年龄特征吗？现在的孩子"三年就是一代"，一个教案用三年的时代早已过去了；现在的高中生不好"唬弄"了，不能再跟他们"虚伪"了，他们的见识越来越广，语文水平也越来越高，你要拿出100%的诚意和功力，才有可能唤起他们的尊重，得到他们的回应。

是因为人家老师能提出特别有吸引力的问题吗？《沙之书》讲了个怎样的故事？你提出来，学生会不会觉得这个问题低级了呢？讲"魔幻现实主义"？这个估计不会所有学生都了解，能引起一些同学的兴趣，但它似乎不是需要探讨的问题，用三张PPT或印在一张A4纸上，就能让学生"看"得很清楚了。讲"虚构"？似乎更没意思了。哦，对了，《沙之书》的"虚构"与《西游记》和《桥边的老人》有什么不一样呢？这个听起来有点"酷"哦。那么，老师怎么才能提出有吸引力的有语文学习意义的问题呢？研读课文？要研读到什么程度呢？像文学院的教授？恐怕做不到。那应该往哪个方面努力呢？怎样才能既不"过度"也不"大路"，让研读的成果恰好成为学生的需要呢？

比如，为什么人家老师能特别受学生欢迎、喜爱呢？这样的语文老师现实中确实不少，他们是了不起的。是因为学识吗？是人格魅力吗？是性格特点吗？是天天跟学生"在一起"吗？仿佛都是但仿佛都未必是。那到底是什么呢？是因为他们能紧紧"贴住"或者至少跟得上社会进步、学生变化吗？那么我要熟悉学生的生活吗？要了解他们的心理吗？要花力气了解当下的潮流、时尚吗？是应该跟高中生"打成一片"，还是要保持教师应有的"身份感"呢？是应该力求接地气、接"生气"、接"烟火气"，还是要保持语文老师的"定力"，保持所谓"学术"的高度呢？这是仅仅班主任要做的，还是我们语文老师也必须要做的功课呢？

比如，人家老师在课堂上为什么就能从容不迫，游刃有余呢？是因为备课备得仔细？那么到底要备到什么水平才算呢？明明是个无底洞啊。实践经验的积累？可有些"资深"老师的课却也较局促，有些年轻老师的课倒也不失"大气"啊。我又该如何避免课堂上"卡壳"或被学生"问住"呢？"下课再回答你"是不是显得太没水平了？

……

许多问题实际上总是悬而难决，似乎并没有哪堂课能给出示范，给出解答；但似乎它们都在给出这样的那样的答案。

语文是"综合性实践性"课程，难道也有这层意思吗？

学生、课文、老师、教学设计与实施，都要"实践"到"这一堂课"上，而且，"这堂课"我们还要上一辈子。也就是说，还要克服日复一日带来的"审课疲劳"，要努力保持自己良好的情感状态，因为没有情感的语文课是没有灵魂的；要努力保持自己的求索精神，因为没有求索的语文课是没有生命的。

问题还在于，这里的"思考"还会有"反复"：有时终于以为问题的症结找到了，可是后来一实践，又发现不是那么一回事，说不定还是之前的看法、做法更有道理。——且不说那些时时在翻新的诸多理念，各种课堂教学技巧、策略。

总之，虽然越反思内容仿佛越丰富，但分明越反思越麻烦越痛苦。有时甚至觉得有点走火入魔，于是总不相信自己或者总是自以为是，又或者觉得自己其实是神经过敏——哪有那么多的"踌躇"，哪有那么多的"思考"?!

我想，听课，大概就是这么纠结，痛苦，又这么甜蜜，美好。我们的青春岁月，大约就是在这样的过程中，慢慢消散在时光中的吧。

那么，该如何把这种"纷至沓来，难能停歇"的诸多体验、经验"结构"在一起呢?

最初，只是想分"好课""不好的课"及"相关文章"。后来又想根据"课堂要素"分为"教师""学生""学习内容""课堂评价"等几块。继而发现，"学生"似乎很难"独立"出来，而必然跟其他要素密切关联，说句时髦的话，就是"一切教育教学活动都围绕学生成长展开"。最后，确定为从"听课"行为及其意义的三个层级，即"听学生""看活动""想教学"及其"提升教师素养""理解课堂特点""领悟语文内涵"的意义来归类文章。

然后在"听""看""想"之下再各自分出如目录的三项内容，每项内容里归入若干篇或直接或间接的"听课感"，形成全书大致结构。这种结构未必思路严整，文章归纳也未必逻辑严密，老师们可以把它看作是"散文集""杂感集"，虽然它确实花了我很多脑力、时间，但终究限于水平，存在这样那样的不足，请大家多多批评、包涵。

感谢被我听课的老师，特别要感谢被我听还被我"有感"地写出来的老师，正是因为有你们这样的同行者，我们的语文教学道路才能越走越宽广，甚至，这条路就是这样一课课一步步地踏出来的。语文老师，一直并不孤单，一直多样而精彩，也一直传递着各种感动。其中有些老师还未必知道我在"偷偷"地写他们的"听课感"，唐突之处，请多见谅，"有名有姓"的课一共涉及47位老师，他们是:

吴中娟、徐晓彬、欧阳凯、蔡瑞琛、肖德昶、马玉娇、叶丹丽、杨建国、杨俊叶、陈柳钧、程载国、曹伟芳、李戈、宋晓娴、赵杰、孙元菁、郑雅、朱建杭、黄琼芳、吴亚骏、周丹丹、陈德盛、翁洲、周康平、郁雪琳、唐春山、陈振锋、邬琳艳、文茵茵、李玲、吕晓斌、陈大勇、田园、苏丰华、黄愧莉、钱菁、余晨阳、张红霞、赵洪华、周燕、倪江、吴静、周秀娟、屈伟忠、谢昌霖、刘立玲、晏丽。

这些课的"有感"自然都是"听课"内容，文章都是基于现场记录，写成文字后或有所修饰，但没有改变其真实的基础。"听课有感"之外的文章，长短不一，共43篇，也跟听课紧密相关，都是听课之后的进一步想法，有感而发，借题发挥，只是"现场感"强弱、"形式"差别而已。

这个集子里的文章很多来自"黄华伟的语文"微信公众号，要感谢微信提供了这么一个可以及时分享、便捷好用、功能强大的发表、交流平台。遥想我的第一本教学专著《读出这一篇语文》，成书之前的五年，所写的文章都只能是"藏在电脑人未识"，就颇有"寂寞行路"之感。这本《听出这一堂语文》则不一样，它一路上有同行"陪伴"，他们给我点赞、打赏、评论，对我来说，是非常有价值的反馈、非常宝贵的激励。感谢这么多熟识的、陌生的你们！

另外，为了表达对这个公众号平台的敬意，特地也在文章中保留了部分文字"加粗"的形式。

感谢浙江文艺出版社邱建国先生，正是他的启发、督促，使我产生了把这些文章结集成册的想法。感谢浙江文艺出版社陈潇编辑，她不辞劳苦地把文章收集起来，并做出细致的分门别类，给出编写的建议，终使我对自己把编写计划从春寒料峭拖延到秋风生凉而心生愧疚。

感谢浙江省教育厅教研室任学宝主任，他高屋建瓴的指导、春风拂面的鼓励，给我的工作、研究以有力的帮助！

黄华伟

2020 年 12 月于杭州

图书在版编目(CIP)数据

听出这一堂语文 / 黄华伟著 . —杭州:浙江文艺出版社,2021.6
ISBN 978-7-5339-6487-0

Ⅰ.①听… Ⅱ.①黄… Ⅲ.①中学语文课—教学研究—高中—文集 Ⅳ.①G633.302

中国版本图书馆CIP数据核字(2021)第085261号

责任编辑 陈 潇
责任校对 牟杨茜
责任印制 张丽敏
装帧设计 吕翡翠

听出这一堂语文 TINGCHU ZHE YI TANG YUWEN

黄华伟 著

出版发行 浙江文艺出版社
地　　址 杭州市体育场路347号
邮　　编 310006
电　　话 0571-85176953(总编办)
　　　　 0571-85152727(市场部)
制　　版 杭州天一图文制作有限公司
印　　刷 浙江新华印刷技术有限公司
开　　本 710毫米×1000毫米 1/16
字　　数 314千字
印　　张 21.25
插　　页 1
版　　次 2021年6月第1版
印　　次 2021年6月第1次印刷
书　　号 ISBN 978-7-5339-6487-0
定　　价 49.80元